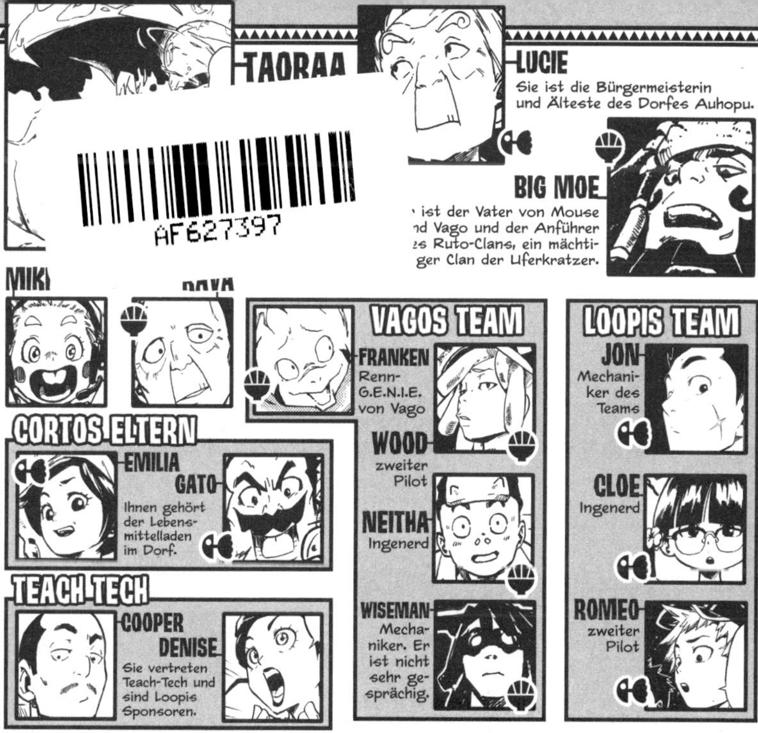

RÜCKBLICK

Willkommen auf Nuï, einer kleinen Insel im Ozean, die sich die Bewohner des Dorfes Auhopu im Osten und die Uferkratzer des Ruto-Clans im Westen teilen.

Corto, die junge Lebensmittellieferantin, hat es endlich geschafft, sich bei ihrem Idol Loopi als Pilotin zu beweisen. Teach-Tech, ihr Sponsor, möchte den Bewohnern von Nuï ein Angebot machen. Im Tausch gegen ihr G.EN.I.E. Taoraa ist Teach-Tech bereit, der Insel einen brandneuen Generator zu schenken.

Während die Dorfbewohner, die die wiederholten Ausfälle von Taoraa leid sind, sich freuen, wollen die Uferkratzer, die immer noch hoffen, eine Möglichkeit zu finden Taoraa zu reparieren, sich nicht auf diesen Tausch einlassen.
Das Schicksal der Insel soll durch ein Drohnenduell entschieden werden. Auf der einen Seite steht Loopi, die Meisterpilotin von Auhopu, und auf der anderen Seite der Champion der Uferkratzer, Vago.

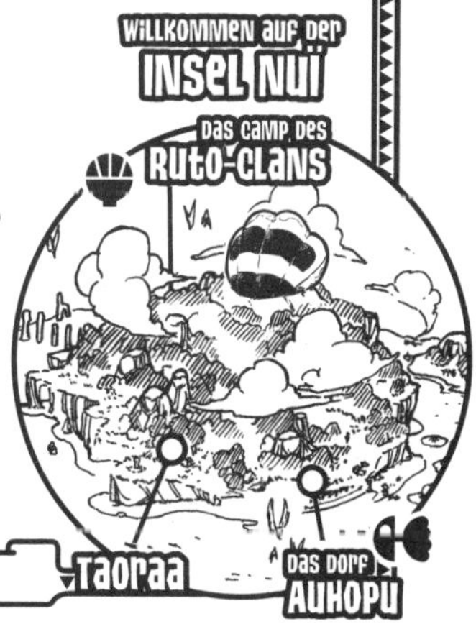

INHALT

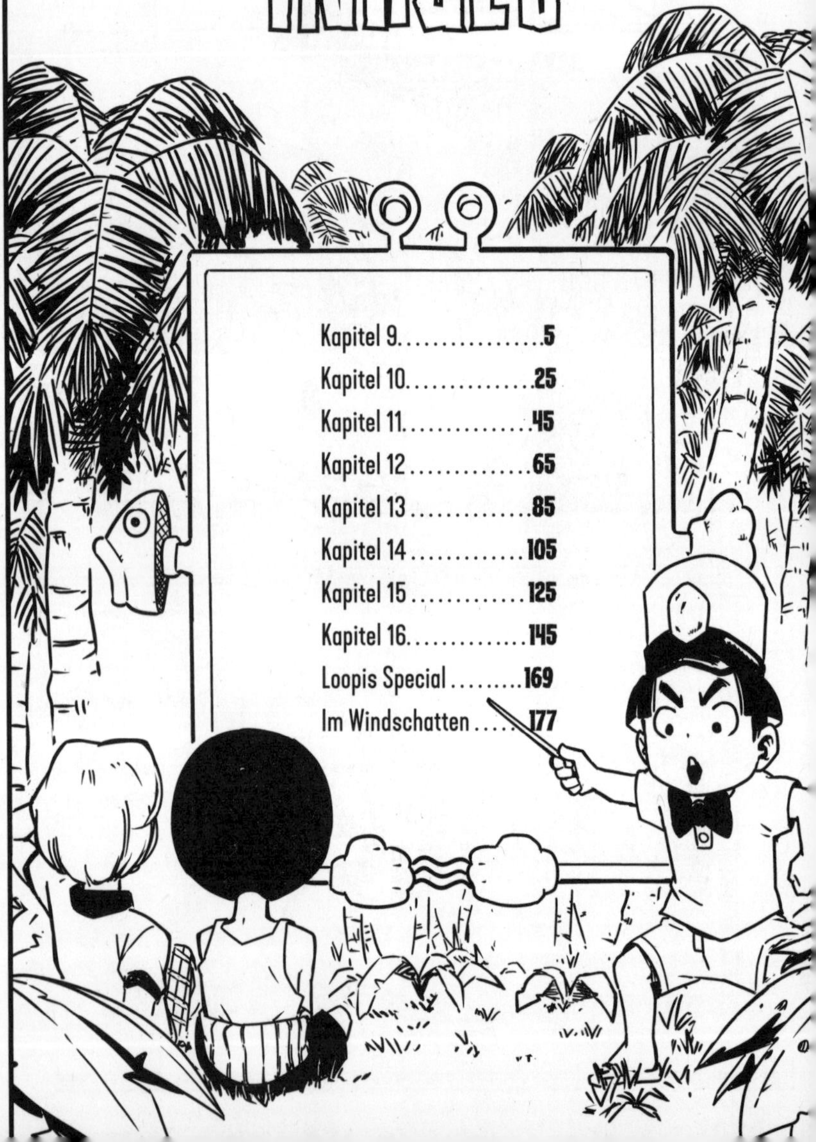

DRONERS

GESCHICHTEN AUS NUÏ

SYLVAIN DOS SANTOS
Szenario

NICOLAS DAVID
Szenario und Zeichnungen

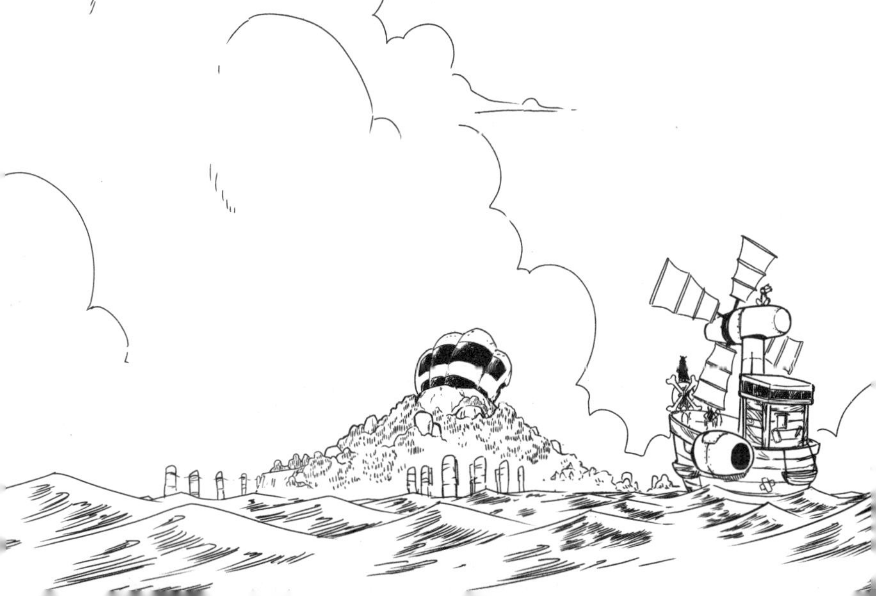

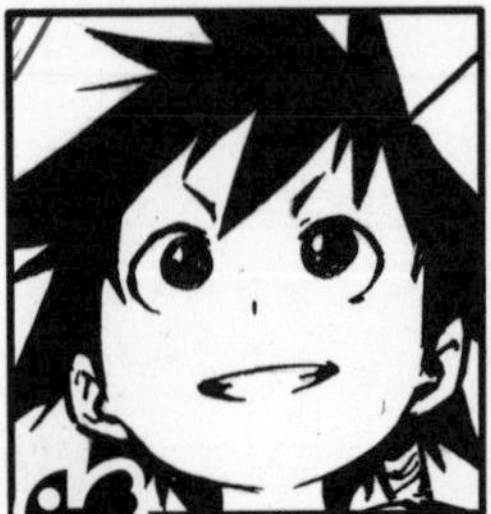

CORTO

Sie erledigt Drohnenlieferungen für den Lebensmittelladen ihrer Eltern, aber ihr größter Wunsch ist es, mit den Großen der Insel Rennen zu fliegen, um eine professionelle Pilotin zu werden.

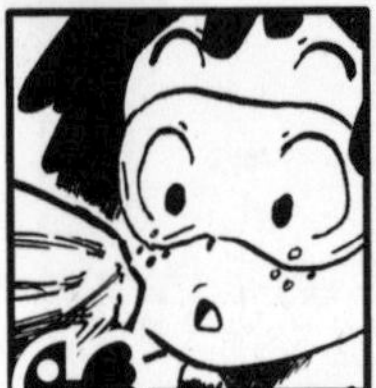

ENKI

Er liebt die Natur und die Technik und verbindet beides, indem er von der Natur inspirierte Drohnen entwickelt… Bisher sind seine Ideen allerdings nur auf dem Papier entstanden.

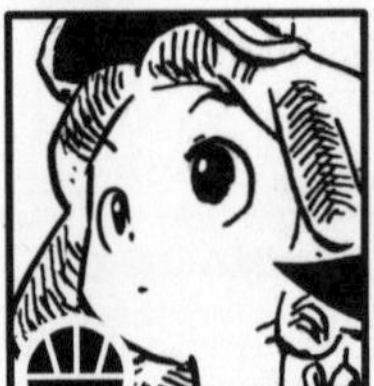

MOUSE

Die Mechanikerin aus Leidenschaft hat sich Cortos Team angeschlossen, weil sie die einzige Pilotin der Insel ist, die keine Angst vor ihrem großen Bruder Vago hat.

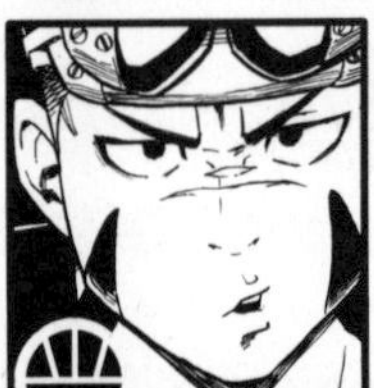

VAGO

Er ist der Hauptpilot der Uferkratzer. Loopi und er sind Rivalen.

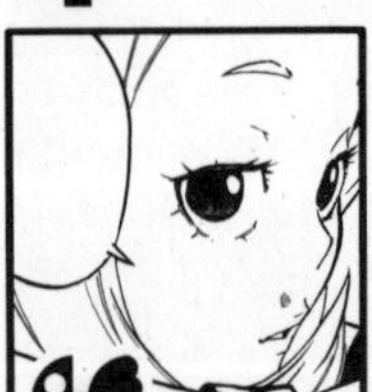

LOOPI

Sie ist die beste Pilotin des Dorfes und wahrscheinlich auch die beste auf der ganzen Insel. Corto ist ihr größter Fan.

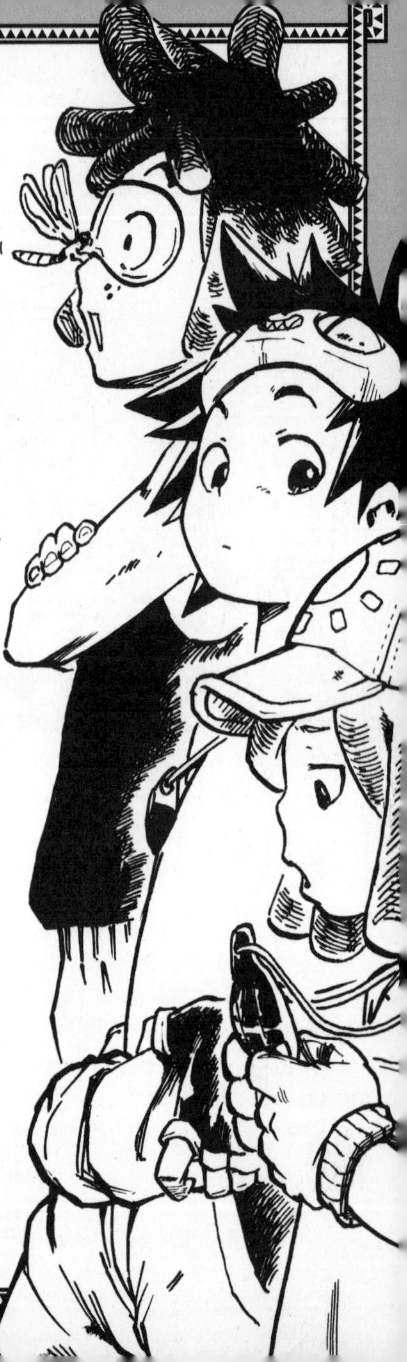

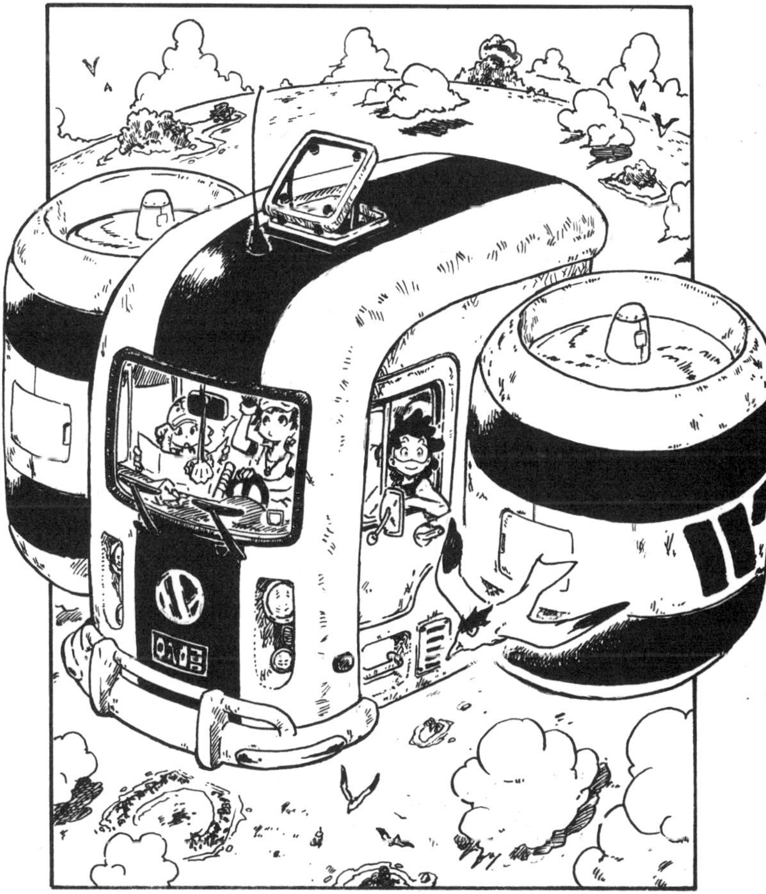

Kapitel 9

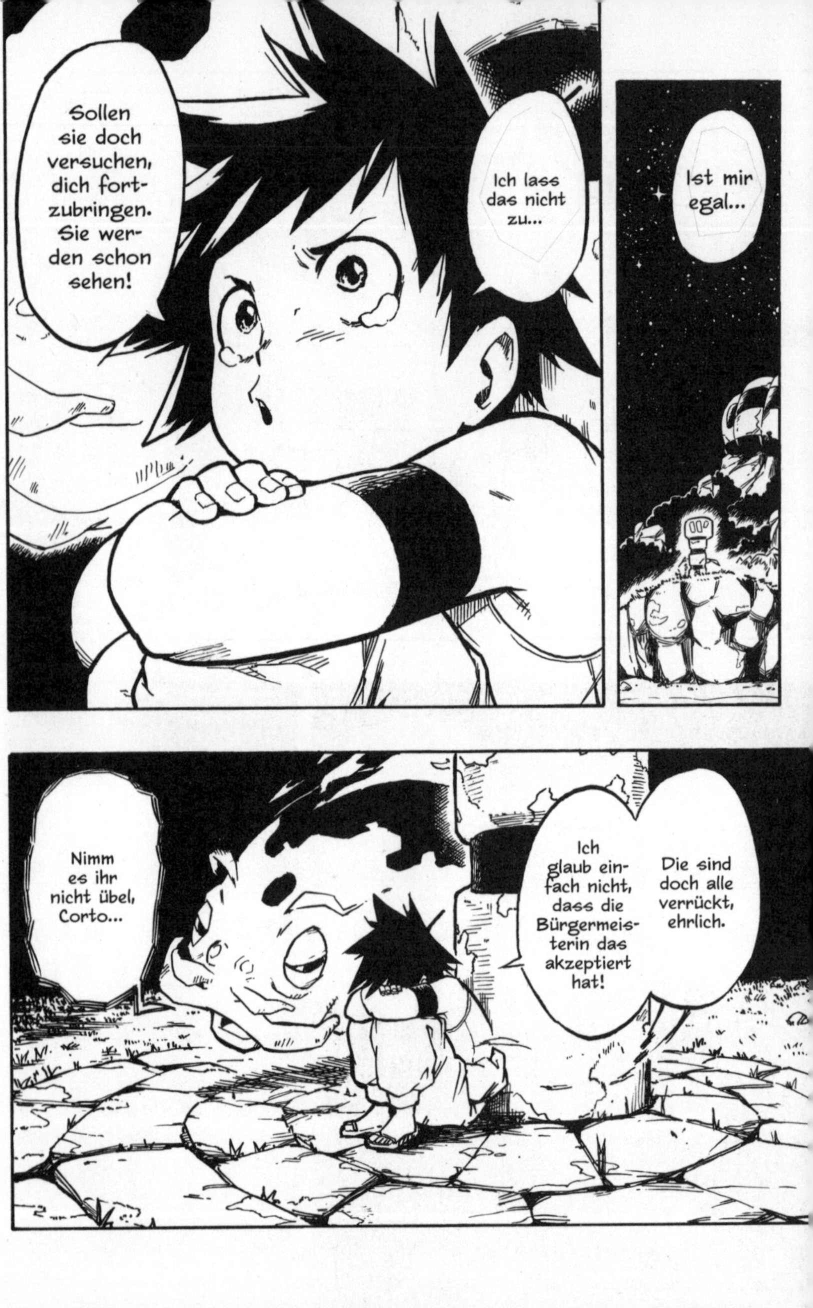
Ist mir egal...
Ich lass das nicht zu...
Sollen sie doch versuchen, dich fortzubringen. Sie werden schon sehen!
Die sind doch alle verrückt, ehrlich.
Ich glaub einfach nicht, dass die Bürgermeisterin das akzeptiert hat!
Nimm es ihr nicht übel, Corto...

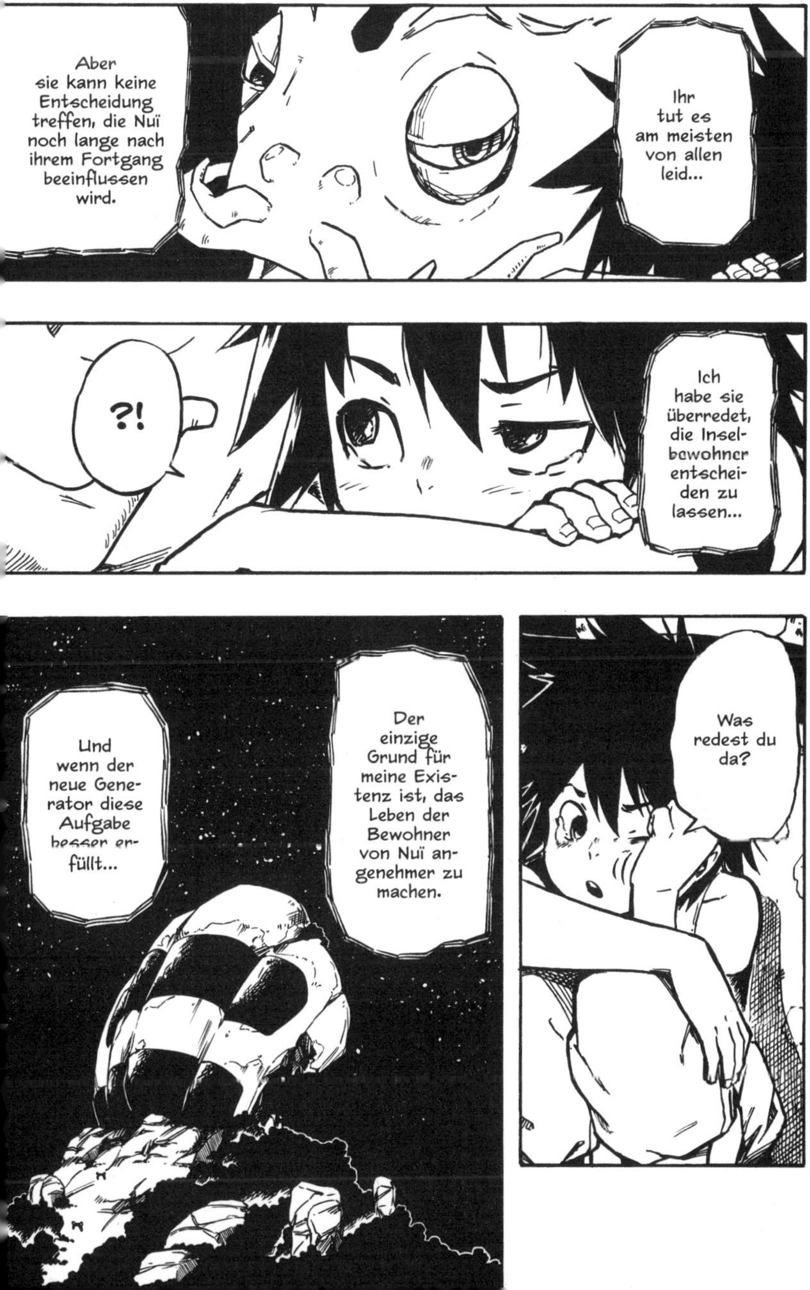
Ihr tut es am meisten von allen leid...
Aber sie kann keine Entscheidung treffen, die Nuï noch lange nach ihrem Fortgang beeinflussen wird.
Ich habe sie überredet, die Inselbewohner entscheiden zu lassen...
?!
Was redest du da?
Der einzige Grund für meine Existenz ist, das Leben der Bewohner von Nuï angenehmer zu machen.
Und wenn der neue Generator diese Aufgabe besser erfüllt...

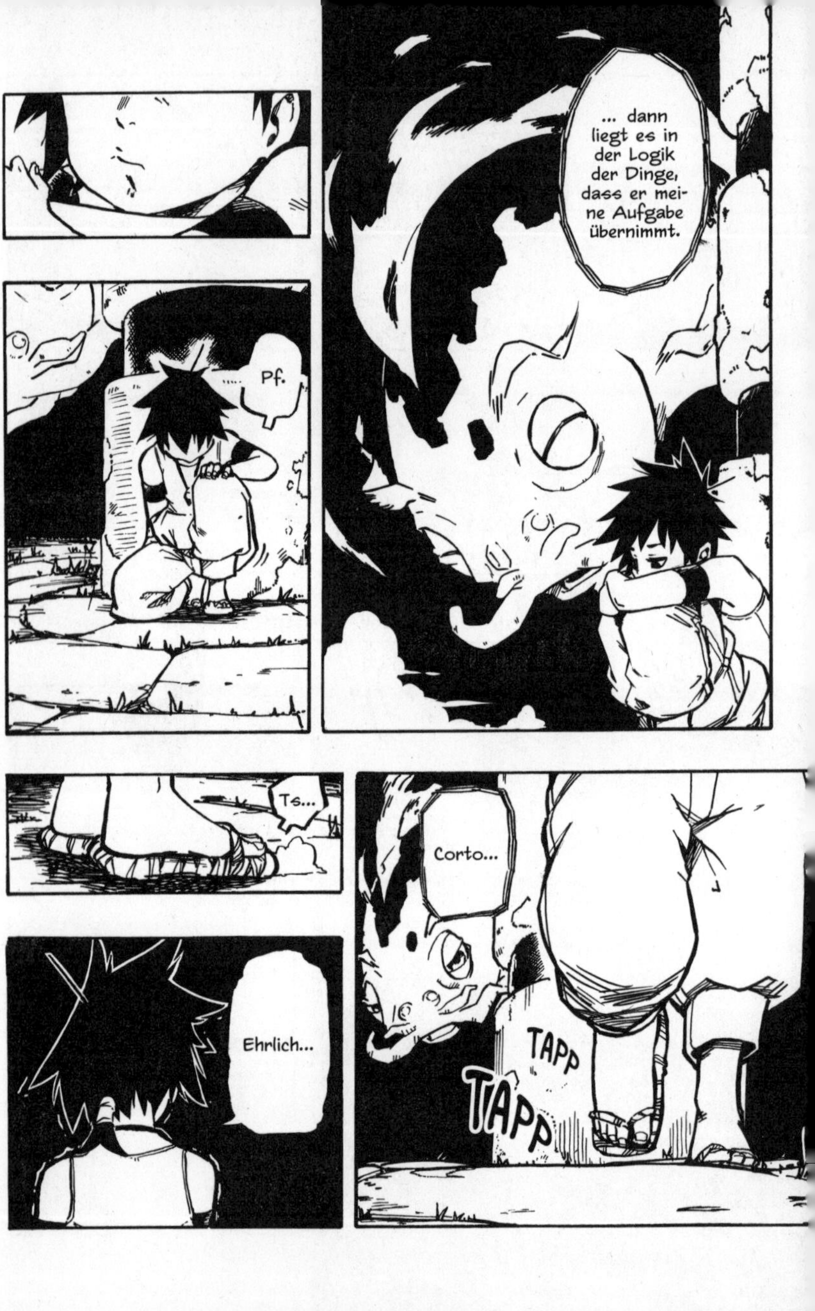
... dann liegt es in der Logik der Dinge, dass er meine Aufgabe übernimmt.
..... Pf.
Corto...
TAPP
TAPP
Ts...
Ehrlich...

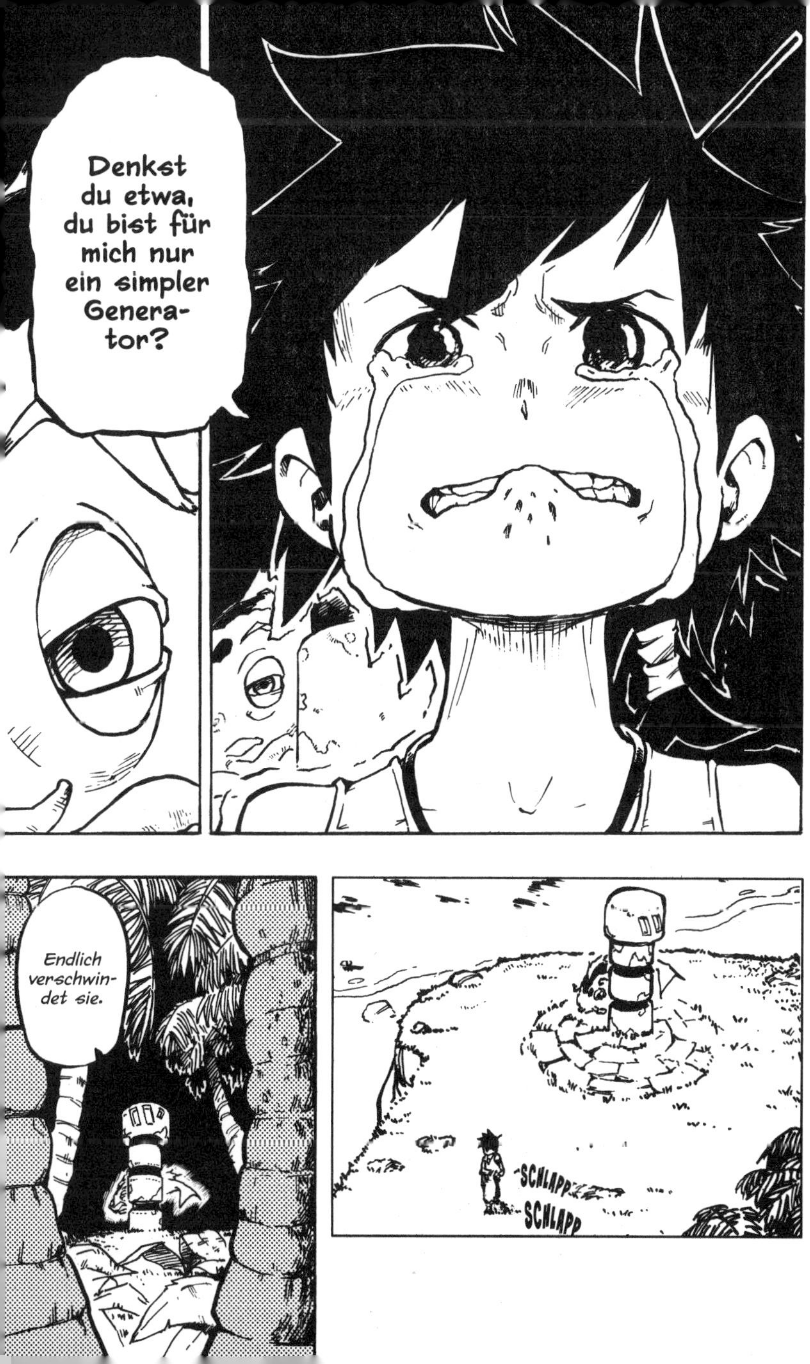
Denkst du etwa, du bist für mich nur ein simpler Generator?
Endlich verschwindet sie.
SCHLAPP
SCHLAPP

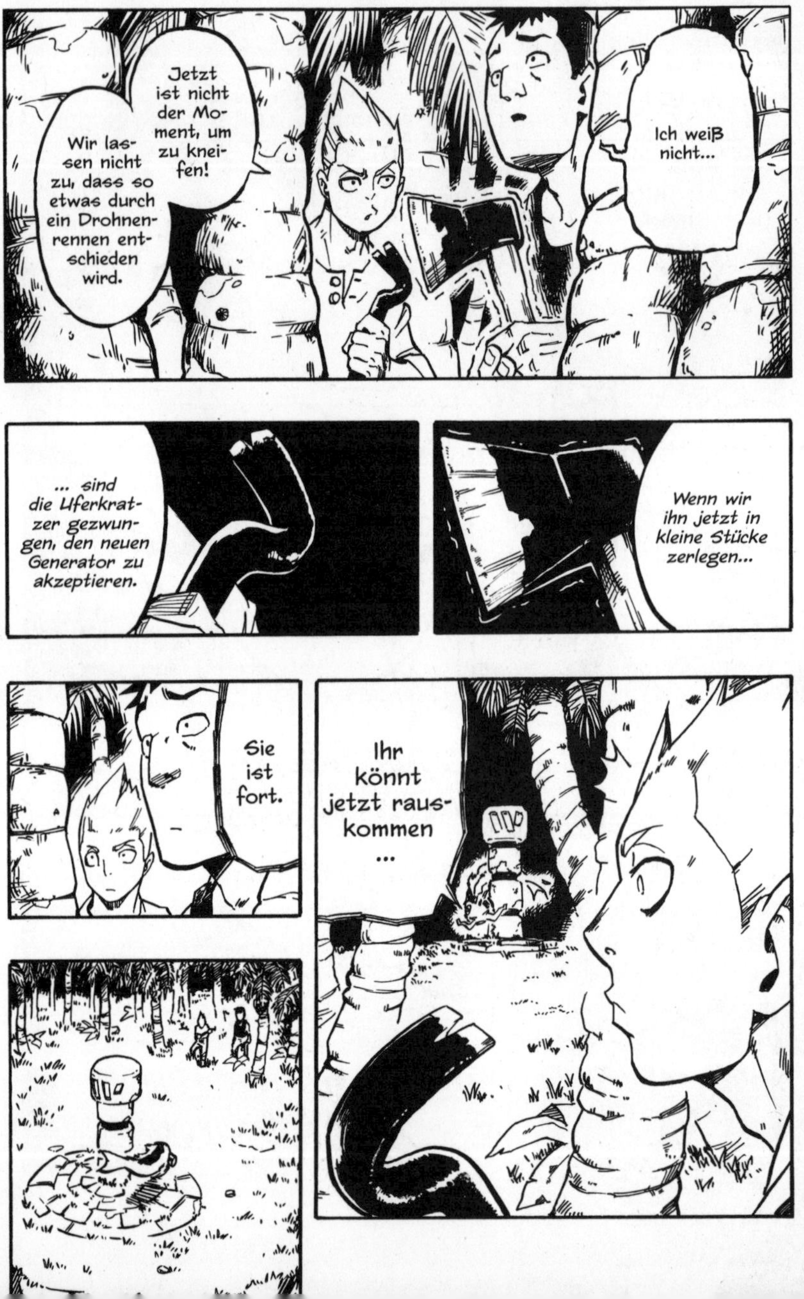
Ich weiß nicht...
Jetzt ist nicht der Moment, um zu kneifen!
Wir lassen nicht zu, dass so etwas durch ein Drohnenrennen entschieden wird.
Wenn wir ihn jetzt in kleine Stücke zerlegen...
... sind die Uferkratzer gezwungen, den neuen Generator zu akzeptieren.
Ihr könnt jetzt rauskommen ...
Sie ist fort.

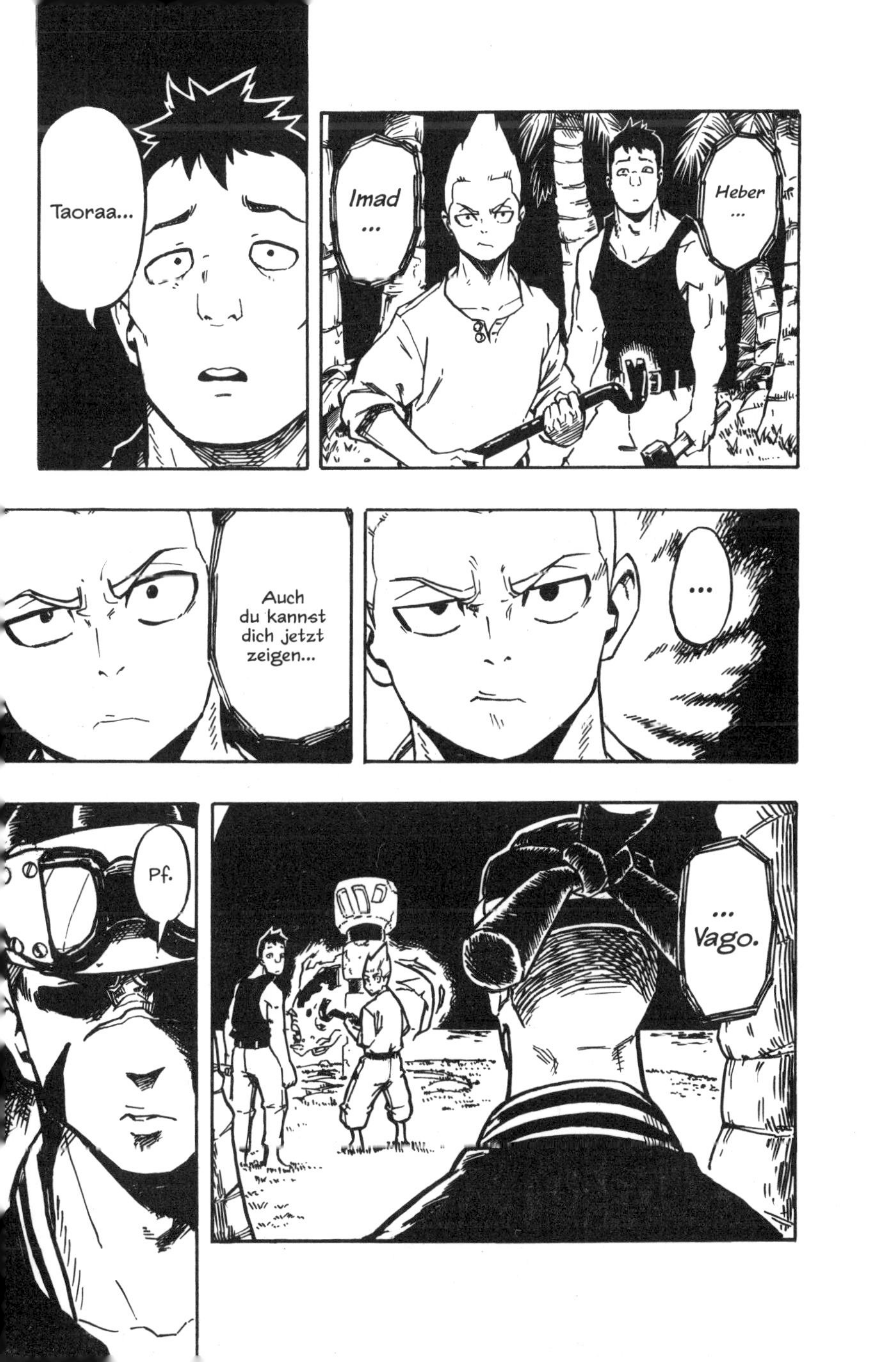
Heber ...
Imad ...
Taoraa...
...
Auch du kannst dich jetzt zeigen...
... Vago.
Pf.

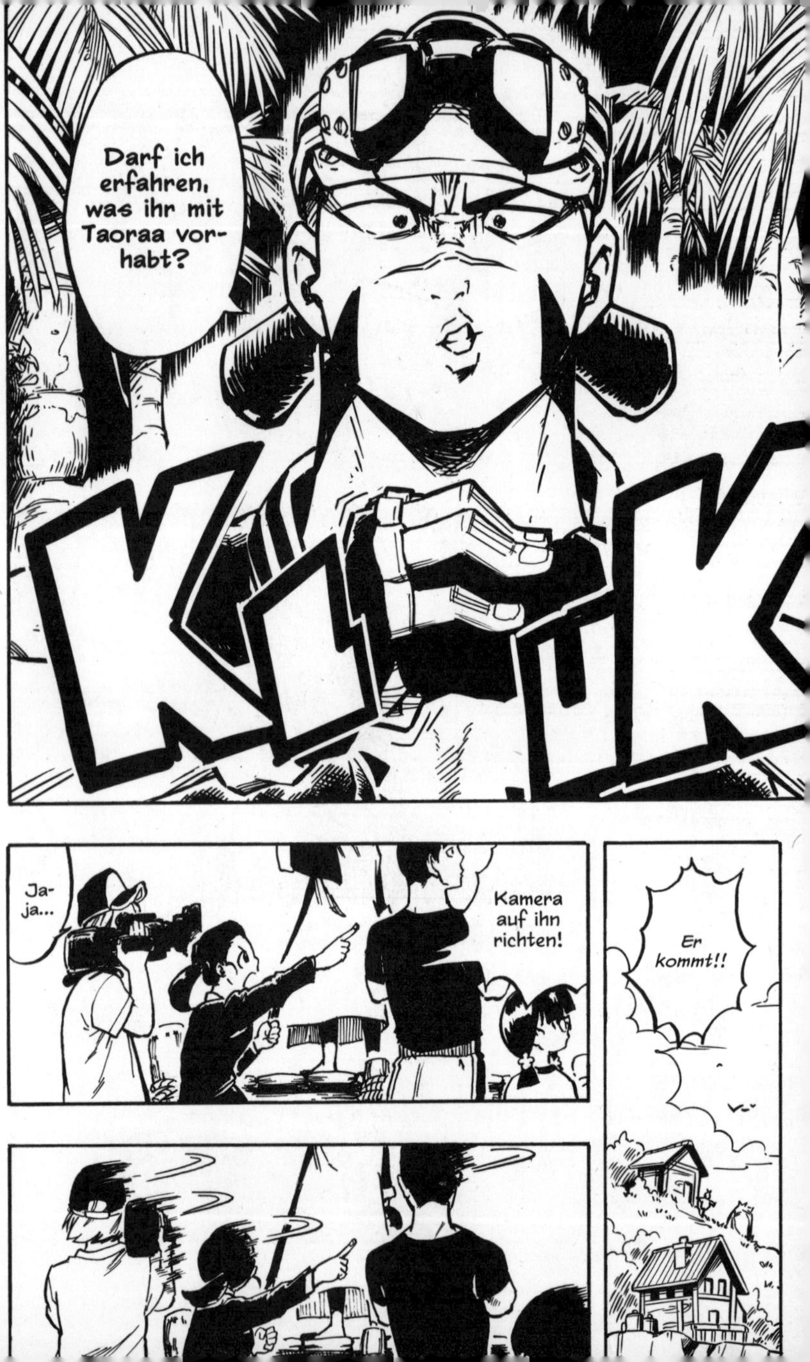

Darf ich erfahren, was ihr mit Taoraa vor-habt?
Er kommt!!
Kamera auf ihn richten!
Ja-ja...

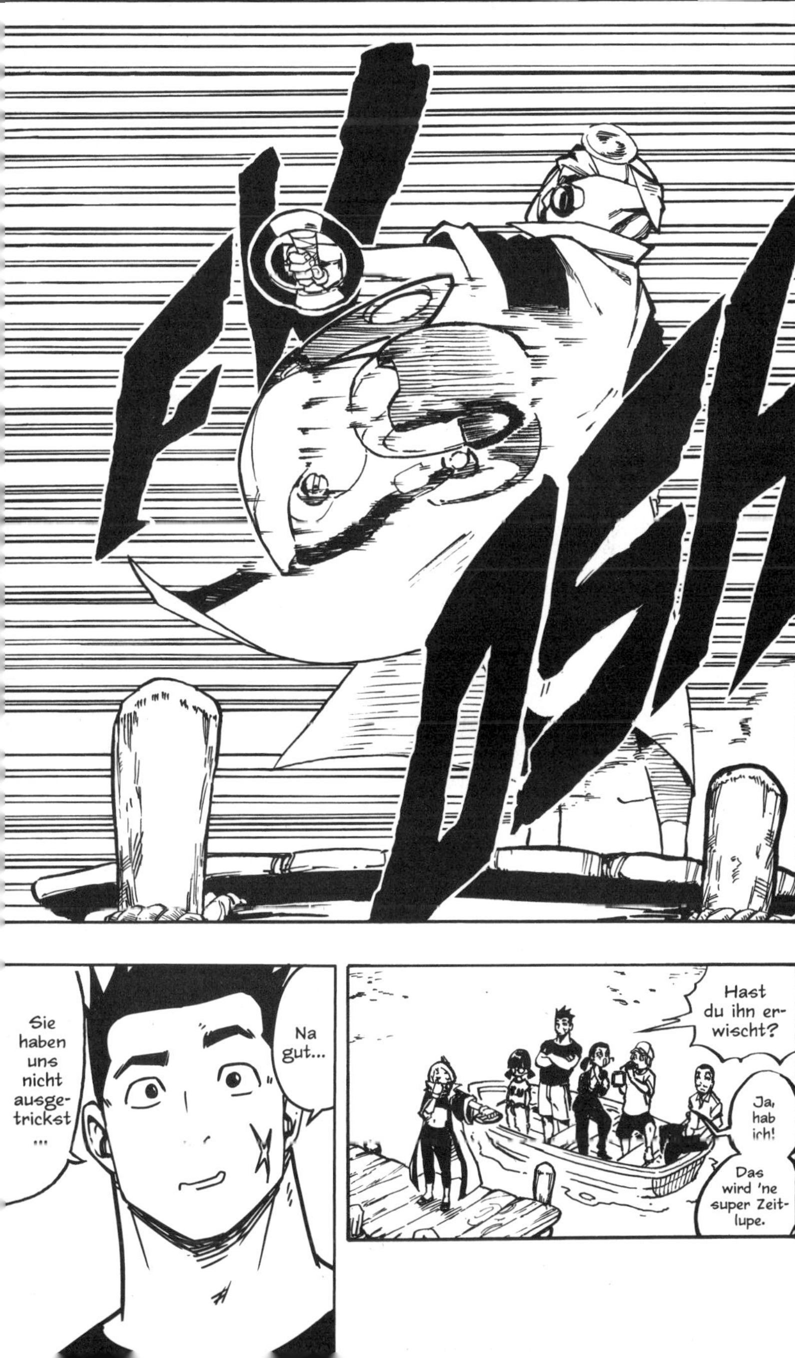
Sie haben uns nicht ausge-trickst ...
Na gut...
Hast du ihn er-wischt?
Ja, hab ich!
Das wird 'ne super Zeit-lupe.

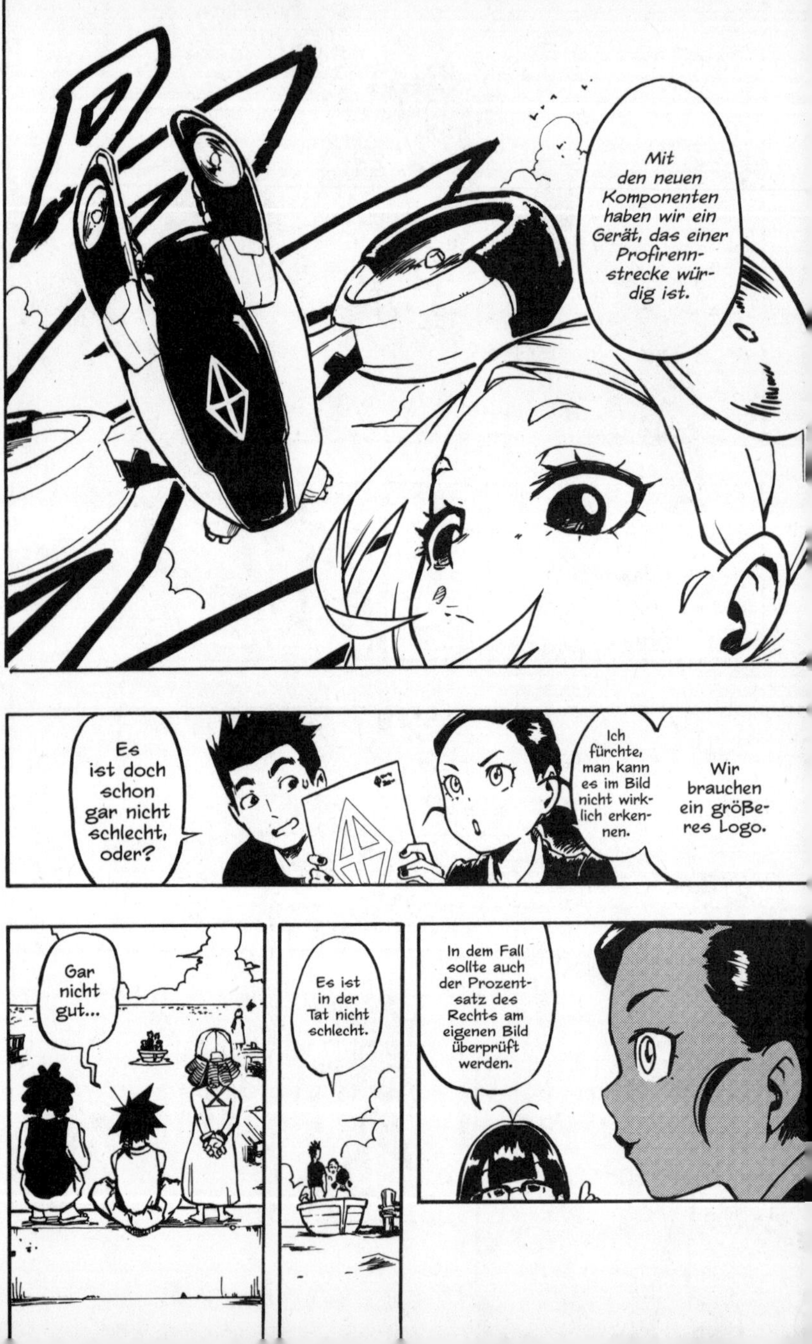
Mit den neuen Komponenten haben wir ein Gerät, das einer Profirenn-strecke würdig ist.
Wir brauchen ein größe-res Logo.
Ich fürchte, man kann es im Bild nicht wirk-lich erken-nen.
Es ist doch schon gar nicht schlecht, oder?
In dem Fall sollte auch der Prozent-satz des Rechts am eigenen Bild überprüft werden.
Es ist in der Tat nicht schlecht.
Gar nicht gut...

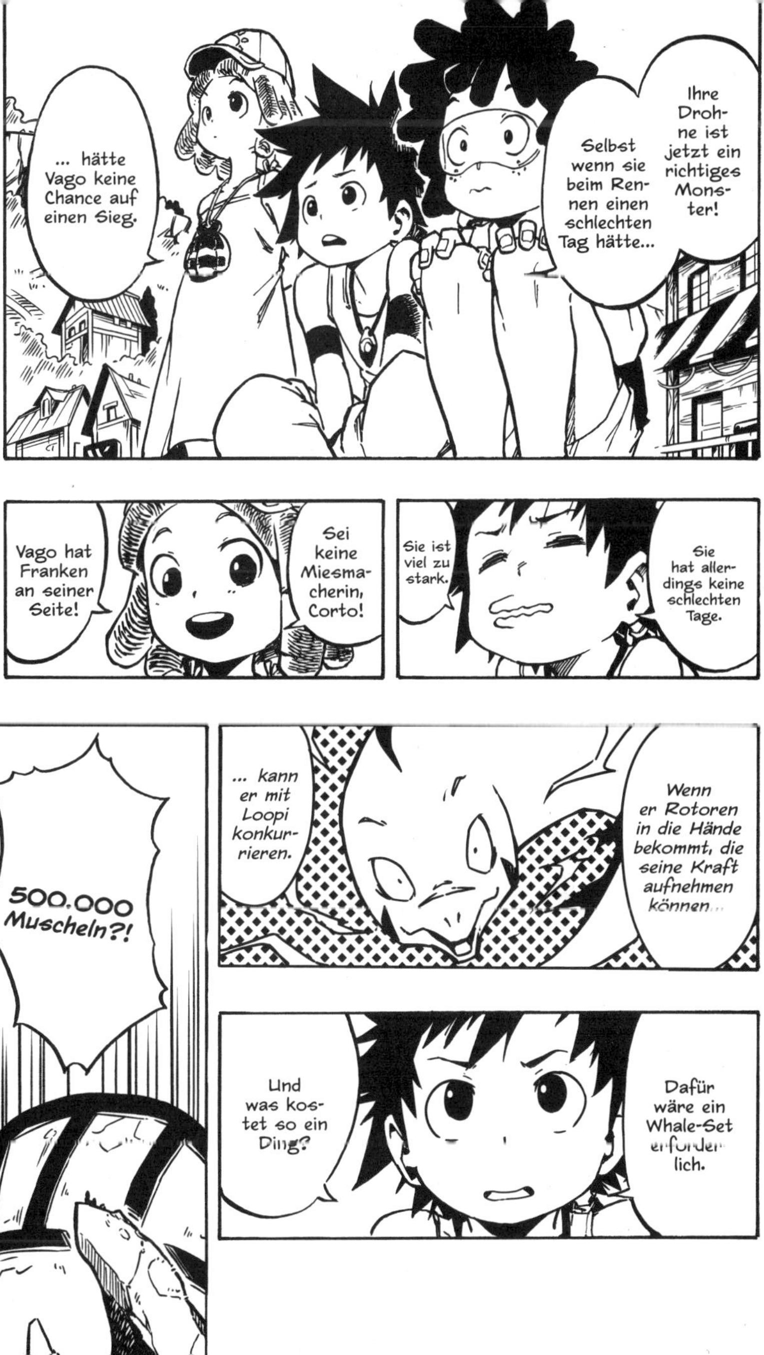
Ihre Drohne ist jetzt ein richtiges Monster!
Selbst wenn sie beim Rennen einen schlechten Tag hätte...
... hätte Vago keine Chance auf einen Sieg.
Sie hat allerdings keine schlechten Tage.
Sie ist viel zu stark.
Sei keine Miesmacherin, Corto!
Vago hat Franken an seiner Seite!
Wenn er Rotoren in die Hände bekommt, die seine Kraft aufnehmen können...
... kann er mit Loopi konkurrieren.
Dafür wäre ein Whale-Set erforderlich.
Und was kostet so ein Ding?
500.000 Muscheln?!

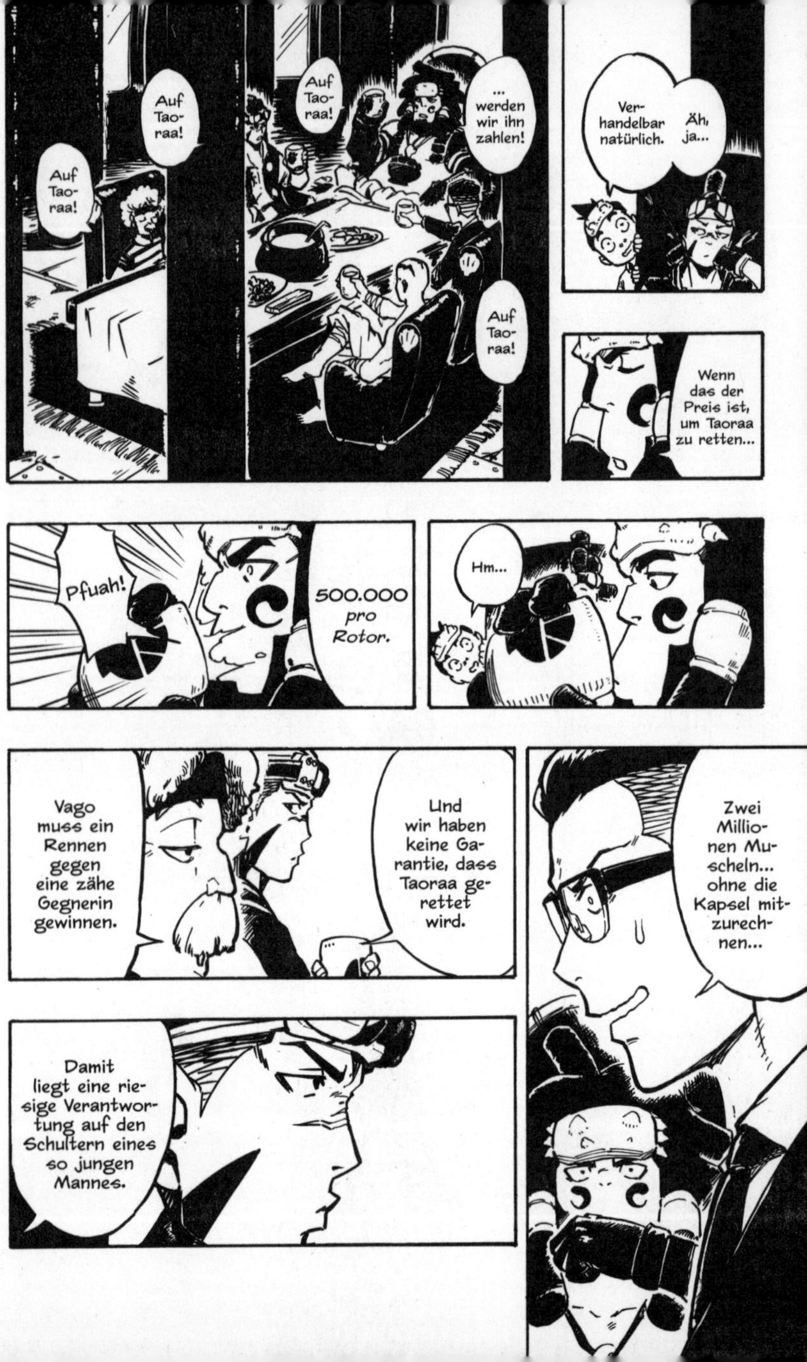

Verhandelbar natürlich.
Äh, ja...
Wenn das der Preis ist, um Taoraa zu retten...
... werden wir ihn zahlen!
Auf Taoraa!
Auf Taoraa!
Auf Taoraa!
Auf Taoraa!
Hm...
500.000 pro Rotor.
Pfuah!
Zwei Millionen Muscheln... ohne die Kapsel mitzurechnen...
Und wir haben keine Garantie, dass Taoraa gerettet wird.
Vago muss ein Rennen gegen eine zähe Gegnerin gewinnen.
Damit liegt eine riesige Verantwortung auf den Schultern eines so jungen Mannes.

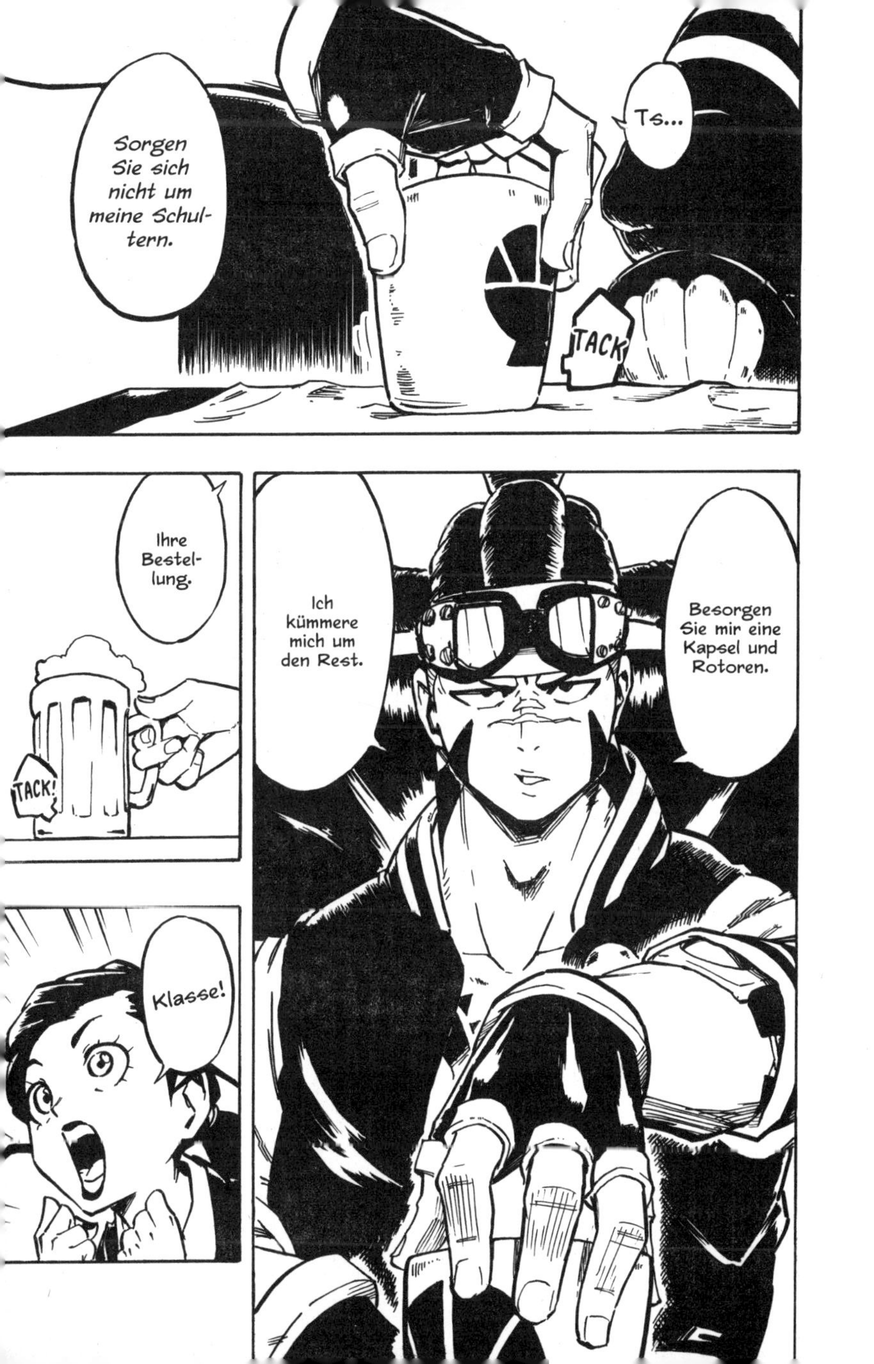
Ts...
Sorgen Sie sich nicht um meine Schultern.
TACK
Besorgen Sie mir eine Kapsel und Rotoren.
Ich kümmere mich um den Rest.
Ihre Bestellung.
TACK!
Klasse!

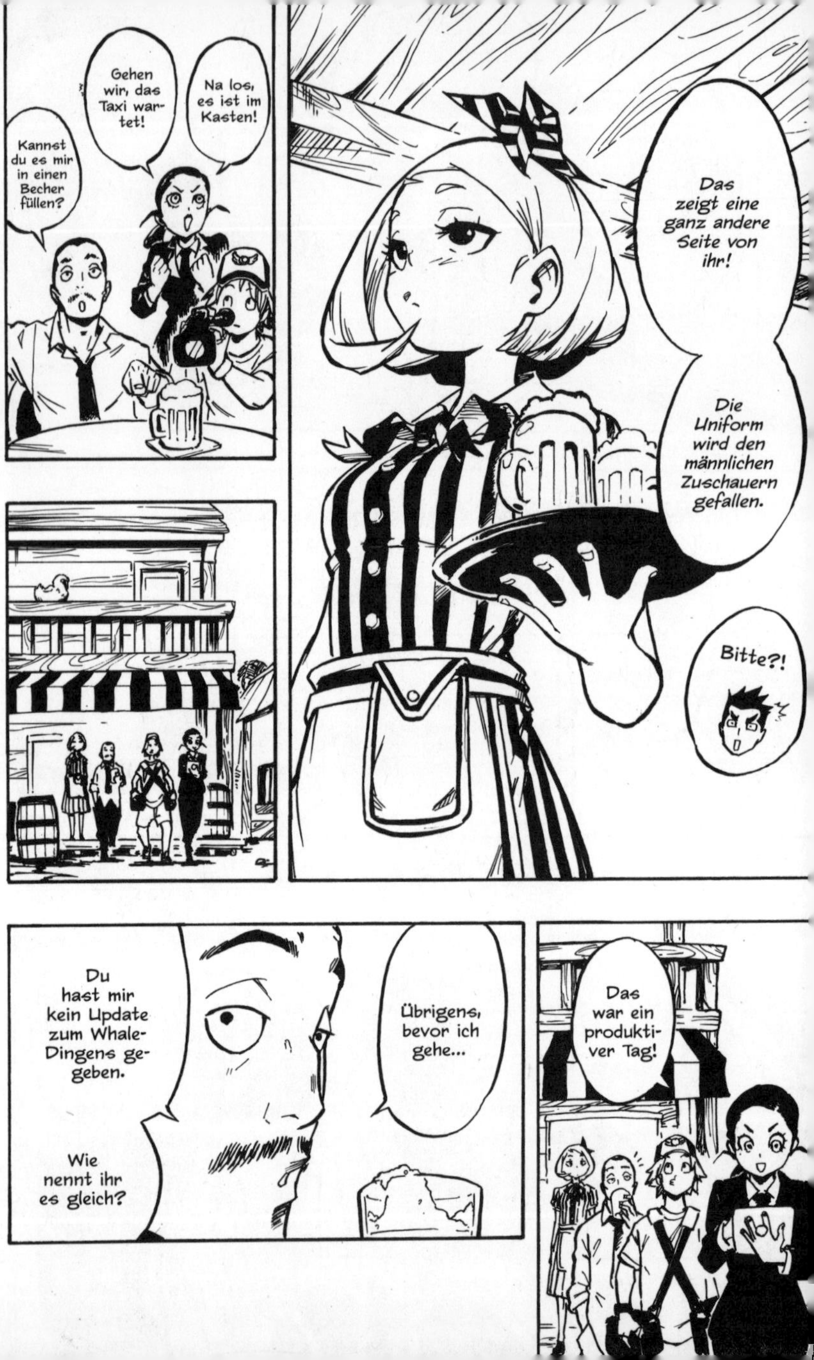
Das zeigt eine ganz andere Seite von ihr!
Die Uniform wird den männlichen Zuschauern gefallen.
Bitte?!
Na los, es ist im Kasten!
Gehen wir, das Taxi wartet!
Kannst du es mir in einen Becher füllen?
Das war ein produktiver Tag!
Übrigens, bevor ich gehe...
Du hast mir kein Update zum Whale-Dingens gegeben.
Wie nennt ihr es gleich?

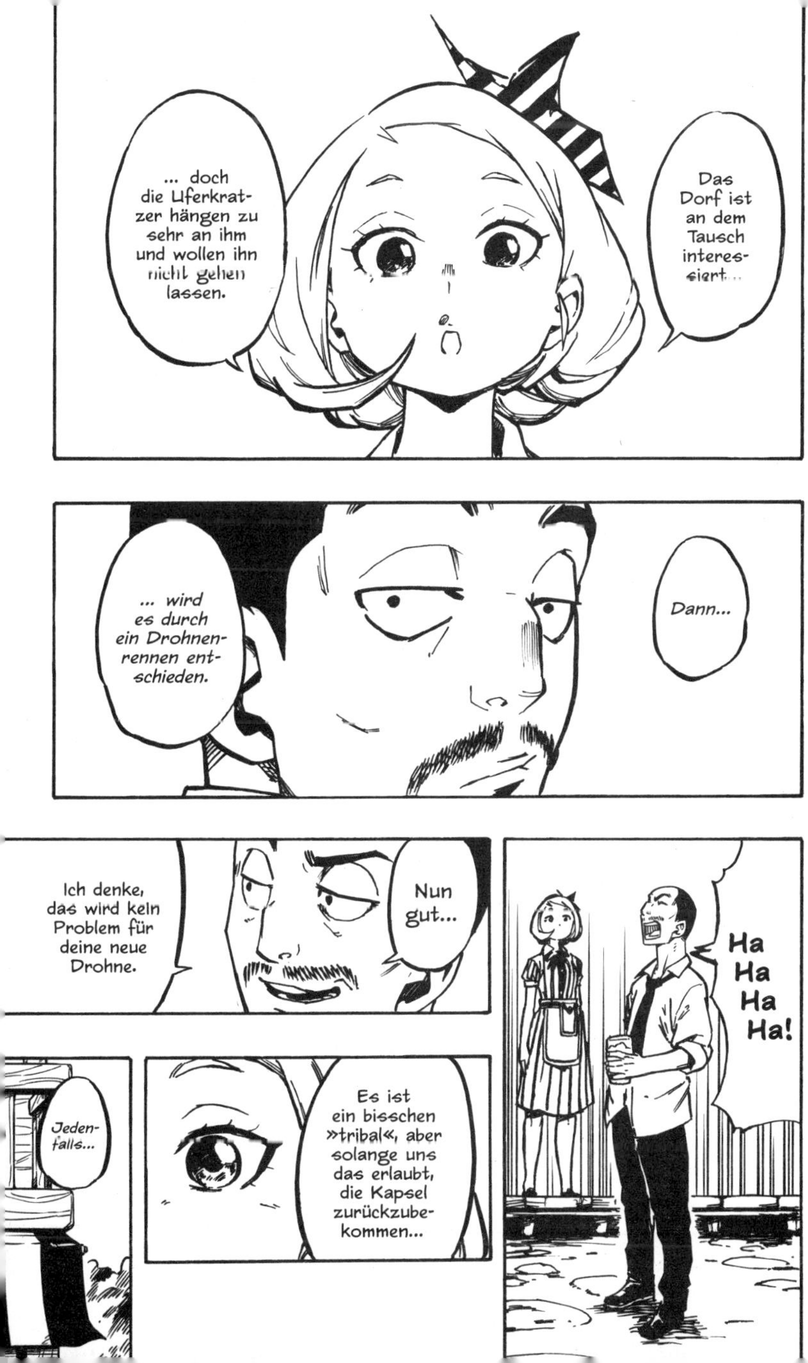
Das Dorf ist an dem Tausch interessiert...
... doch die Uferkratzer hängen zu sehr an ihm und wollen ihn nicht gehen lassen.
Dann...
... wird es durch ein Drohnenrennen entschieden.
Ha Ha Ha Ha!
Nun gut...
Ich denke, das wird kein Problem für deine neue Drohne.
Es ist ein bisschen »tribal«, aber solange uns das erlaubt, die Kapsel zurückzubekommen...
Jedenfalls...

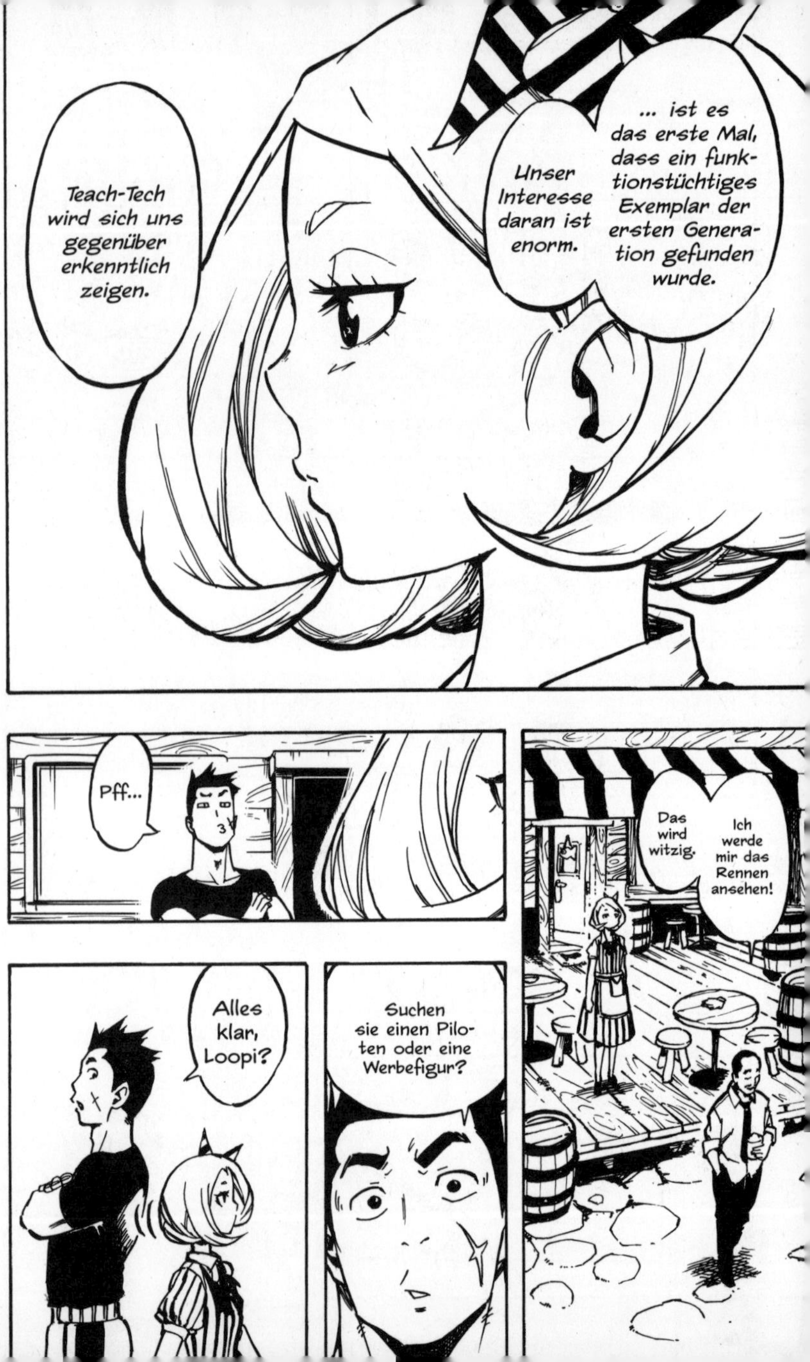
... ist es das erste Mal, dass ein funktionstüchtiges Exemplar der ersten Generation gefunden wurde.
Unser Interesse daran ist enorm.
Teach-Tech wird sich uns gegenüber erkenntlich zeigen.
Ich werde mir das Rennen ansehen!
Das wird witzig.
Pff...
Suchen sie einen Piloten oder eine Werbefigur?
Alles klar, Loopi?

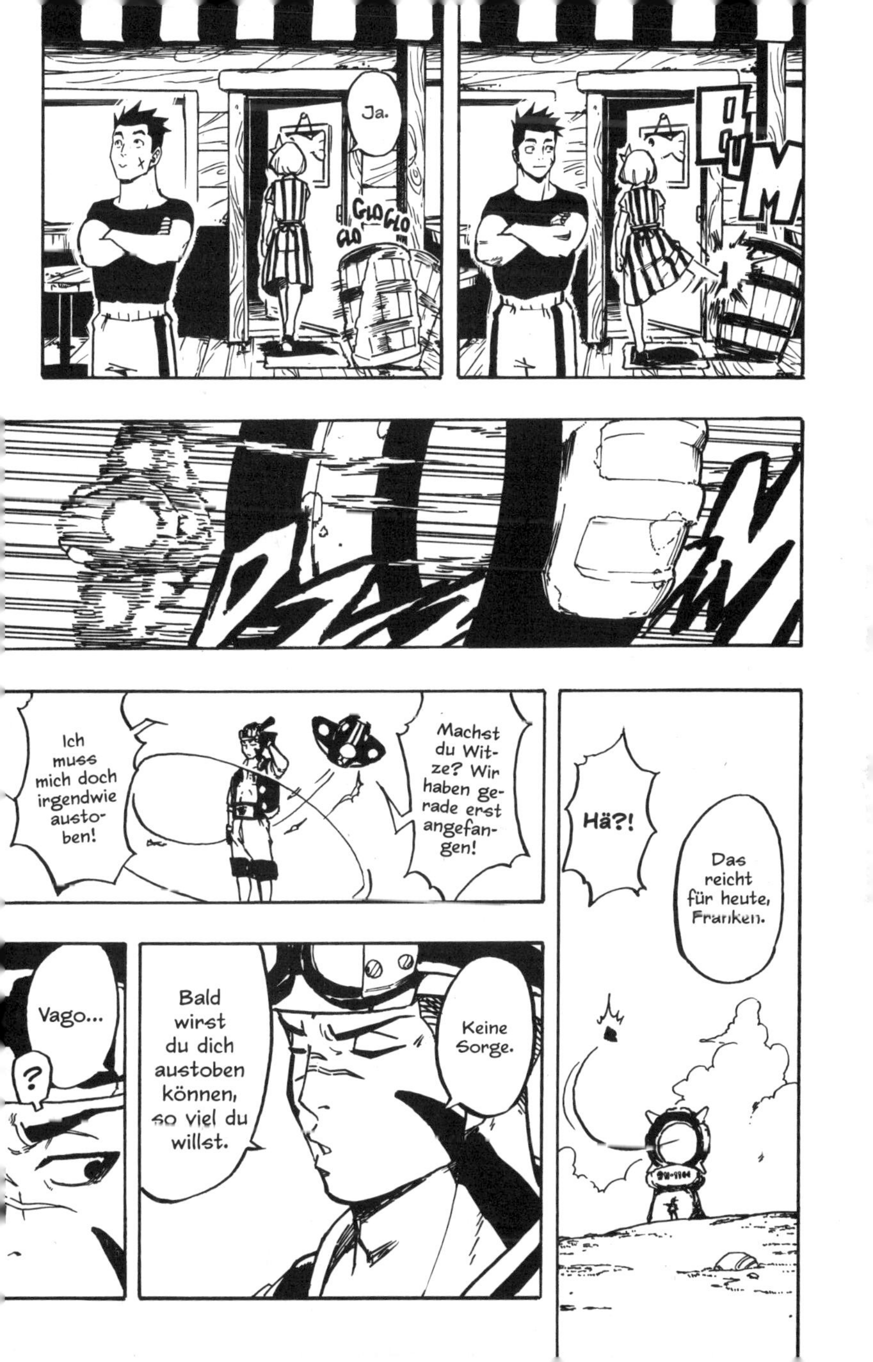
RUMM
Ja.
GLO GLO GLO
Das reicht für heute, Franken.
Hä?!
Machst du Witze? Wir haben gerade erst angefangen!
Ich muss mich doch irgendwie austoben!
Keine Sorge.
Bald wirst du dich austoben können, so viel du willst.
Vago...
?

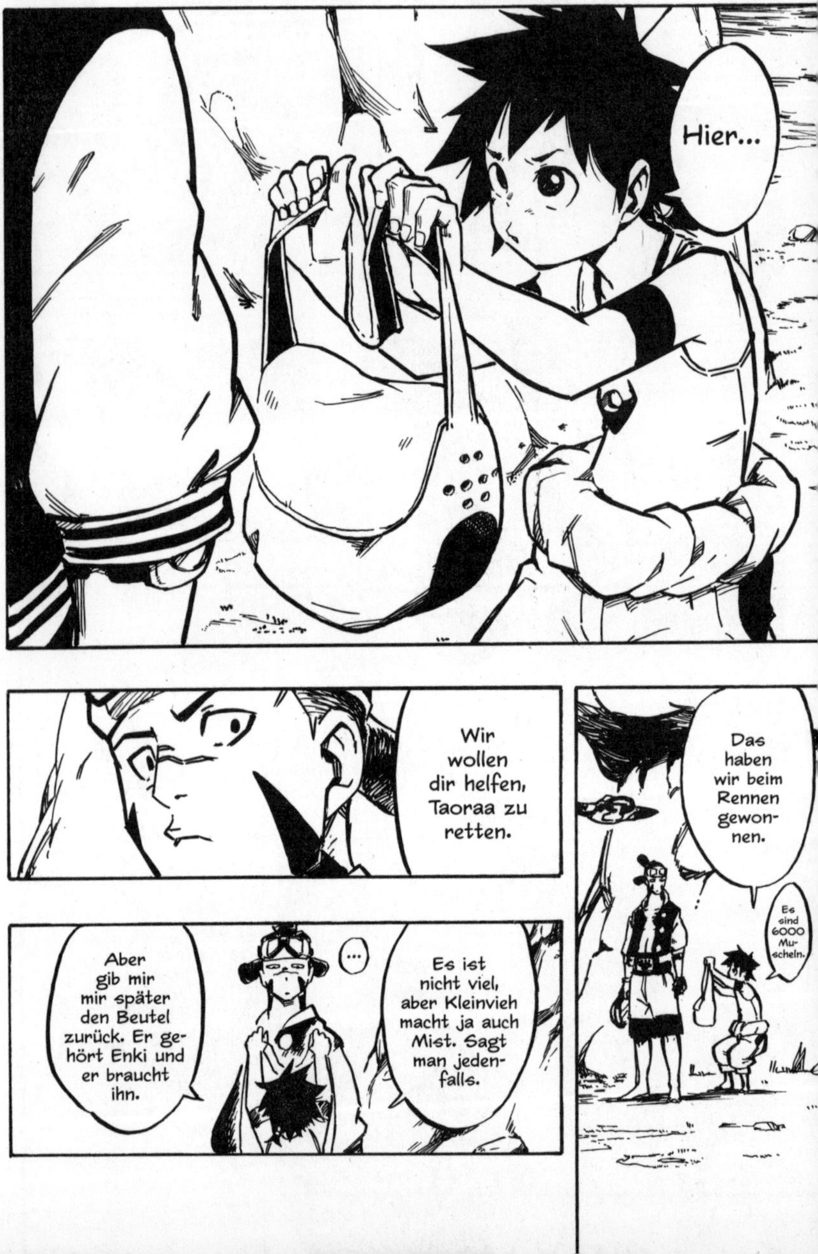
Hier...
Das haben wir beim Rennen gewonnen.
Es sind 6000 Muscheln.
Wir wollen dir helfen, Taoraa zu retten.
Es ist nicht viel, aber Kleinvieh macht ja auch Mist. Sagt man jedenfalls.
...
Aber gib mir mir später den Beutel zurück. Er gehört Enki und er braucht ihn.

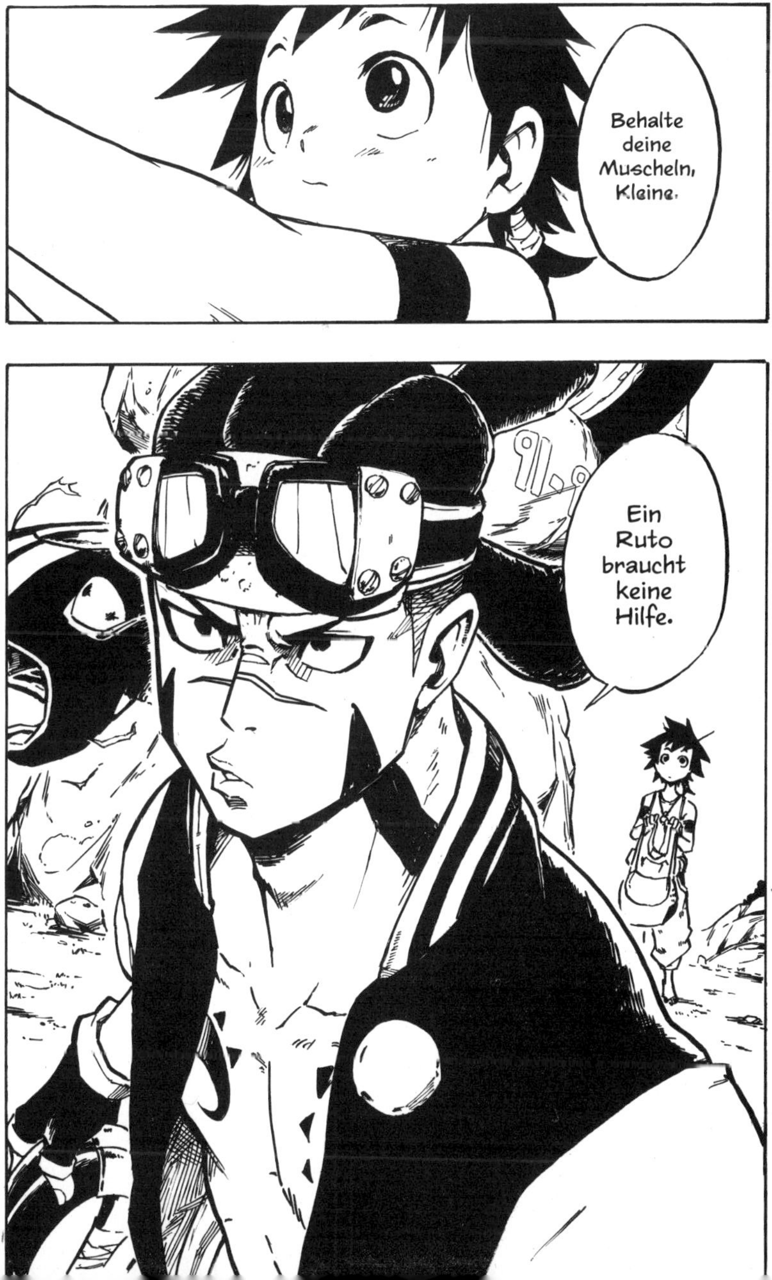
Behalte deine Muscheln, Kleine.
Ein Ruto braucht keine Hilfe.

DRONERS LUCIE

SPEZIAL-STECKBRIEF

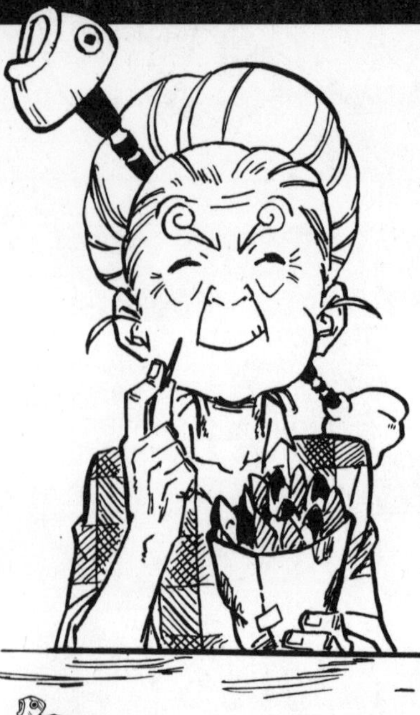

Alter: fortgeschritten

Vorlieben:
Karten spielen

Abneigungen:
Regen, putzen

Ihr Mann war der Bürgermeister von Auhopu, aber er starb in jungen Jahren auf hoher See. Lucie führte seine Arbeit fort und übernahm die Leitung des Dorfes.
Niemand hat je ihre Autorität angezweifelt.
Angeblich ist sie beim Bridge unbesiegbar.

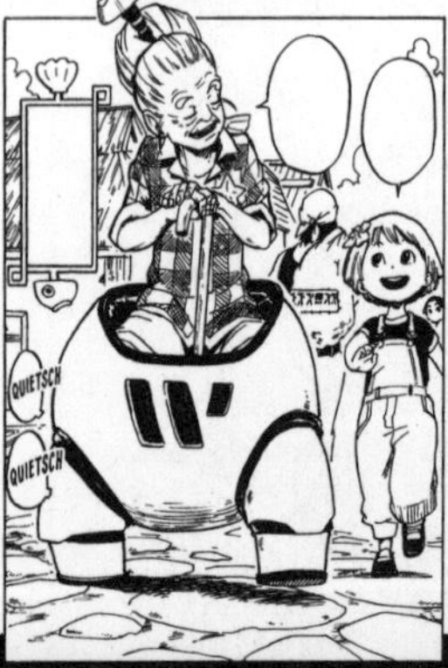

Nicolas: Statt eines Sheriffsterns trägt sie einen Seestern, aber ich vergesse immer, ihn zu zeichnen. Ich mag das Aussehen ihres Laufsessels, simpel und effizient!

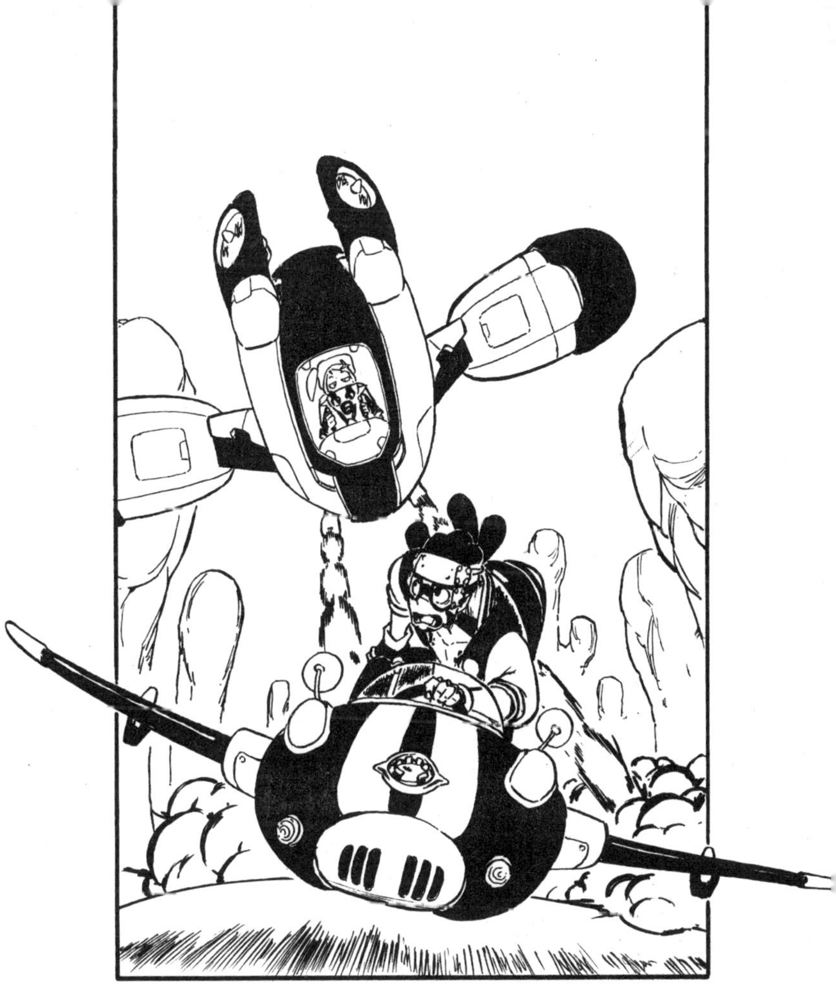

Kapitel 10

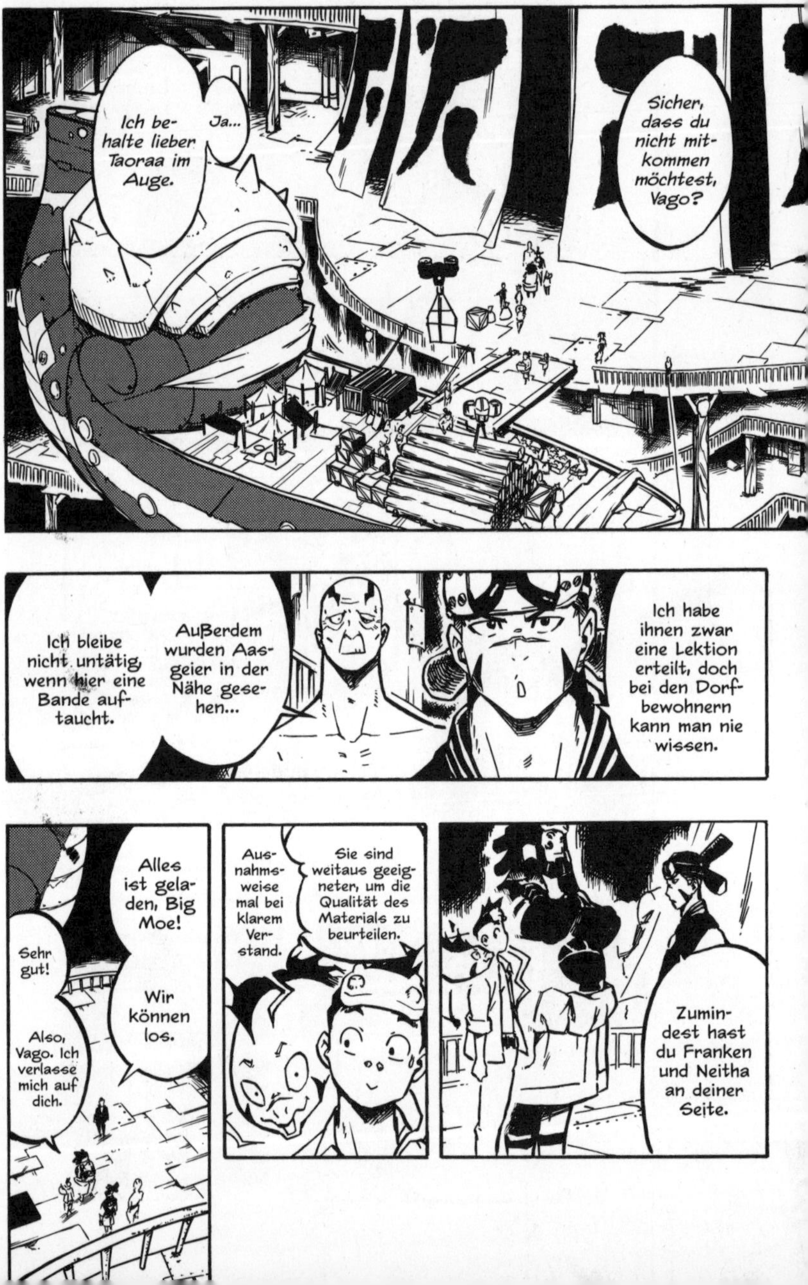

Sicher, dass du nicht mitkommen möchtest, Vago?
Ja...
Ich behalte lieber Taoraa im Auge.
Ich habe ihnen zwar eine Lektion erteilt, doch bei den Dorfbewohnern kann man nie wissen.
Außerdem wurden Aasgeier in der Nähe gesehen...
Ich bleibe nicht untätig, wenn hier eine Bande auftaucht.
Zumindest hast du Franken und Neitha an deiner Seite.
Sie sind weitaus geeigneter, um die Qualität des Materials zu beurteilen.
Ausnahmsweise mal bei klarem Verstand.
Alles ist geladen, Big Moe!
Sehr gut!
Wir können los.
Also, Vago. Ich verlasse mich auf dich.

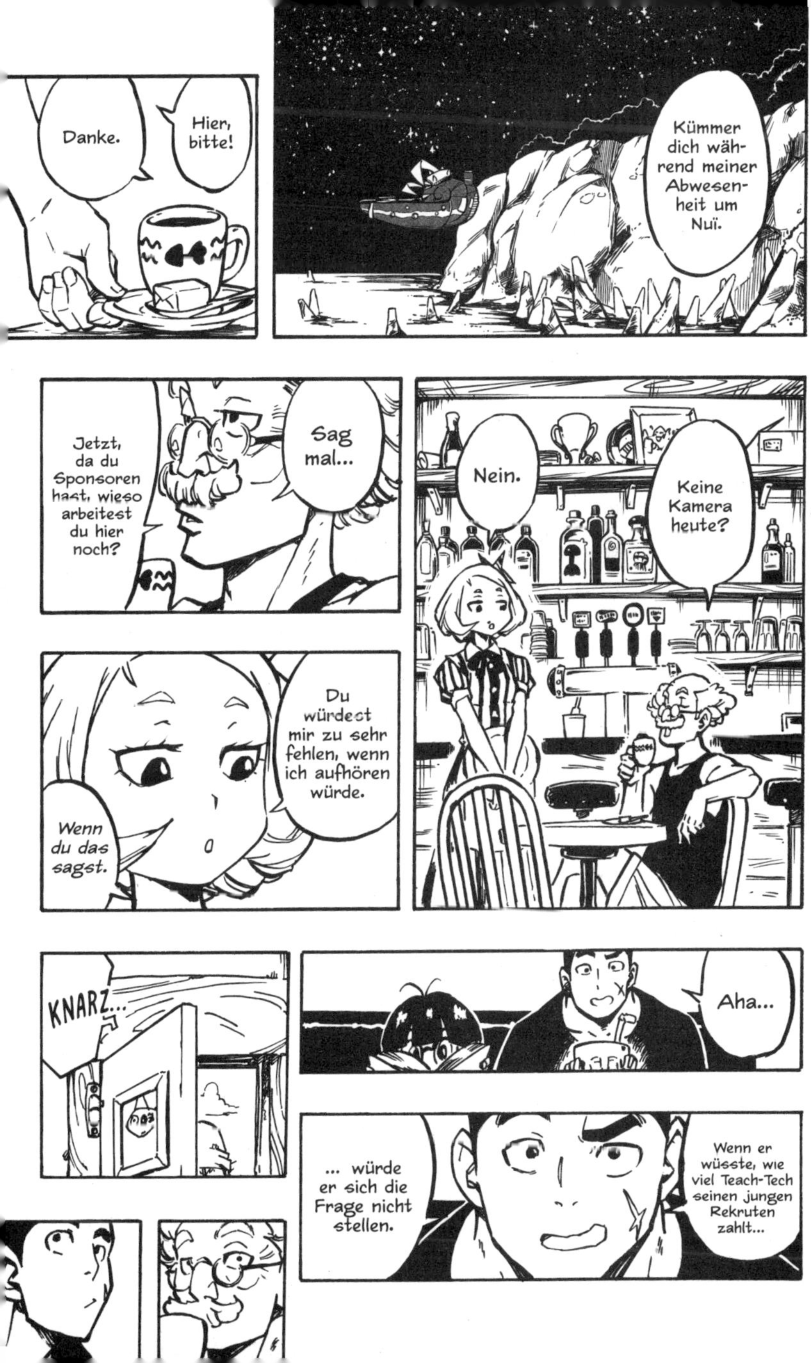
Kümmer dich während meiner Abwesenheit um Nuï.
Hier, bitte!
Danke.
Keine Kamera heute?
Nein.
Sag mal...
Jetzt, da du Sponsoren hast, wieso arbeitest du hier noch?
Du würdest mir zu sehr fehlen, wenn ich aufhören würde.
Wenn du das sagst.
Aha...
KNARZ...
Wenn er wüsste, wie viel Teach-Tech seinen jungen Rekruten zahlt...
... würde er sich die Frage nicht stellen.

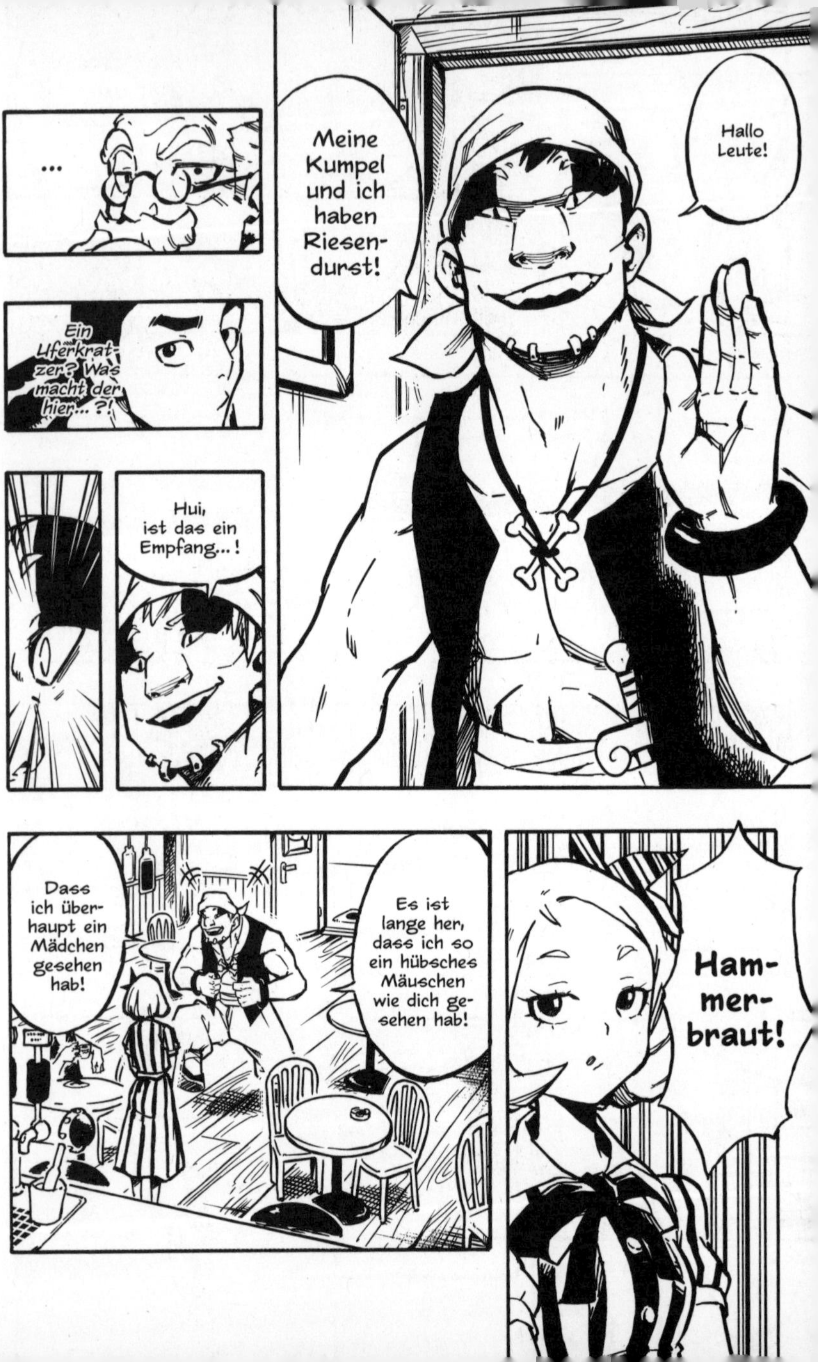

Hallo Leute!
Meine Kumpel und ich haben Riesendurst!
...
Ein Uferkratzer? Was macht der hier...?!
Hui, ist das ein Empfang...!
Hammerbraut!
Es ist lange her, dass ich so ein hübsches Mäuschen wie dich gesehen hab!
Dass ich überhaupt ein Mädchen gesehen hab!

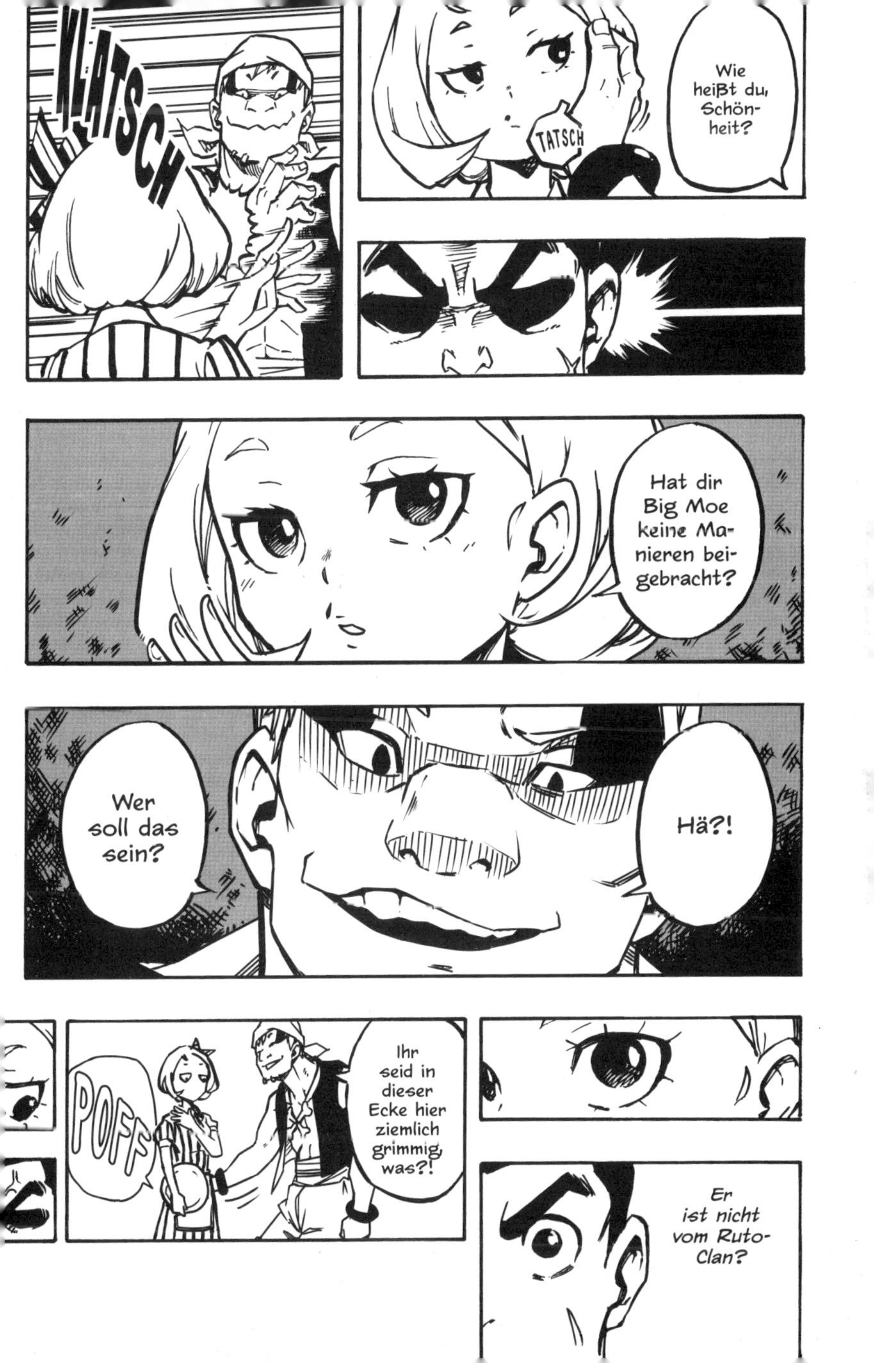
KLATSCH
TATSCH
Wie heißt du, Schönheit?
Hat dir Big Moe keine Manieren beigebracht?
Hä?!
Wer soll das sein?
Ihr seid in dieser Ecke hier ziemlich grimmig, was?!
POFF
Er ist nicht vom Ruto-Clan?

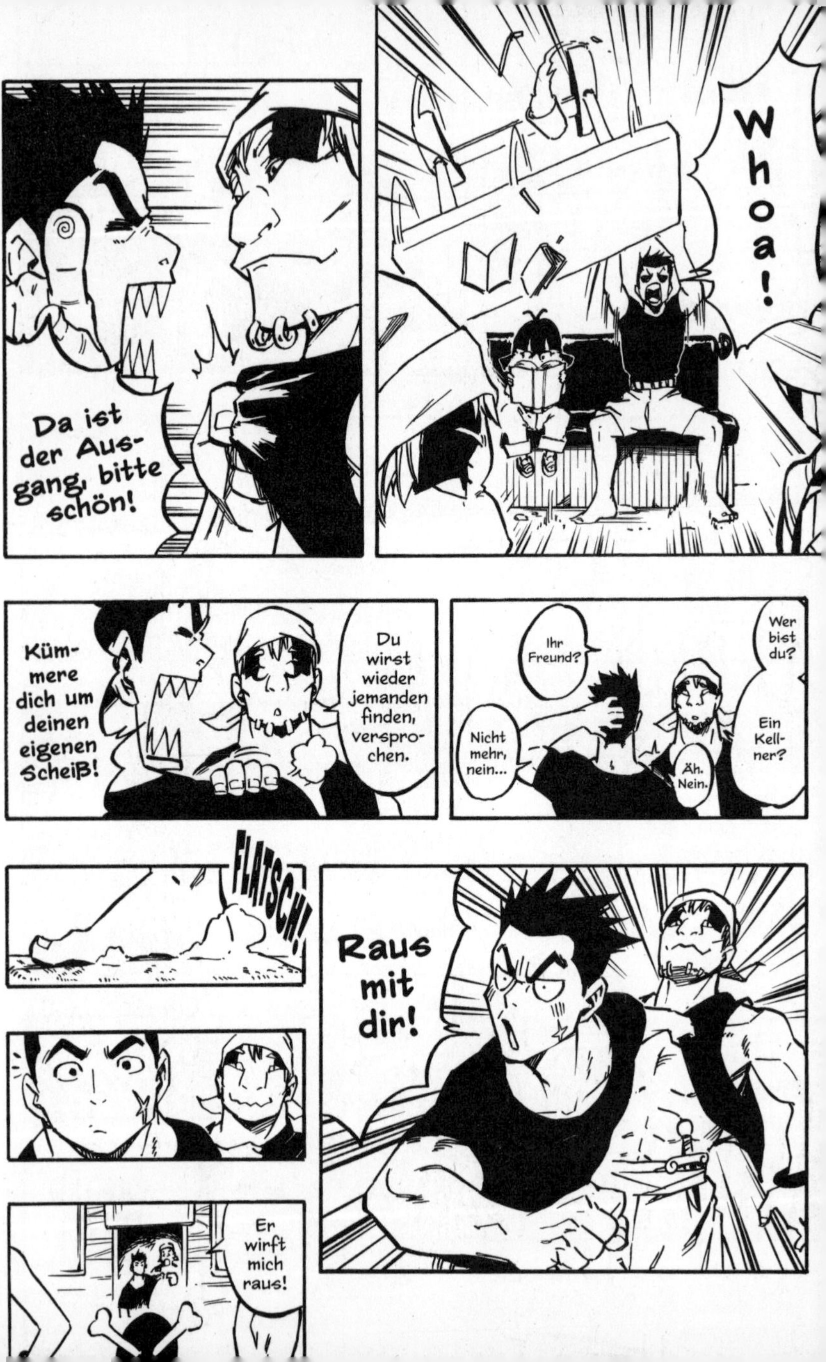
Whoa!
Da ist der Ausgang, bitte schön!
Wer bist du?
Ihr Freund?
Ein Kellner?
Äh. Nein.
Nicht mehr, nein...
Du wirst wieder jemanden finden, versprochen.
Kümmere dich um deinen eigenen Scheiß!
FLATSCH!
Raus mit dir!
Er wirft mich raus!

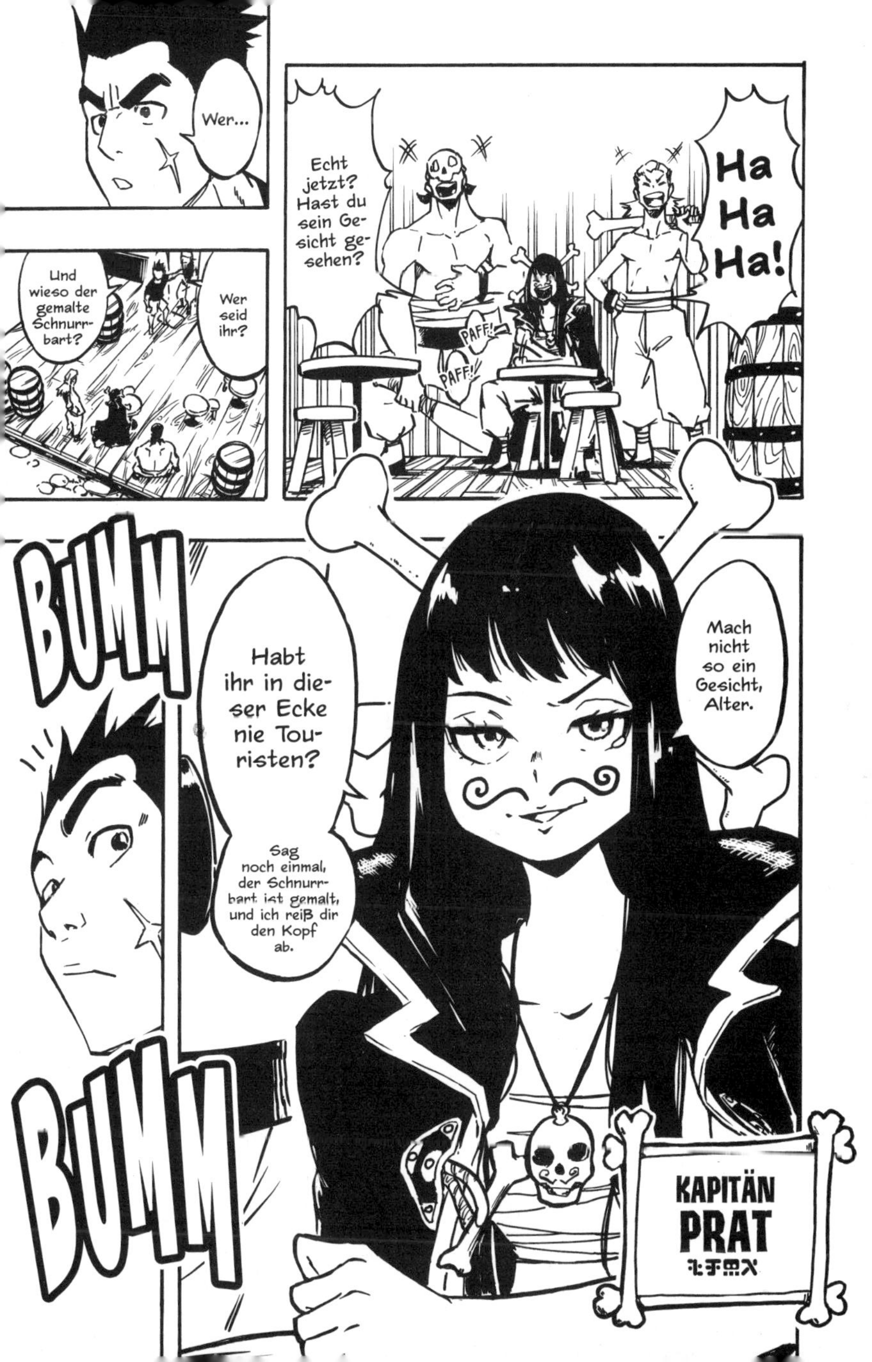

Wer...
Wer seid ihr?
Und wieso der gemalte Schnurrbart?
Echt jetzt? Hast du sein Gesicht gesehen?
Ha Ha Ha!
PAFF!
PAFF!
BUMM
Habt ihr in dieser Ecke nie Touristen?
Mach nicht so ein Gesicht, Alter.
Sag noch einmal, der Schnurrbart ist gemalt, und ich reiß dir den Kopf ab.
BUMM
KAPITÄN PRAT

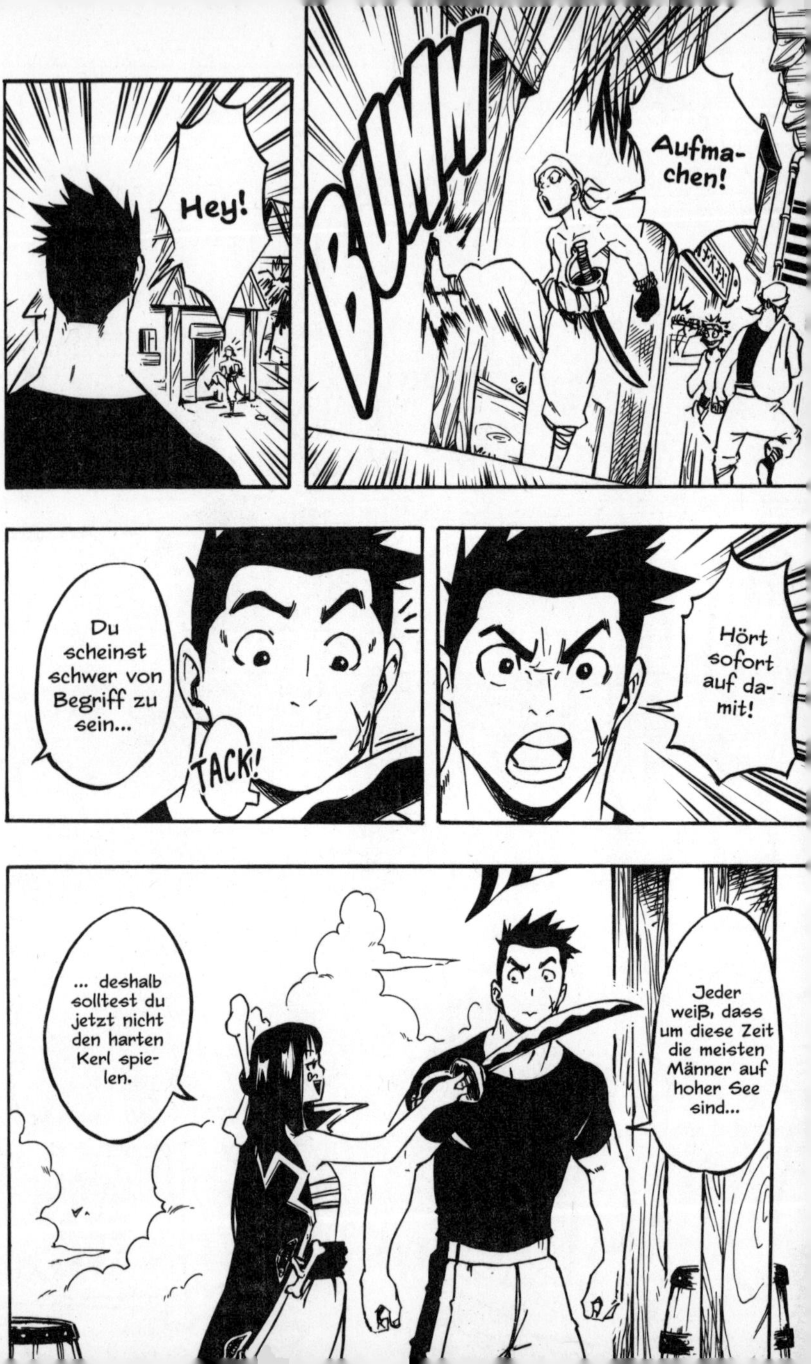
Aufmachen!
BUMM
Hey!
Hört sofort auf damit!
Du scheinst schwer von Begriff zu sein...
TACK!
Jeder weiß, dass um diese Zeit die meisten Männer auf hoher See sind...
... deshalb solltest du jetzt nicht den harten Kerl spielen.

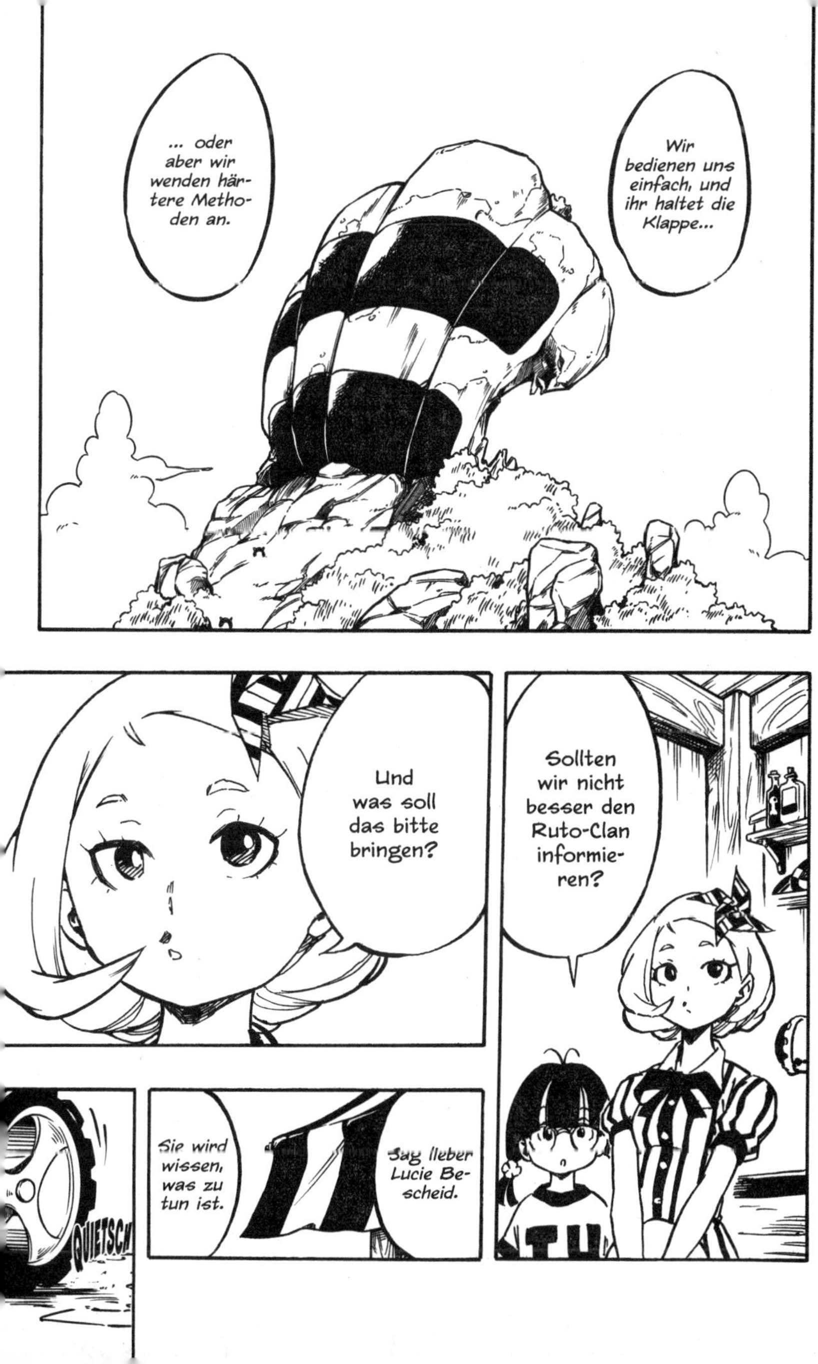
Wir bedienen uns einfach, und ihr haltet die Klappe...
... oder aber wir wenden härtere Methoden an.
Sollten wir nicht besser den Ruto-Clan informieren?
Und was soll das bitte bringen?
Sag lieber Lucie Bescheid.
Sie wird wissen, was zu tun ist.
QUIETSCH

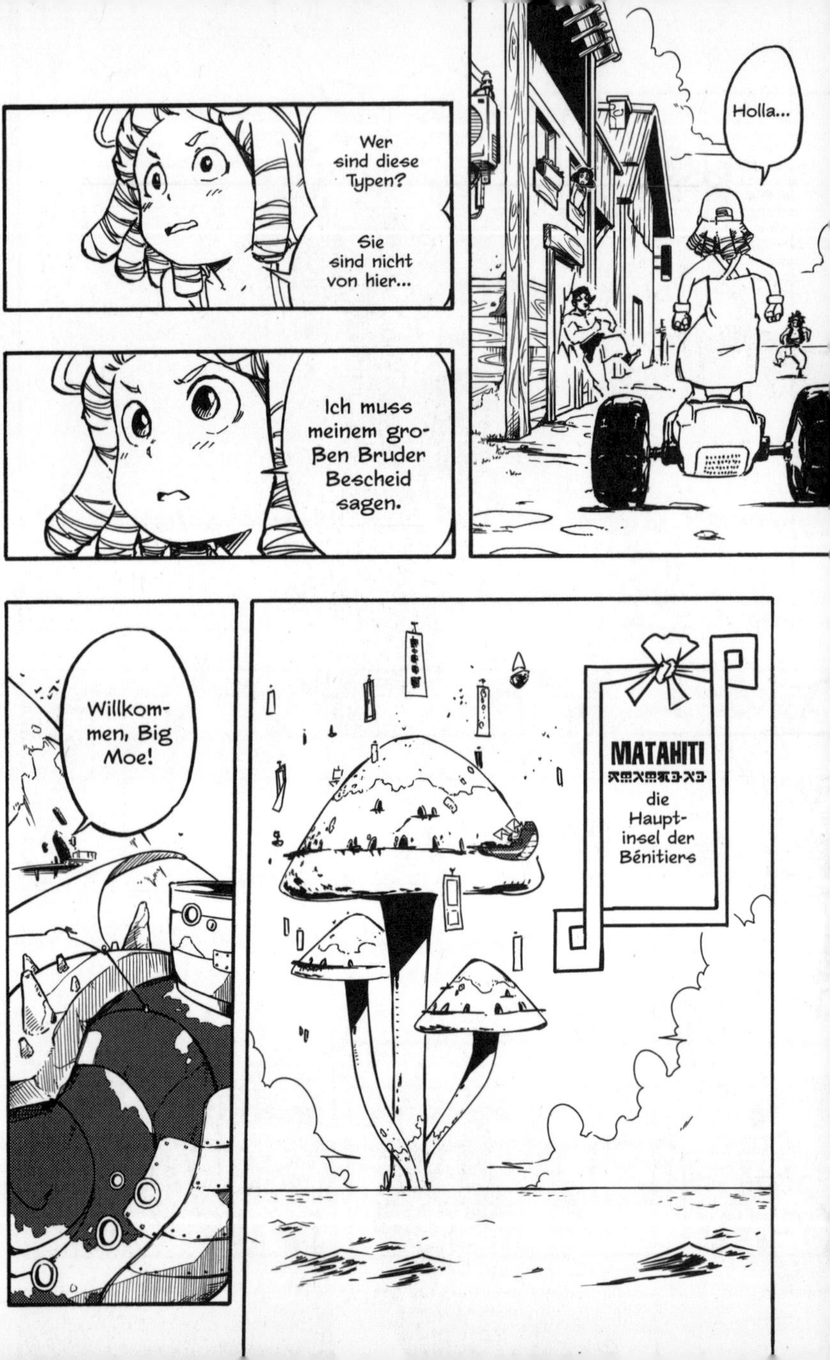
Wer sind diese Typen?
Sie sind nicht von hier...
Ich muss meinem großen Bruder Bescheid sagen.
Holla...
Willkommen, Big Moe!
MATAHITI
die Hauptinsel der Bénitiers

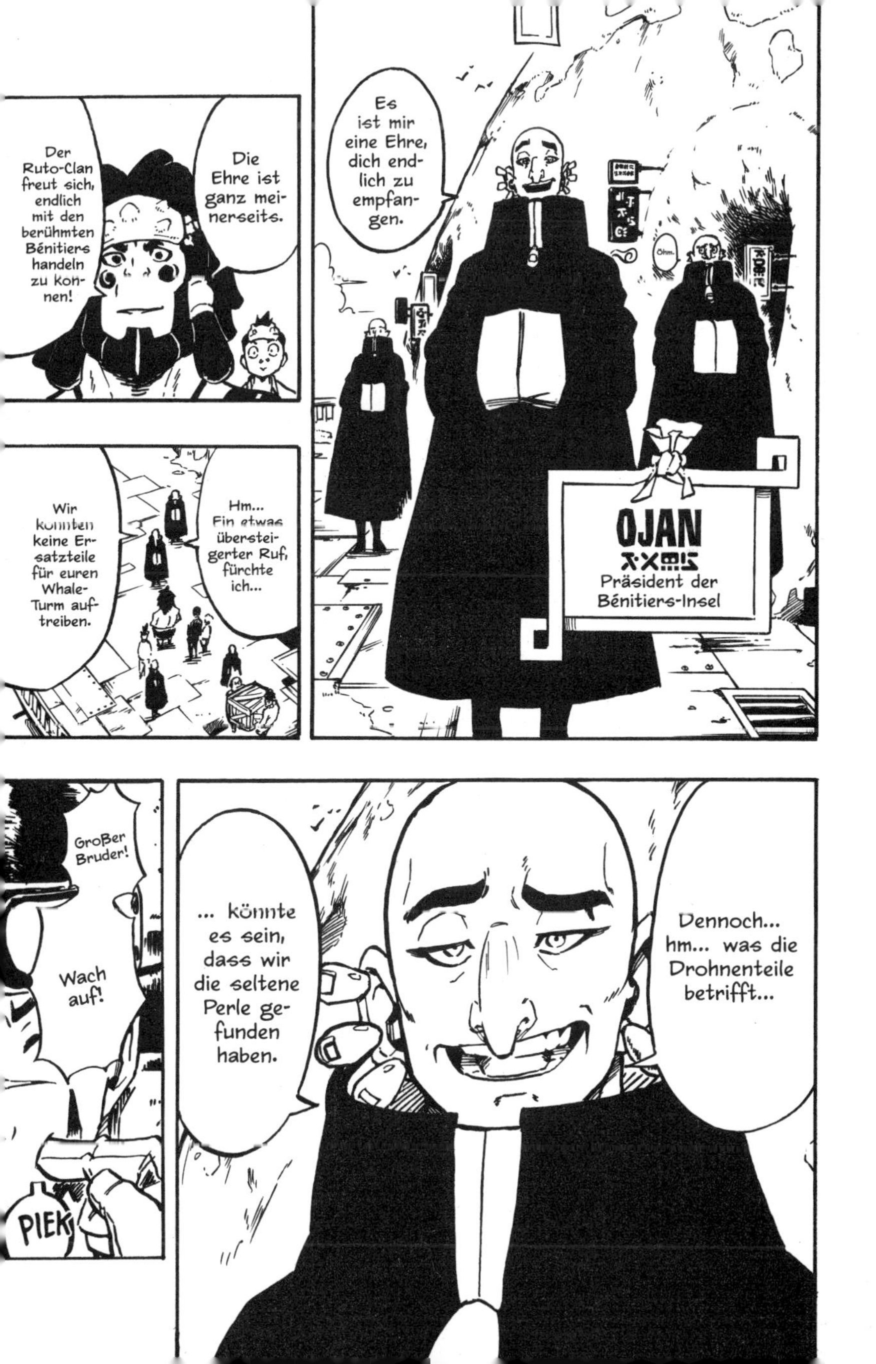
Der Ruto-Clan freut sich, endlich mit den berühmten Bénitiers handeln zu können!
Die Ehre ist ganz meinerseits.
Es ist mir eine Ehre, dich endlich zu empfangen.
Öhm.
Wir konnten keine Ersatzteile für euren Whale-Turm auftreiben.
Hm... Ein etwas übersteigerter Ruf, fürchte ich...
OJAN
Präsident der Bénitiers-Insel
Großer Bruder!
Wach auf!
PIEK
Dennoch... hm... was die Drohnenteile betrifft...
... könnte es sein, dass wir die seltene Perle gefunden haben.

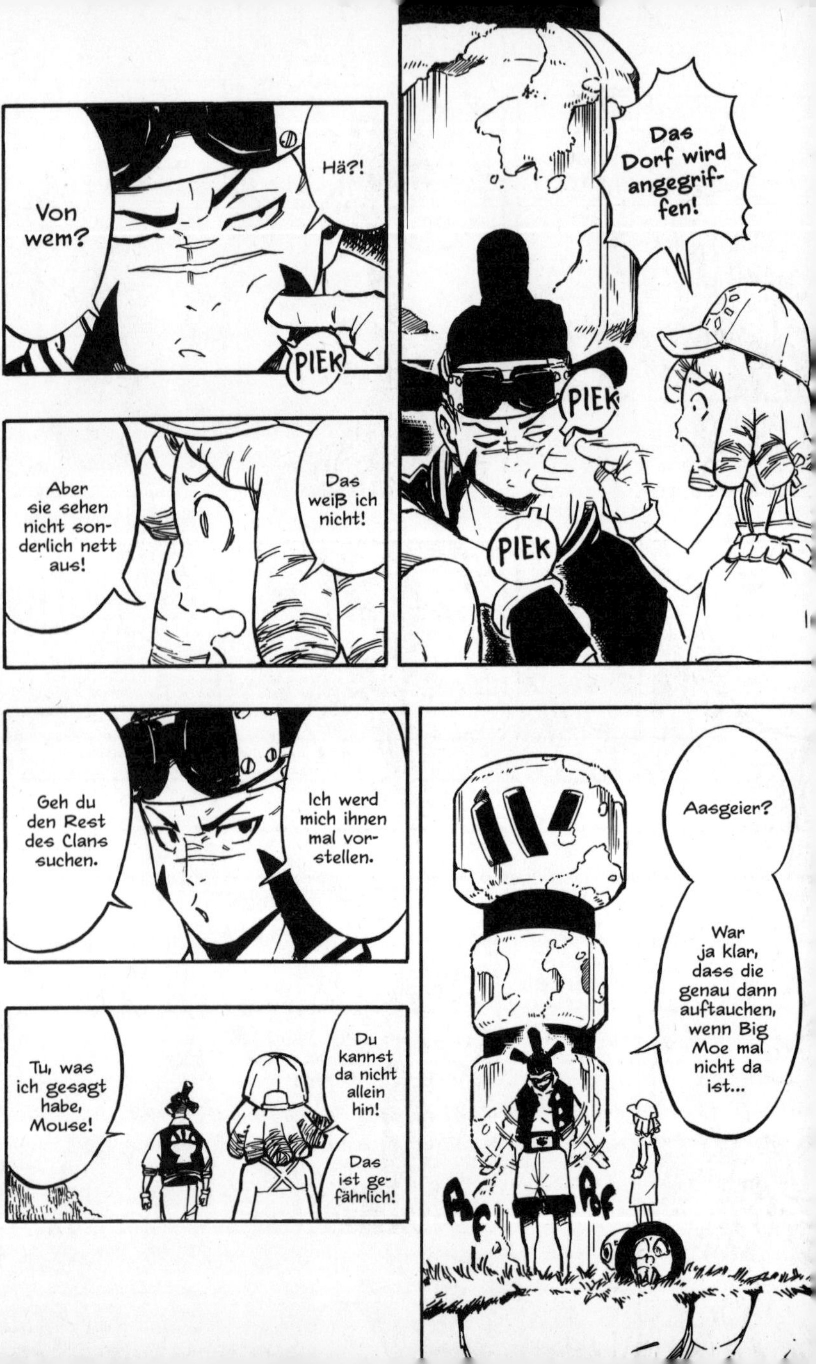
Das Dorf wird angegrif-fen!
PIEK
PIEK
Hä?!
Von wem?
PIEK
Das weiß ich nicht!
Aber sie sehen nicht sonderlich nett aus!
Aasgeier?
War ja klar, dass die genau dann auftauchen, wenn Big Moe mal nicht da ist...
Ich werd mich ihnen mal vorstellen.
Geh du den Rest des Clans suchen.
Du kannst da nicht allein hin!
Das ist gefährlich!
Tu, was ich gesagt habe, Mouse!

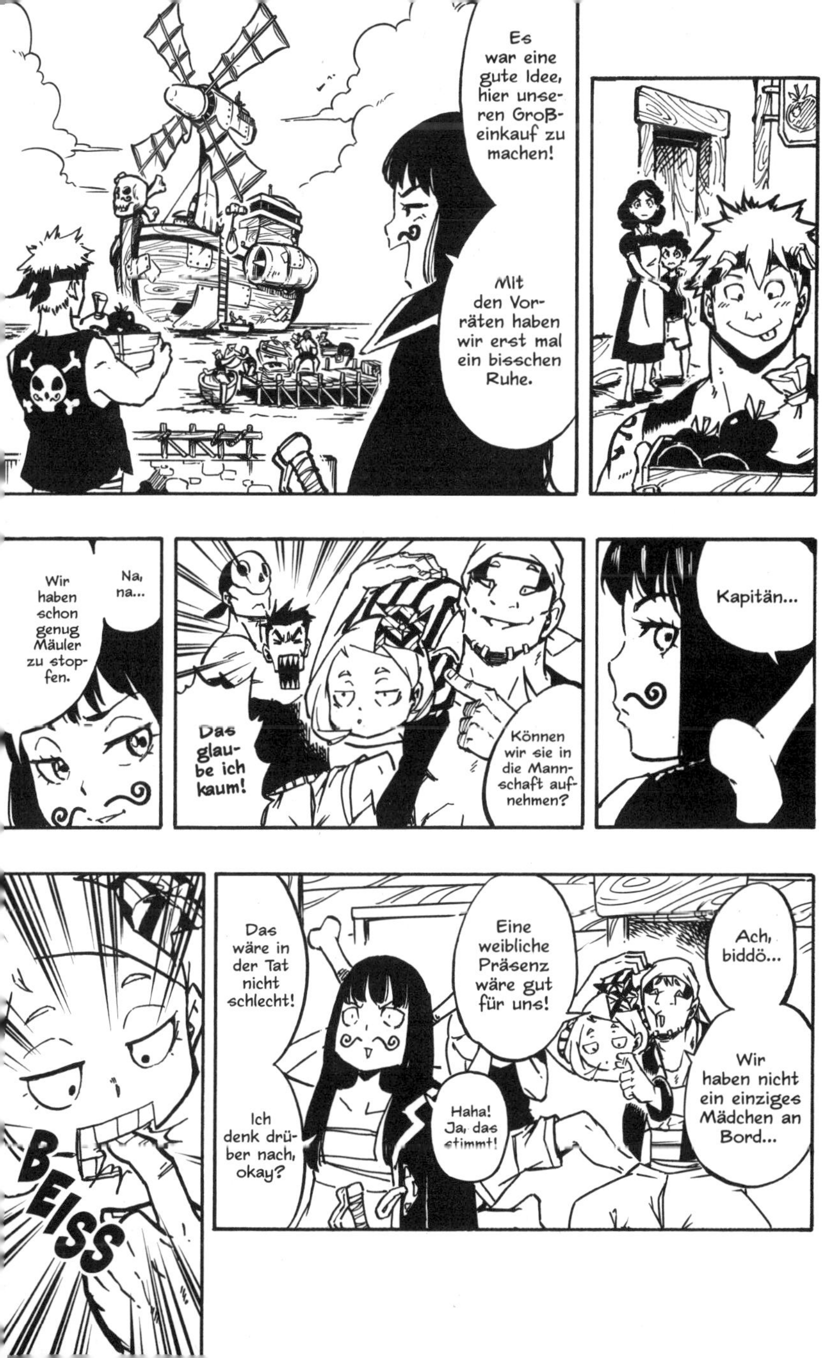
Es war eine gute Idee, hier unseren Großeinkauf zu machen!
Mit den Vorräten haben wir erst mal ein bisschen Ruhe.
Kapitän...
Können wir sie in die Mannschaft aufnehmen?
Das glaube ich kaum!
Na, na...
Wir haben schon genug Mäuler zu stopfen.
Ach, biddö...
Wir haben nicht ein einziges Mädchen an Bord...
Eine weibliche Präsenz wäre gut für uns!
Das wäre in der Tat nicht schlecht!
Haha! Ja, das stimmt!
Ich denk drüber nach, okay?
BEISS

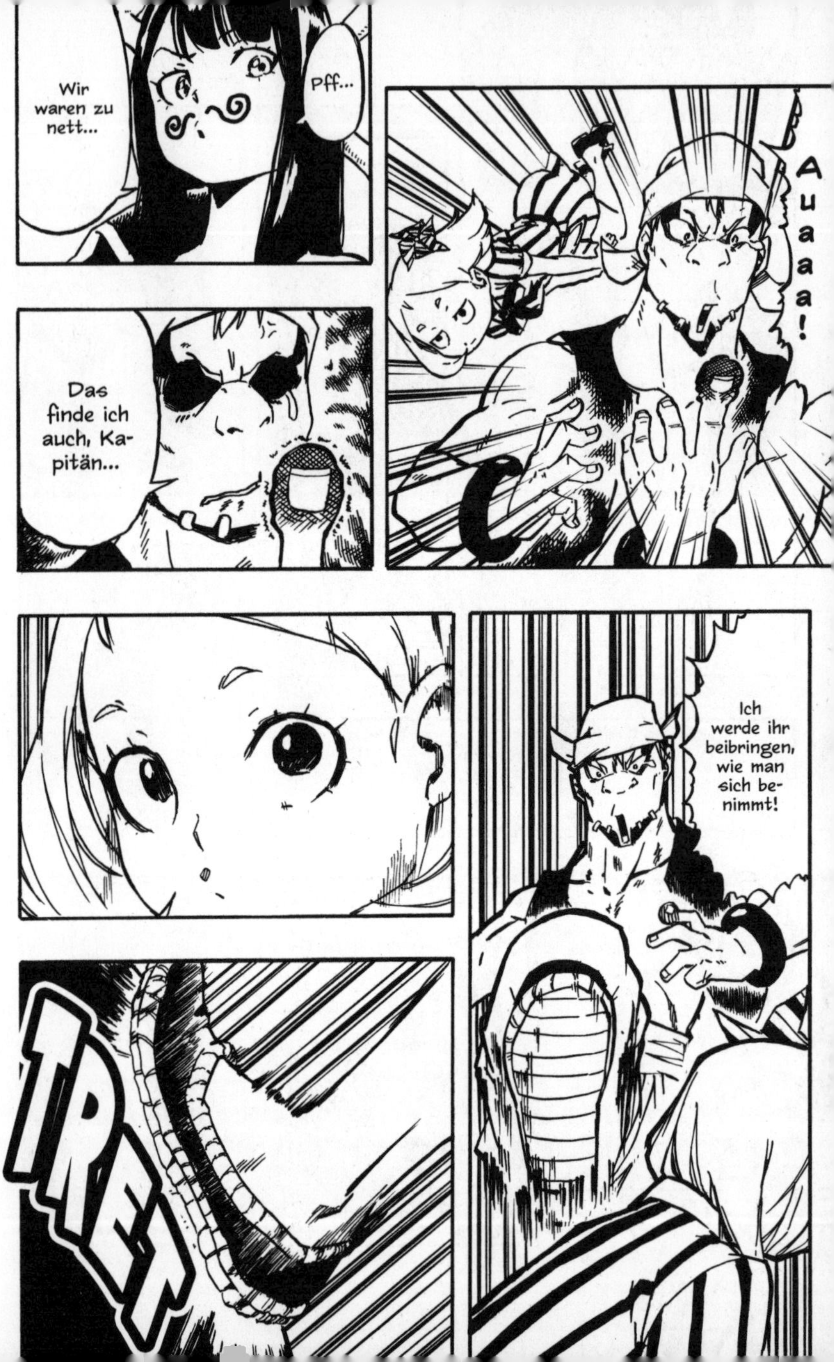
Pff...
Wir waren zu nett...
Das finde ich auch, Kapitän...
Auaaaa!
Ich werde ihr beibringen, wie man sich benimmt!

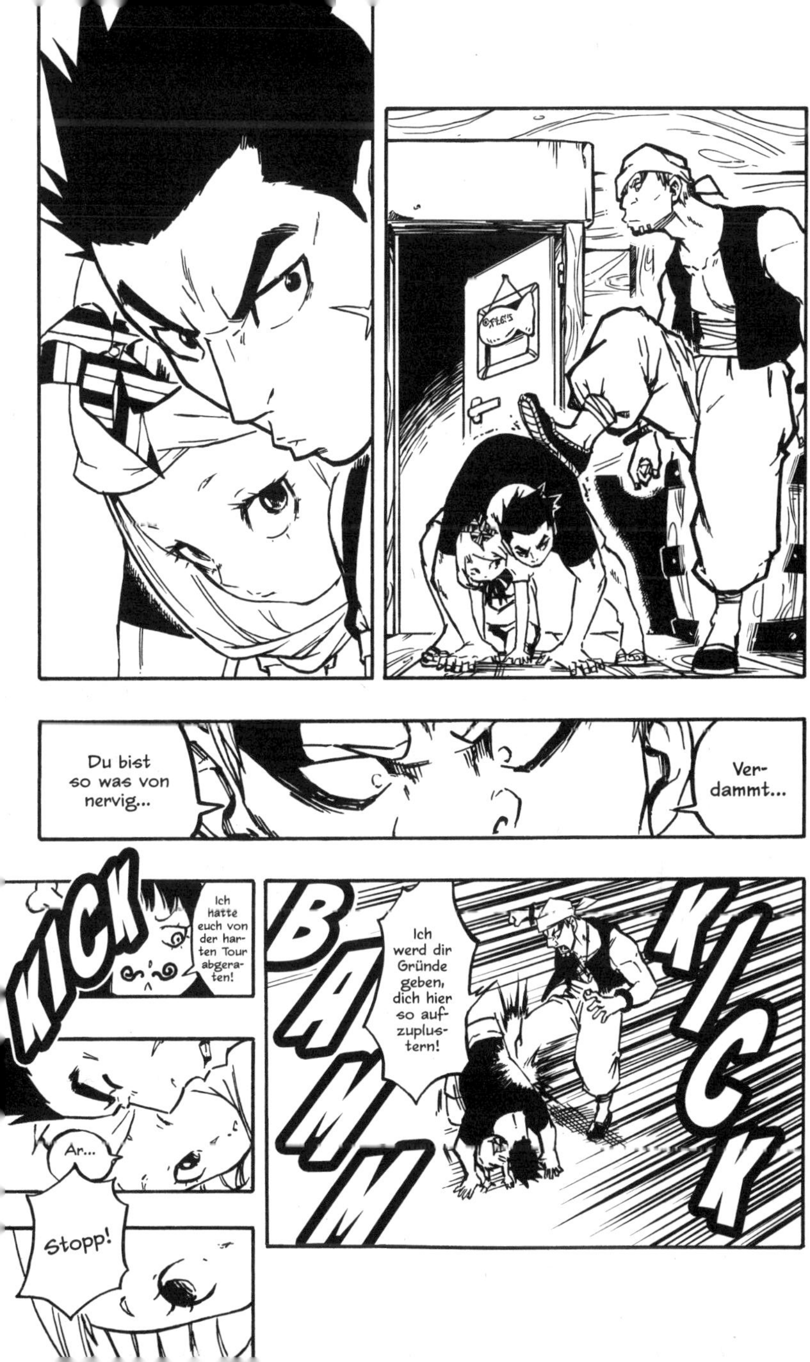
Verdammt...
Du bist so was von nervig...
KICK
BAMM
Ich werd dir Gründe geben, dich hier so aufzuplustern!
KICK
Ich hatte euch von der harten Tour abgeraten!
Ar...
Stopp!

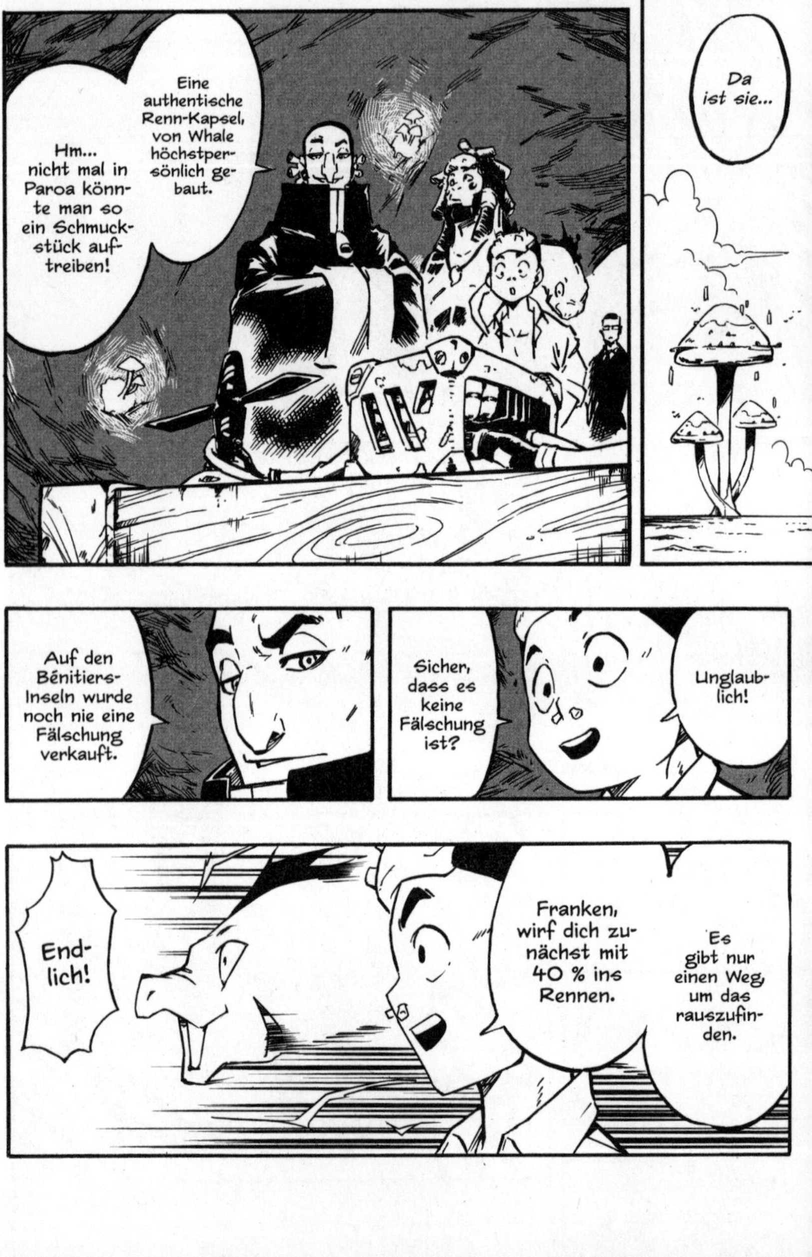

Da ist sie...
Eine authentische Renn-Kapsel, von Whale höchstpersönlich gebaut.
Hm... nicht mal in Paroa könnte man so ein Schmuckstück auftreiben!
Unglaublich!
Sicher, dass es keine Fälschung ist?
Auf den Bénitiers-Inseln wurde noch nie eine Fälschung verkauft.
Es gibt nur einen Weg, um das rauszufinden.
Franken, wirf dich zunächst mit 40 % ins Rennen.
Endlich!

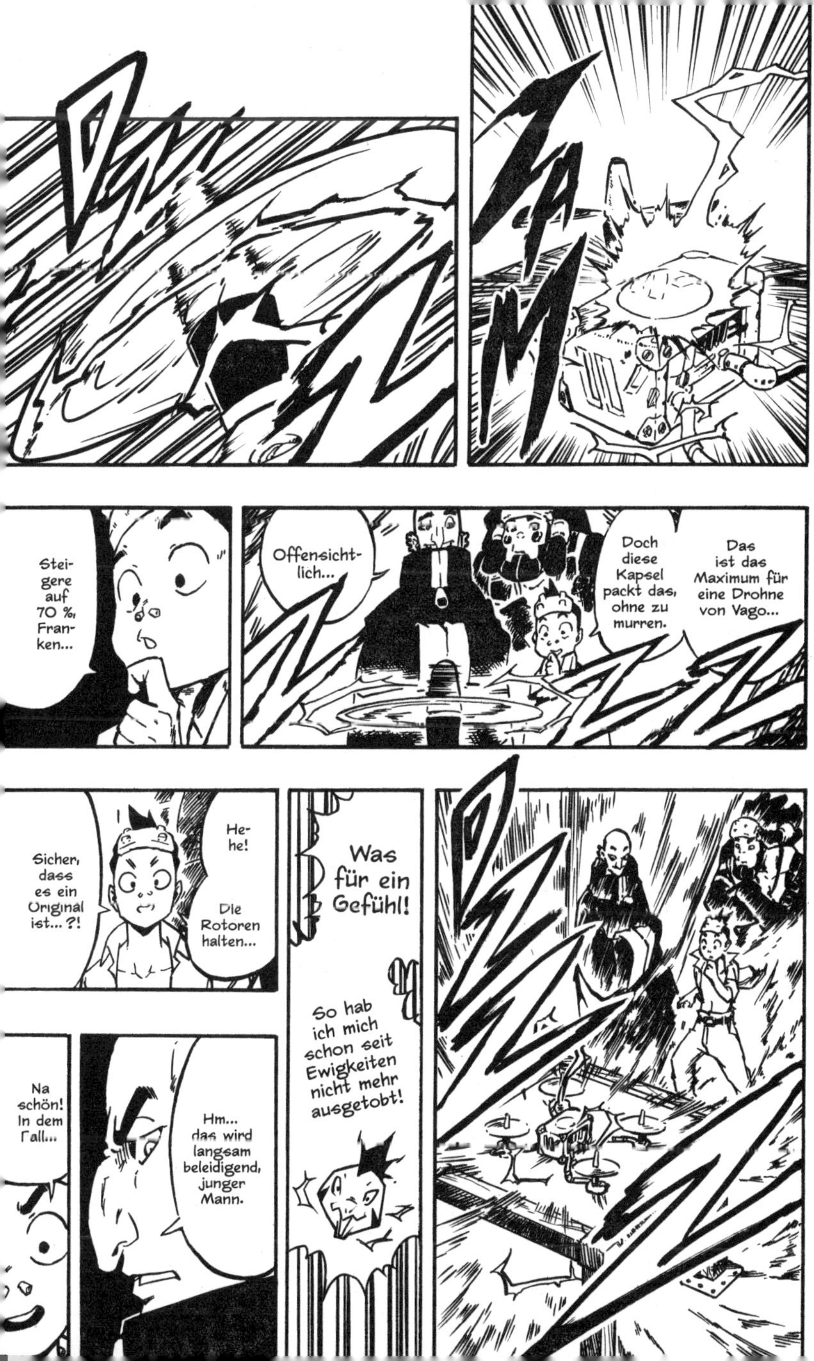

Das ist das Maximum für eine Drohne von Vago...
Doch diese Kapsel packt das, ohne zu murren.
Offensicht-lich...
Steigere auf 70 %, Franken...
Was für ein Gefühl!
So hab ich mich schon seit Ewigkeiten nicht mehr ausgetobt!
He-he!
Die Rotoren halten...
Sicher, dass es ein Original ist...?!
Hm... das wird langsam beleidigend, junger Mann.
Na schön! In dem Fall...

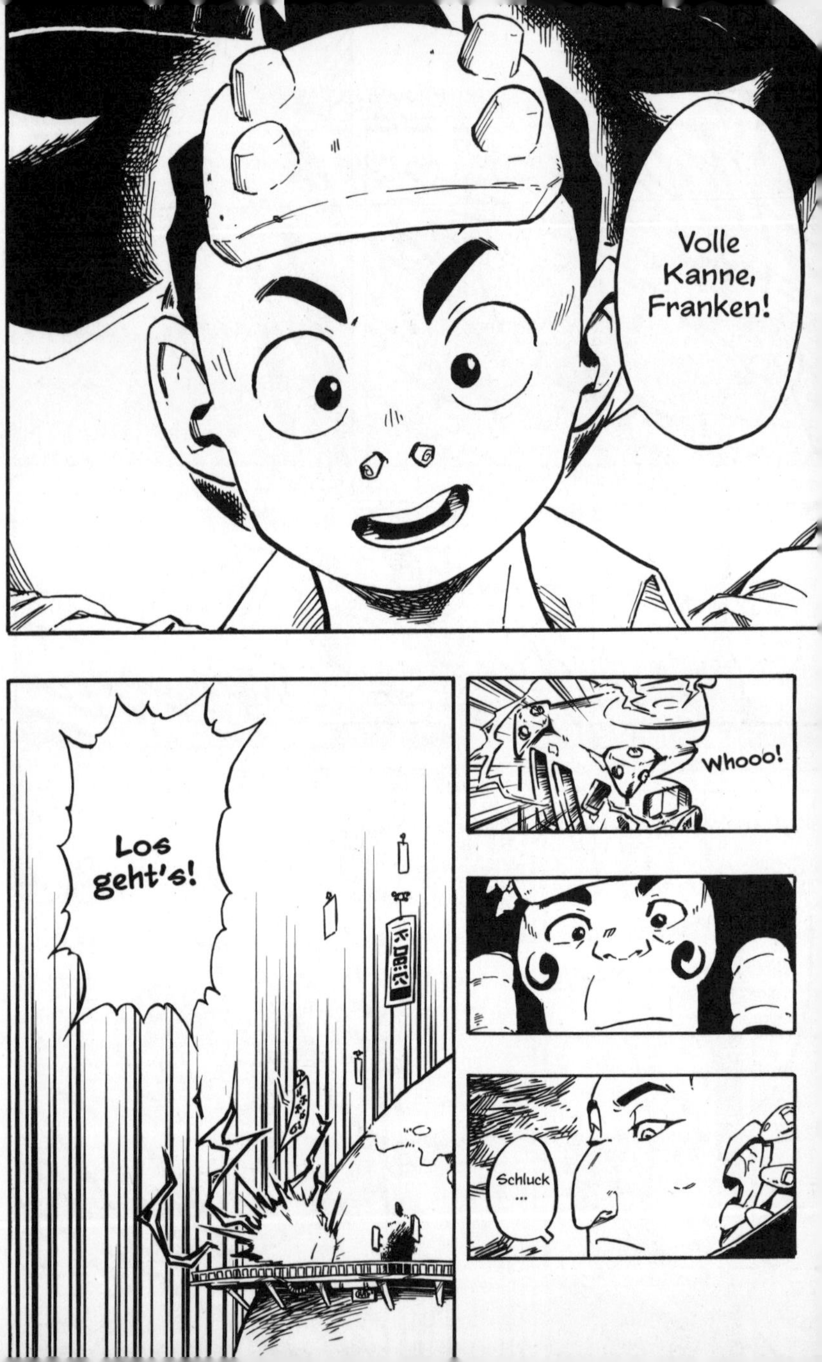
Volle Kanne, Franken!
Whooo!
Schluck ...
Los geht's!

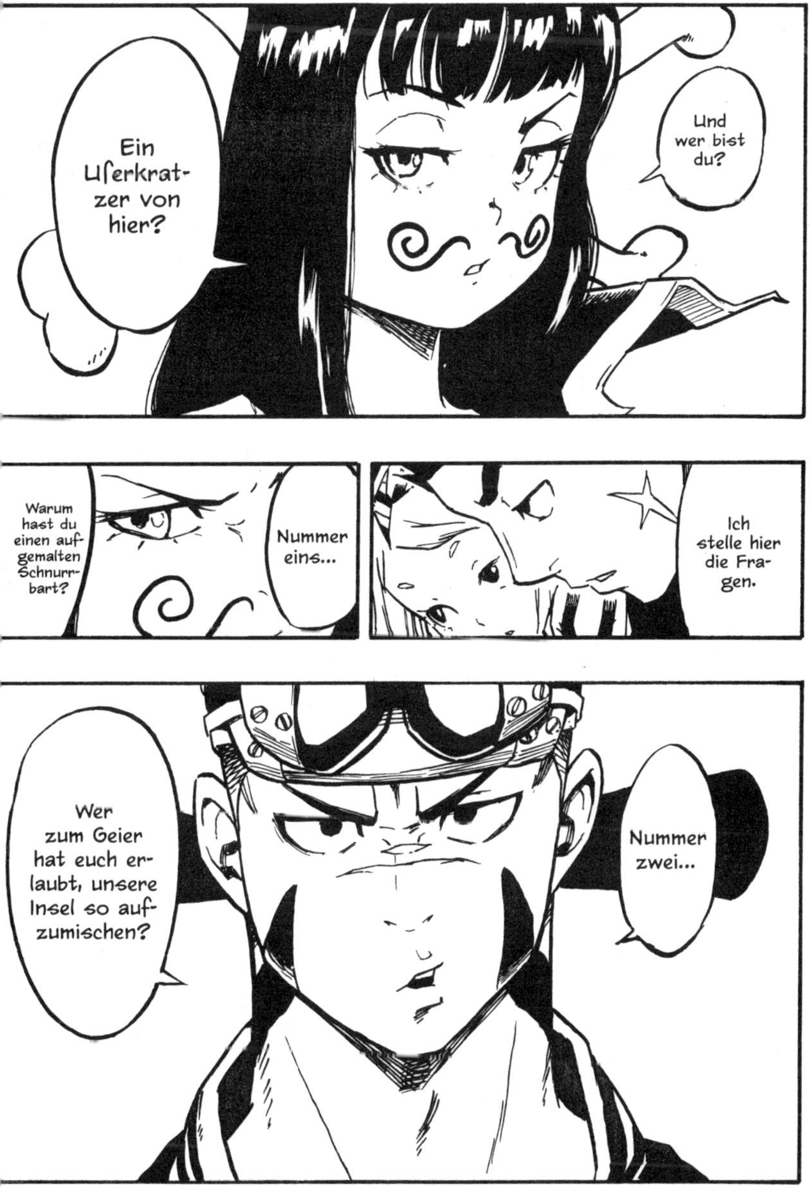
Und wer bist du?
Ein Uferkratzer von hier?
Ich stelle hier die Fragen.
Nummer eins...
Warum hast du einen aufgemalten Schnurrbart?
Nummer zwei...
Wer zum Geier hat euch erlaubt, unsere Insel so aufzumischen?

DRONERS

SPEZIAL-STECKBRIEF

BIG MOE

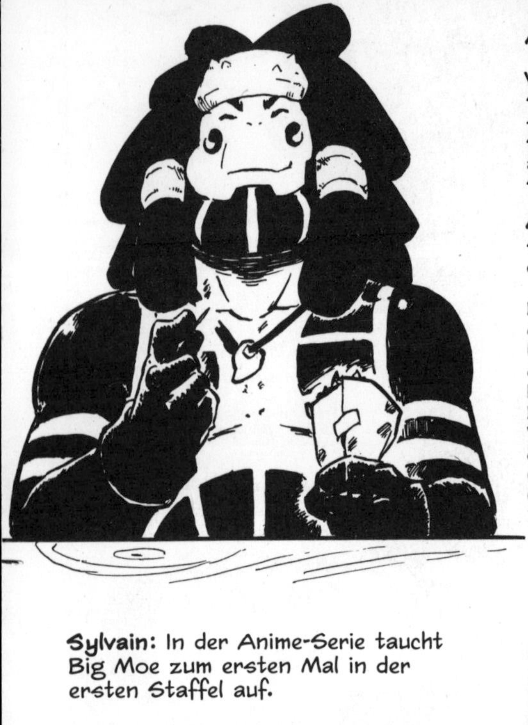

Alter: 43 Jahre

Vorlieben:
Seine Familie,
sein Clan,
Seeräuber auf den Meeren auf der Suche nach schönen Schiffswracks.

Abneigungen:
Streitereien unter den Clans der Uferkratzer, Drohnenrennen.

Big Moe ist in den drei Meeren einer der angesehensten Häuptlinge der Uferkratzer. Er ist eine Naturgewalt und einer der besten Jäger seiner Generation. Bei der Geburt seines Sohnes Vago beschloss er, die nomadische Lebensweise des Ruto-Clans zu beenden, um der neuen Generation eine bessere Zukunft zu sichern.

Sylvain: In der Anime-Serie taucht Big Moe zum ersten Mal in der ersten Staffel auf.

Sein Aussehen ist von den ersten Entwürfen inspiriert, die wir uns für Enki ausgedacht hatten... Ja, unser Enki hat sich ganz schön verändert!^^

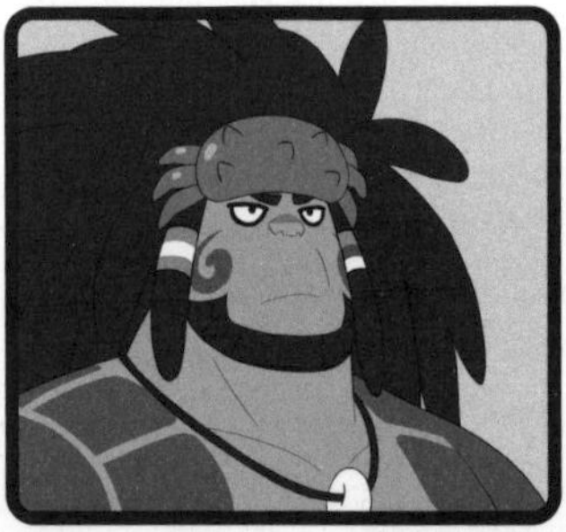

@BILL_OTOMO

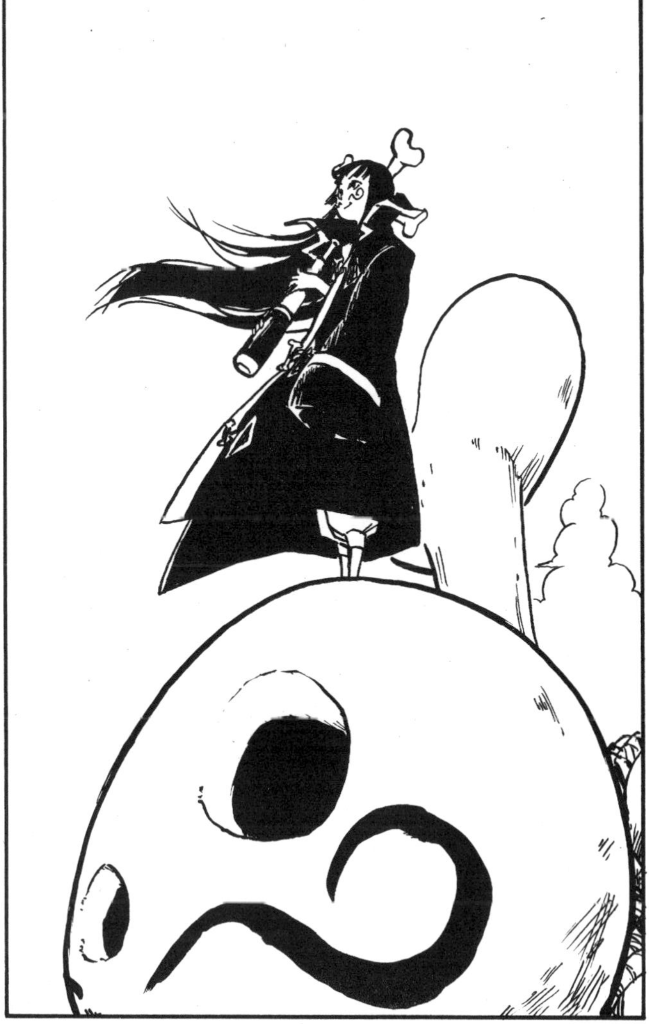

Kapitel 11

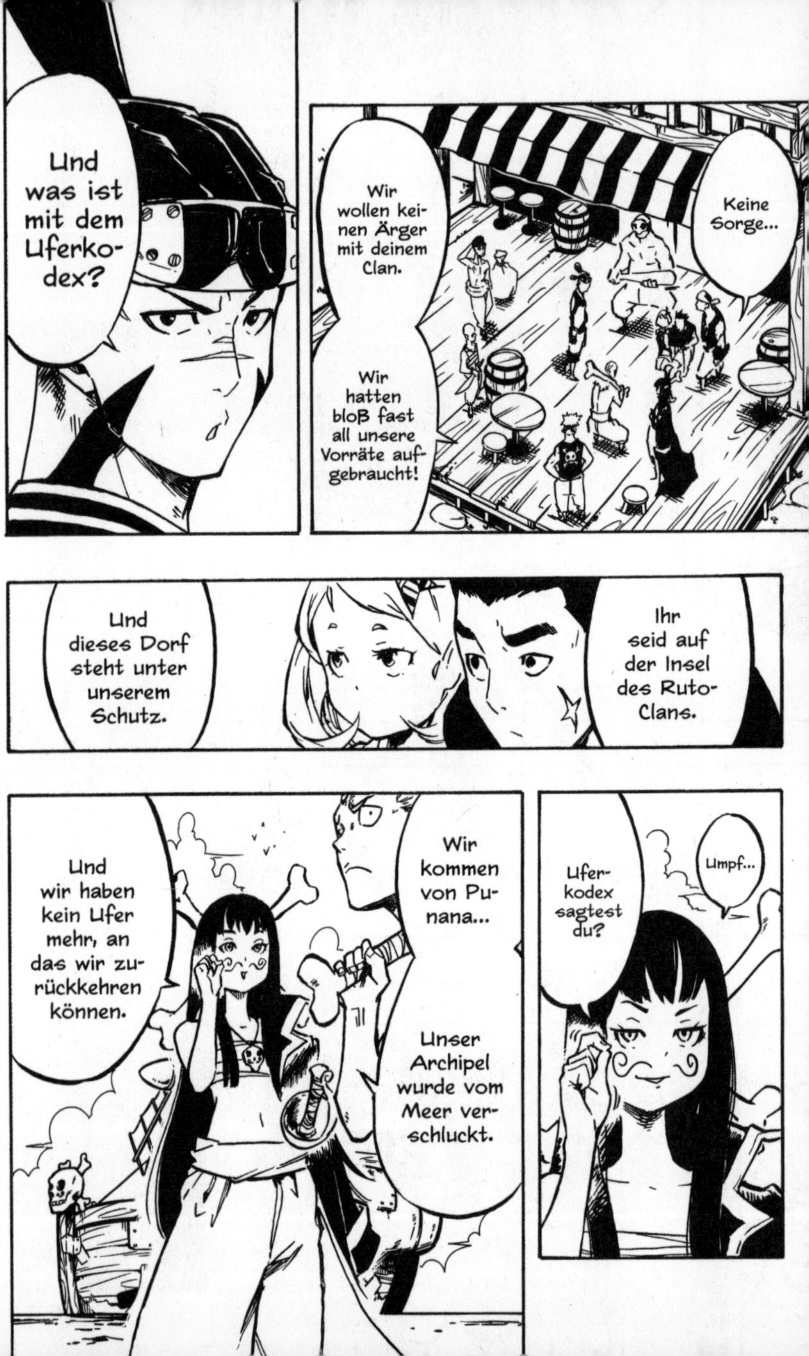
Keine Sorge...
Wir wollen keinen Ärger mit deinem Clan.
Wir hatten bloß fast all unsere Vorräte aufgebraucht!
Und was ist mit dem Uferkodex?
Ihr seid auf der Insel des Ruto-Clans.
Und dieses Dorf steht unter unserem Schutz.
Umpf...
Uferkodex sagtest du?
Wir kommen von Punana...
Unser Archipel wurde vom Meer verschluckt.
Und wir haben kein Ufer mehr, an das wir zurückkehren können.

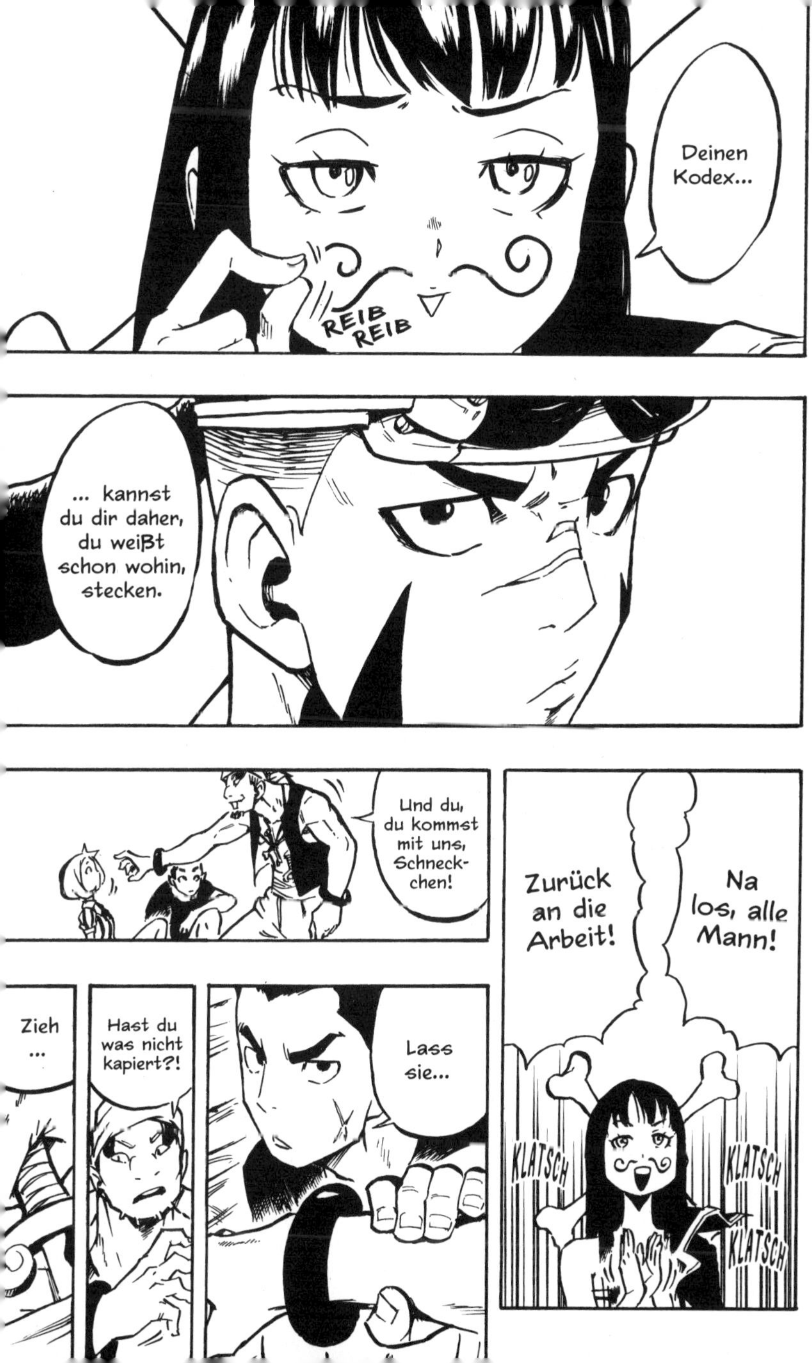
Deinen Kodex...
REIB REIB
... kannst du dir daher, du weißt schon wohin, stecken.
Na los, alle Mann!
Zurück an die Arbeit!
KLATSCH KLATSCH KLATSCH
Und du, du kommst mit uns, Schneckchen!
Lass sie...
Hast du was nicht kapiert?!
Zieh ...

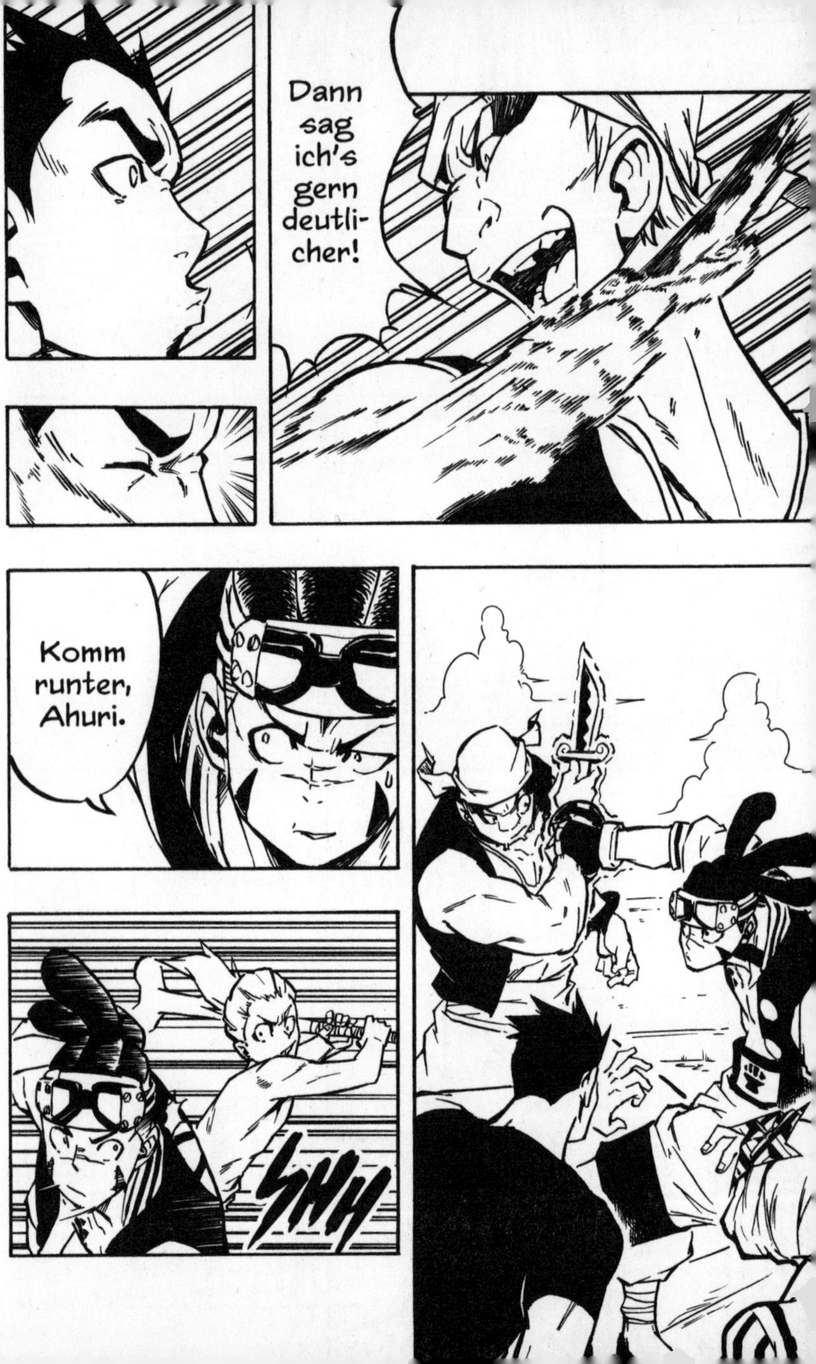
Dann sag ich's gern deutlicher!
Komm runter, Ahuri.
SHH

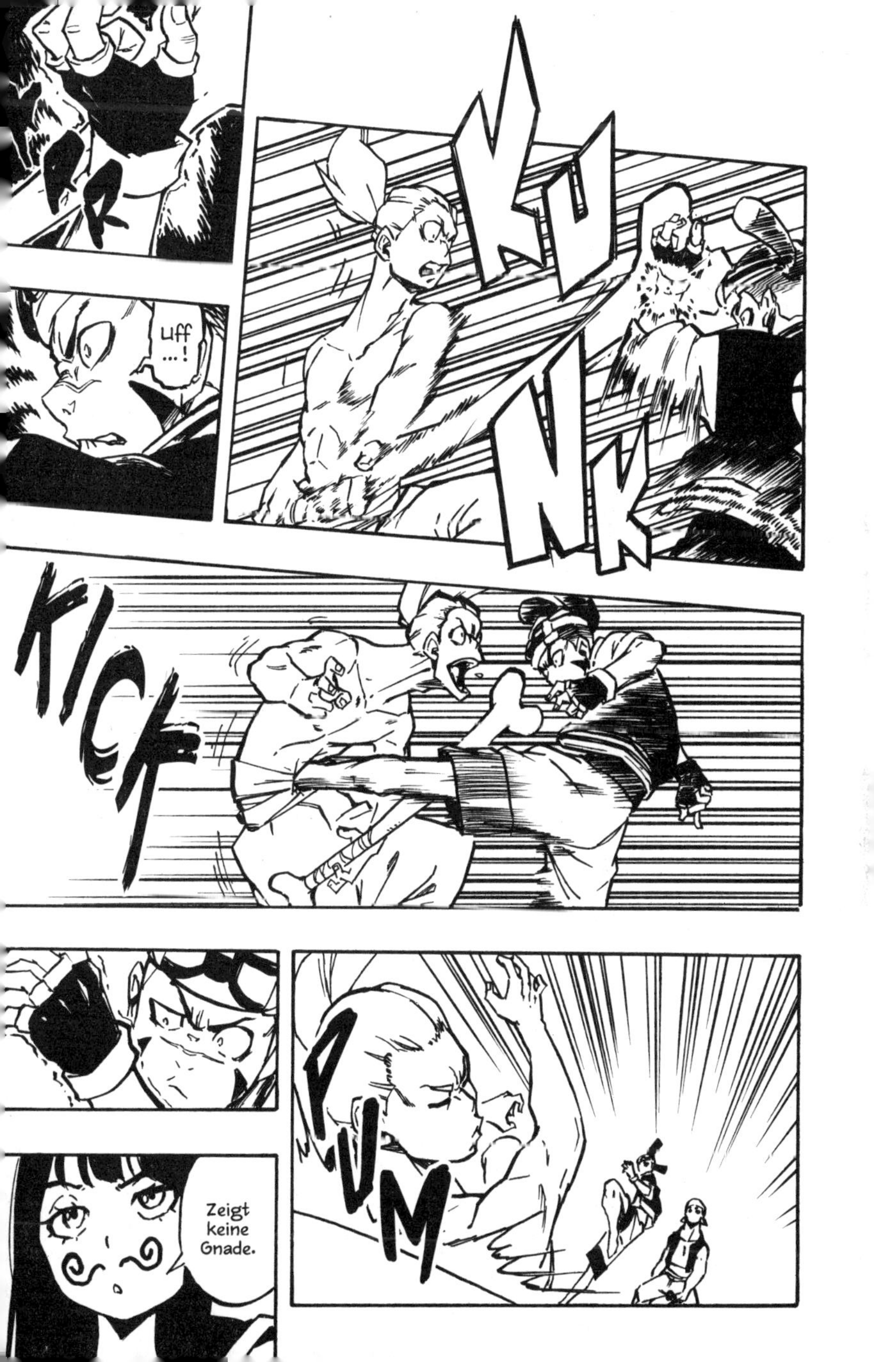
KUNK
uff ...!
KICK
PUM
Zeigt keine Gnade.

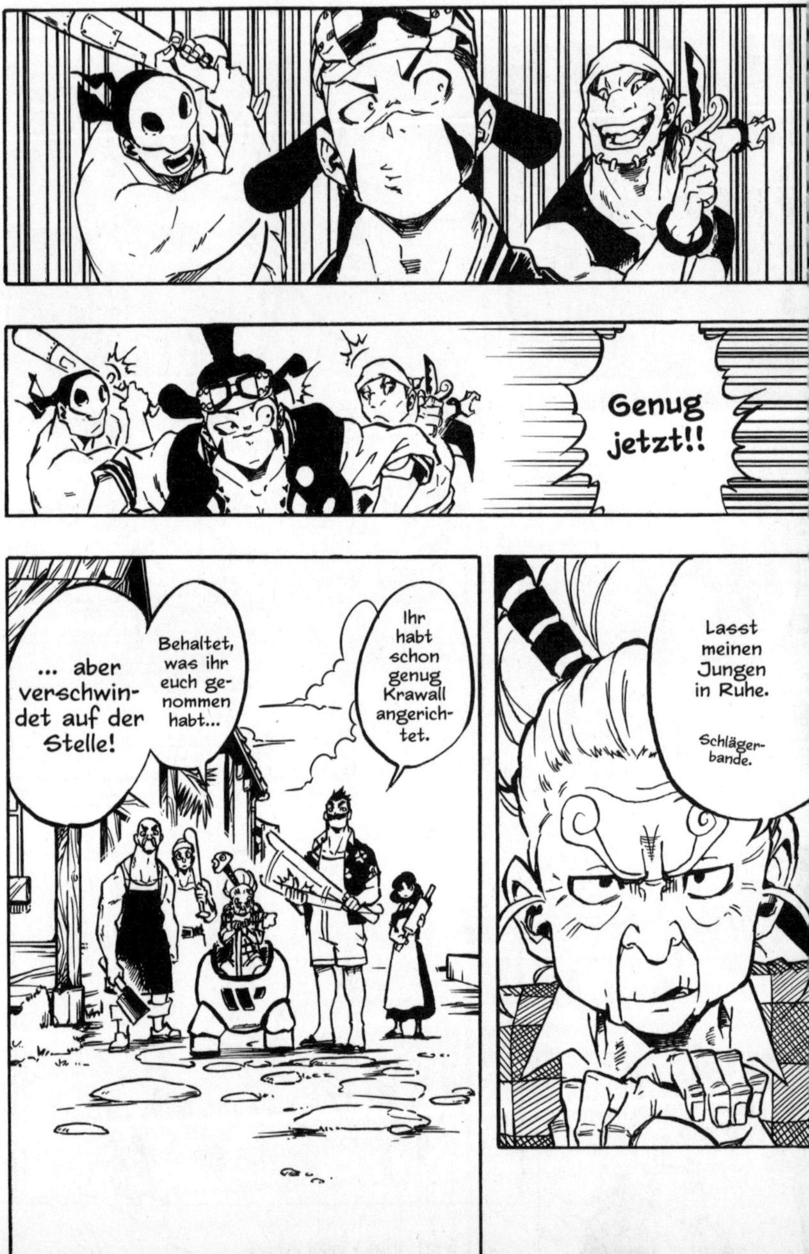

Genug jetzt!!
Lasst meinen Jungen in Ruhe.
Schlägerbande.
Ihr habt schon genug Krawall angerichtet.
Behaltet, was ihr euch genommen habt...
... aber verschwindet auf der Stelle!

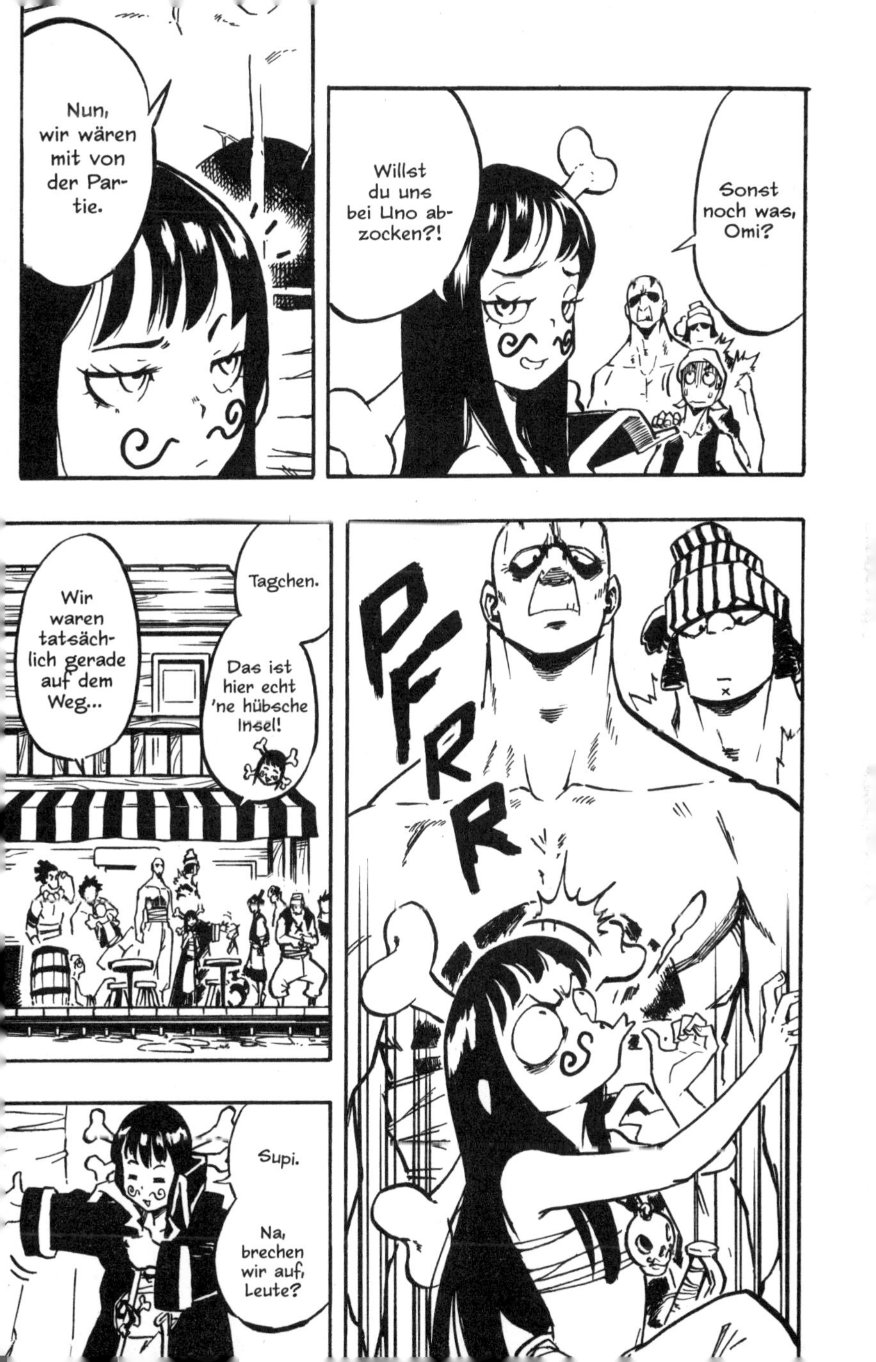
Sonst noch was, Omi?
Willst du uns bei Uno abzocken?!
Nun, wir wären mit von der Partie.
PFRR
Tagchen.
Das ist hier echt 'ne hübsche Insel!
Wir waren tatsächlich gerade auf dem Weg...
Supi.
Na, brechen wir auf, Leute?

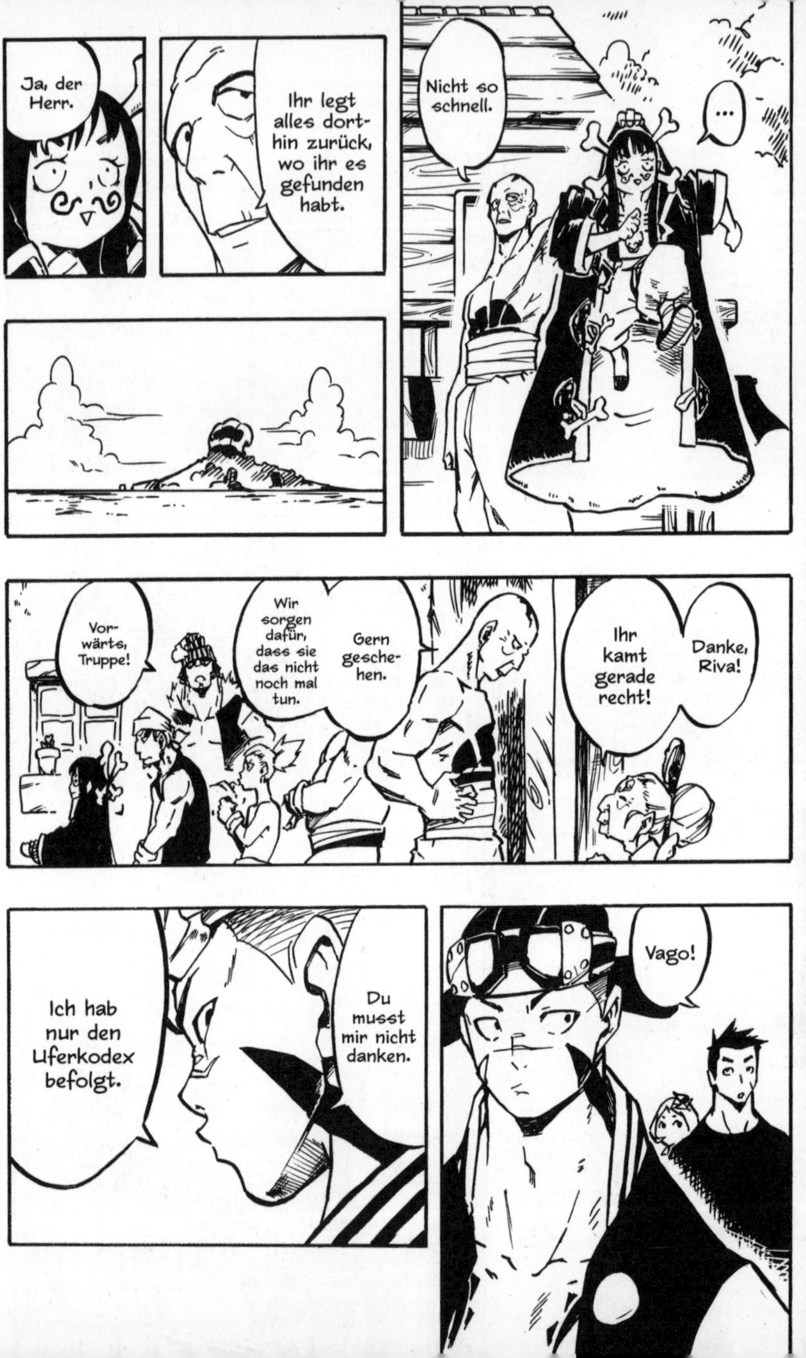

Nicht so schnell.
...
Ihr legt alles dorthin zurück, wo ihr es gefunden habt.
Ja, der Herr.
Danke, Riva!
Ihr kamt gerade recht!
Gern geschehen.
Wir sorgen dafür, dass sie das nicht noch mal tun.
Vorwärts, Truppe!
Vago!
Du musst mir nicht danken.
Ich hab nur den Uferkodex befolgt.

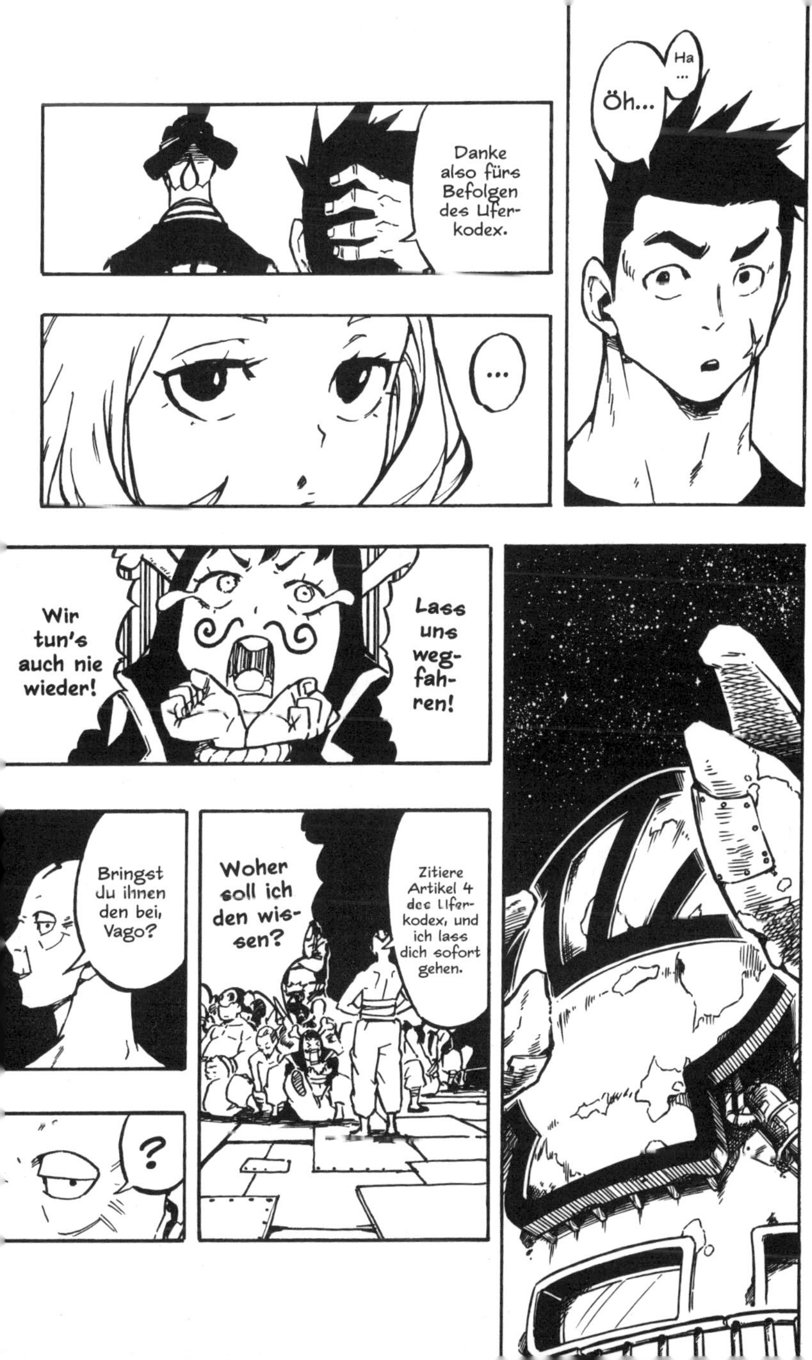
Ha ...
Öh...
Danke also fürs Befolgen des Uferkodex.
...
Lass uns wegfahren!
Wir tun's auch nie wieder!
Zitiere Artikel 4 des Uferkodex, und ich lass dich sofort gehen.
Woher soll ich den wissen?
Bringst du ihnen den bei, Vago?
?

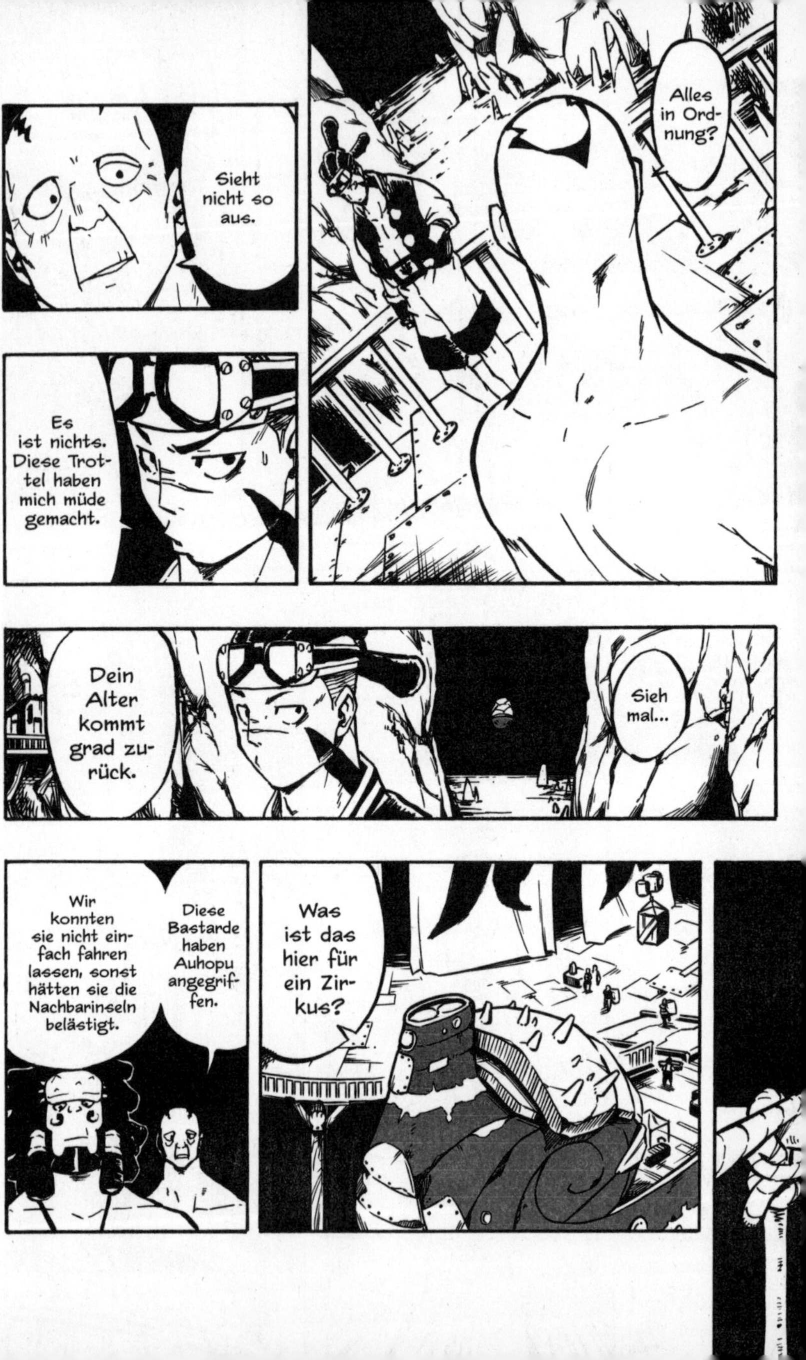
Alles in Ordnung?
Sieht nicht so aus.
Es ist nichts. Diese Trottel haben mich müde gemacht.
Sieh mal...
Dein Alter kommt grad zurück.
Was ist das hier für ein Zirkus?
Diese Bastarde haben Auhopu angegriffen.
Wir konnten sie nicht einfach fahren lassen, sonst hätten sie die Nachbarinseln belästigt.

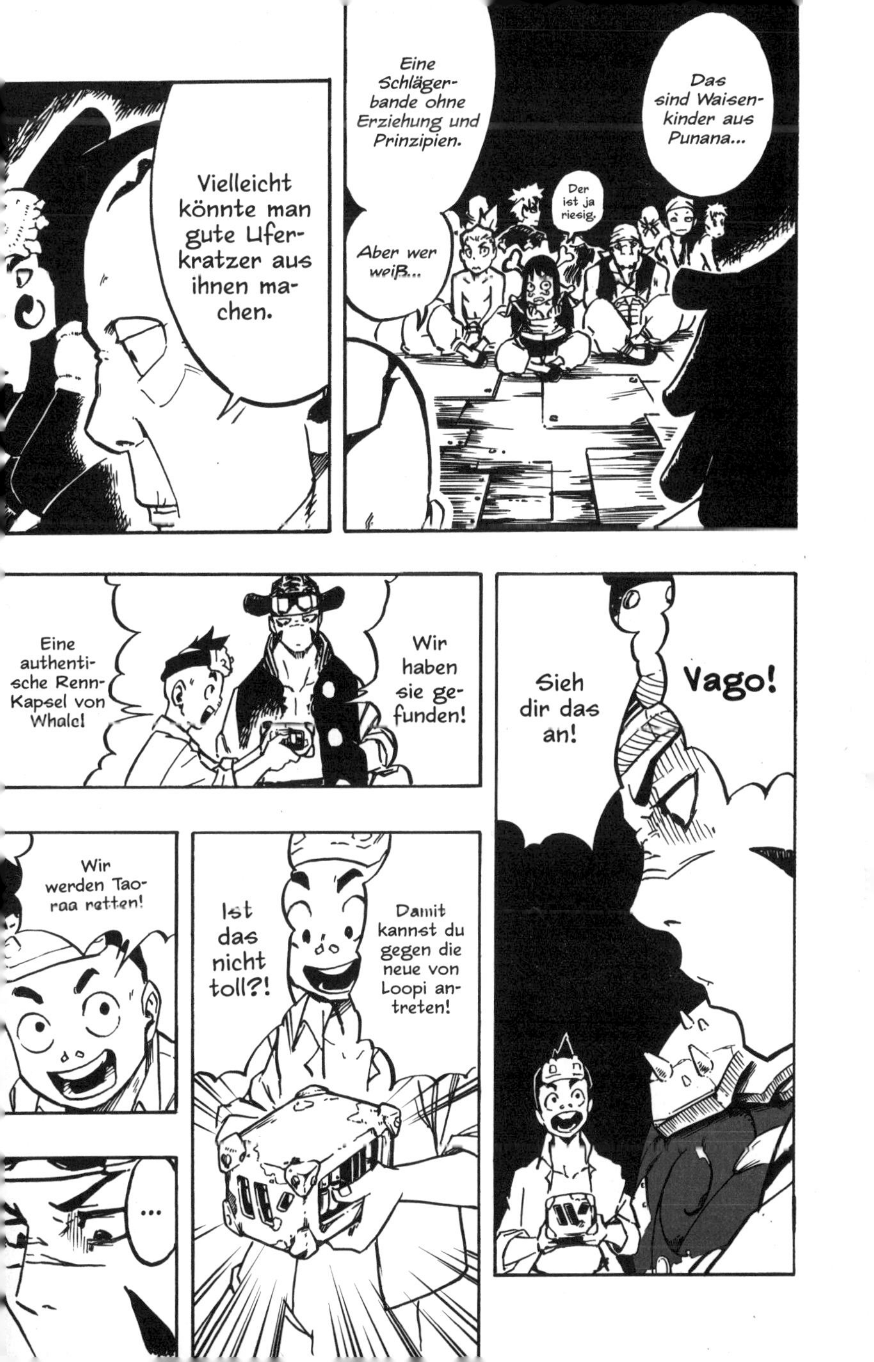
Das sind Waisenkinder aus Punana...
Der ist ja riesig.
Eine Schlägerbande ohne Erziehung und Prinzipien.
Aber wer weiß...
Vielleicht könnte man gute Uferkratzer aus ihnen machen.
Vago!
Sieh dir das an!
Wir haben sie gefunden!
Eine authentische Renn-Kapsel von Whale!
Damit kannst du gegen die neue von Loopi antreten!
Ist das nicht toll?!
Wir werden Taoraa retten!
...

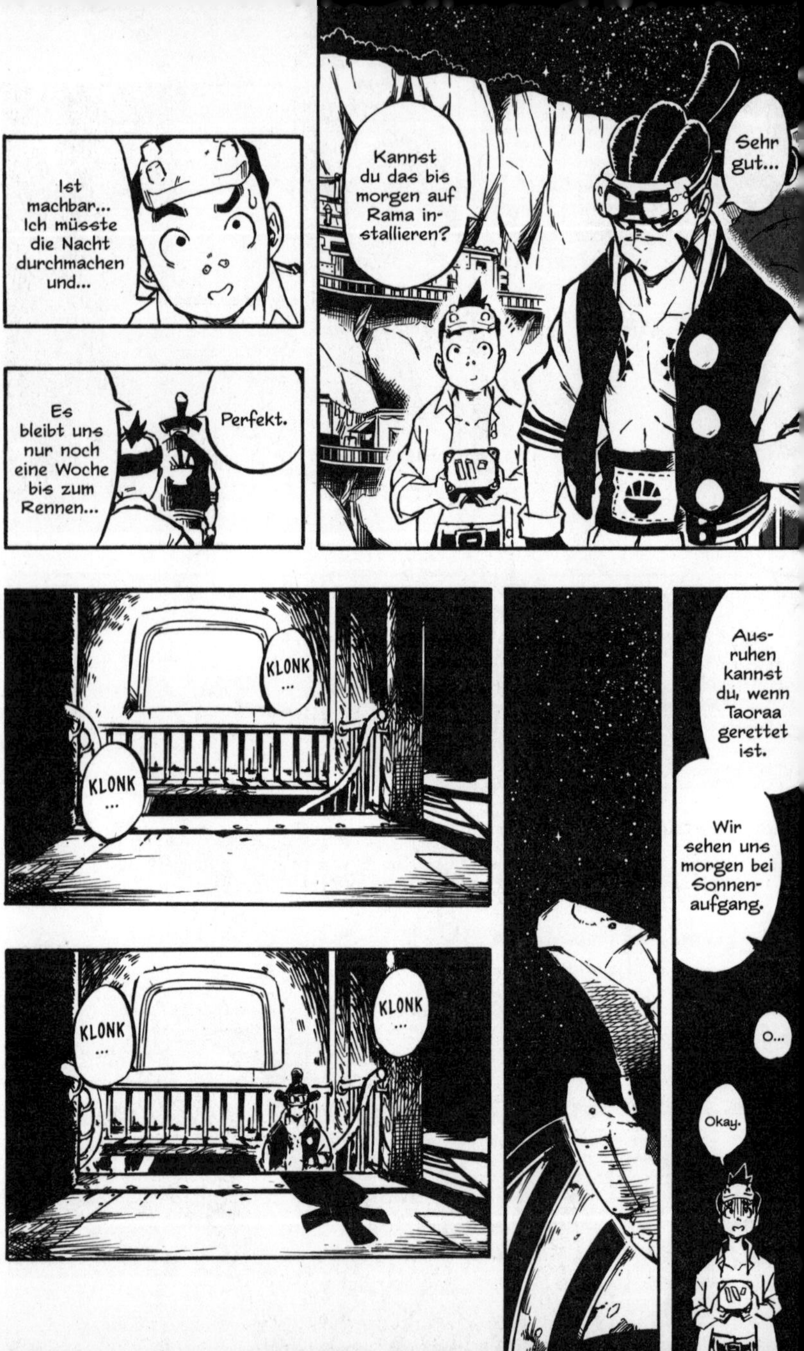

Sehr gut...
Kannst du das bis morgen auf Rama installieren?
Ist machbar... Ich müsste die Nacht durchmachen und...
Perfekt.
Es bleibt uns nur noch eine Woche bis zum Rennen...
Ausruhen kannst du, wenn Taoraa gerettet ist.
Wir sehen uns morgen bei Sonnenaufgang.
O...
Okay.
KLONK...
KLONK...
KLONK...
KLONK...

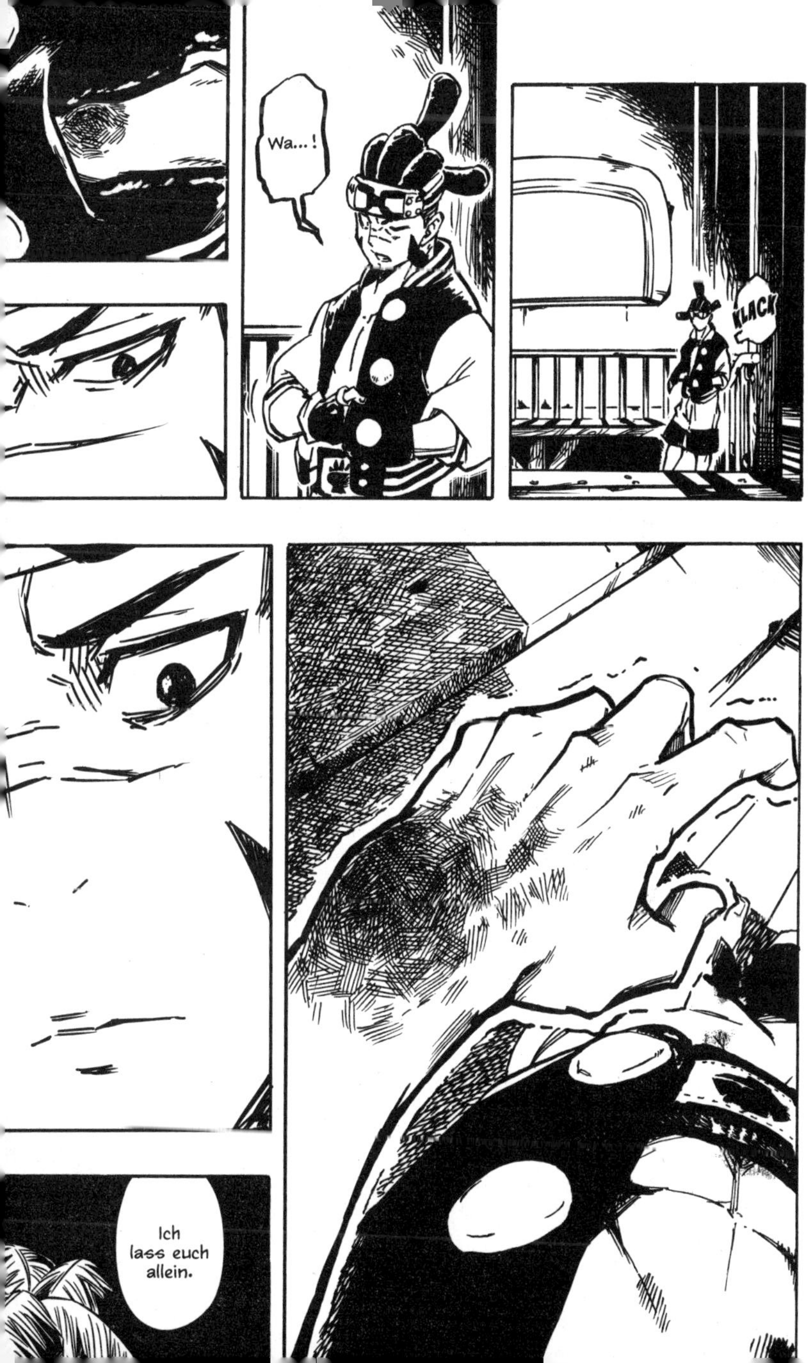
KLACK
Wa...!
Ich lass euch allein.

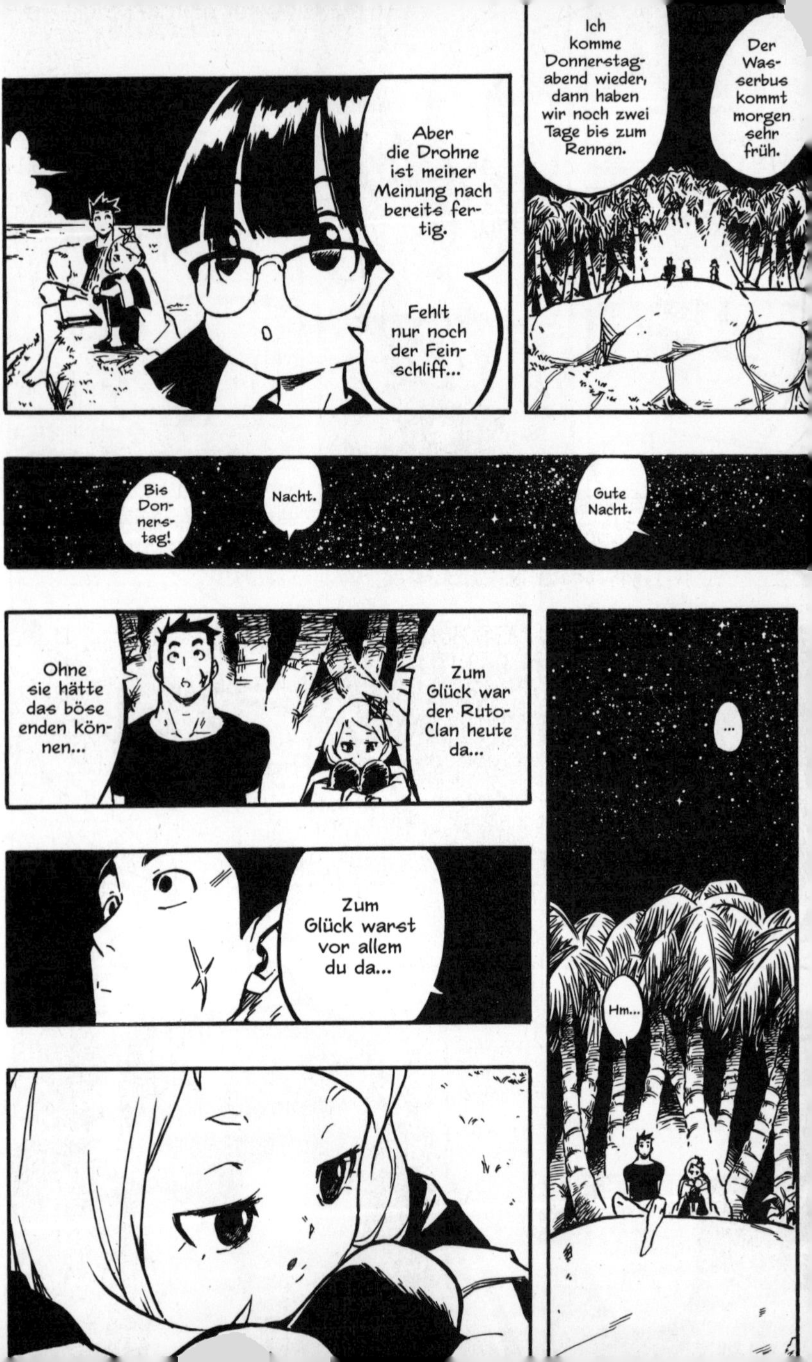
Der Wasserbus kommt morgen sehr früh.
Ich komme Donnerstagabend wieder, dann haben wir noch zwei Tage bis zum Rennen.
Aber die Drohne ist meiner Meinung nach bereits fertig.
Fehlt nur noch der Feinschliff...
Gute Nacht.
Nacht.
Bis Donnerstag!
...
Hm...
Zum Glück war der Ruto-Clan heute da...
Ohne sie hätte das böse enden können...
Zum Glück warst vor allem du da...

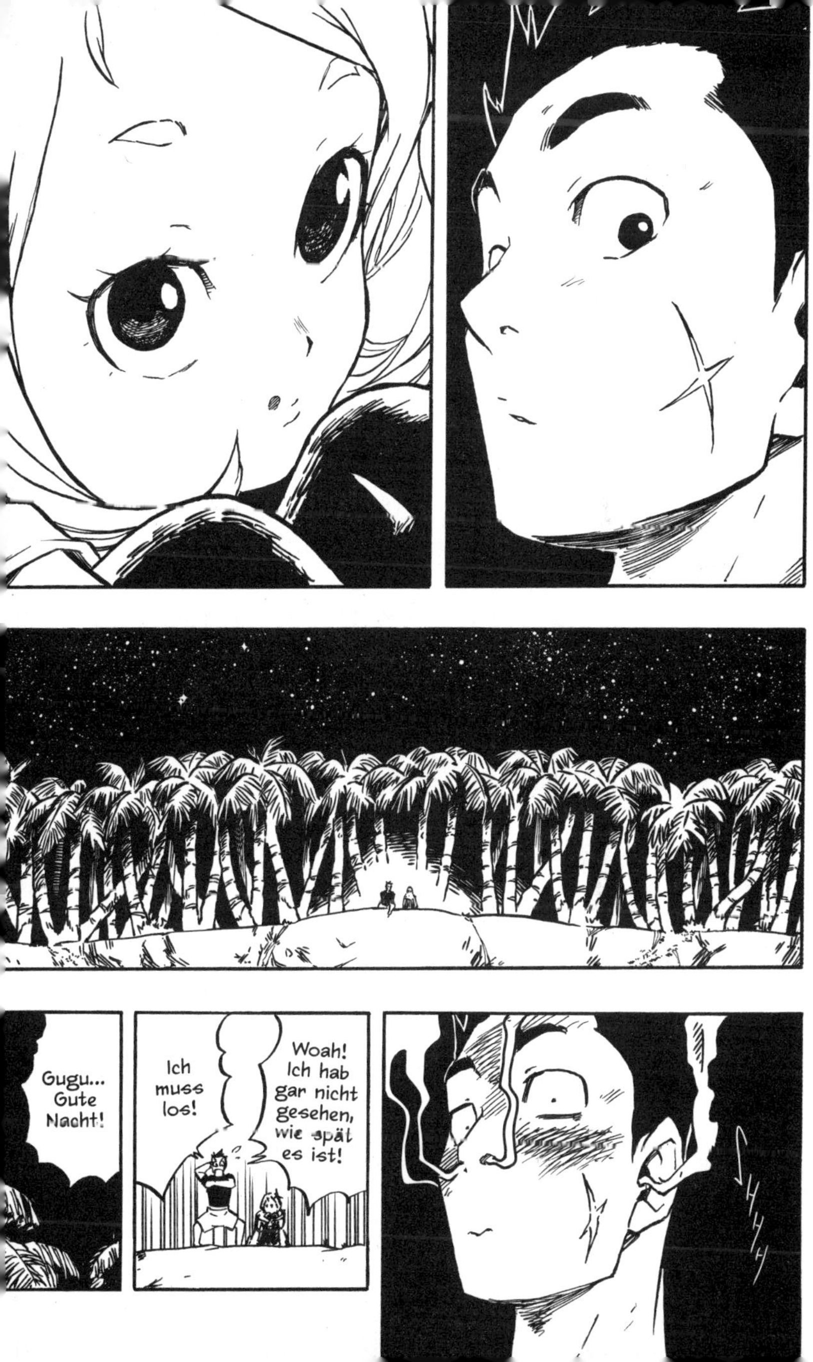
Woah! Ich hab gar nicht gesehen, wie spät es ist!
Ich muss los!
Gugu... Gute Nacht!
SHHH

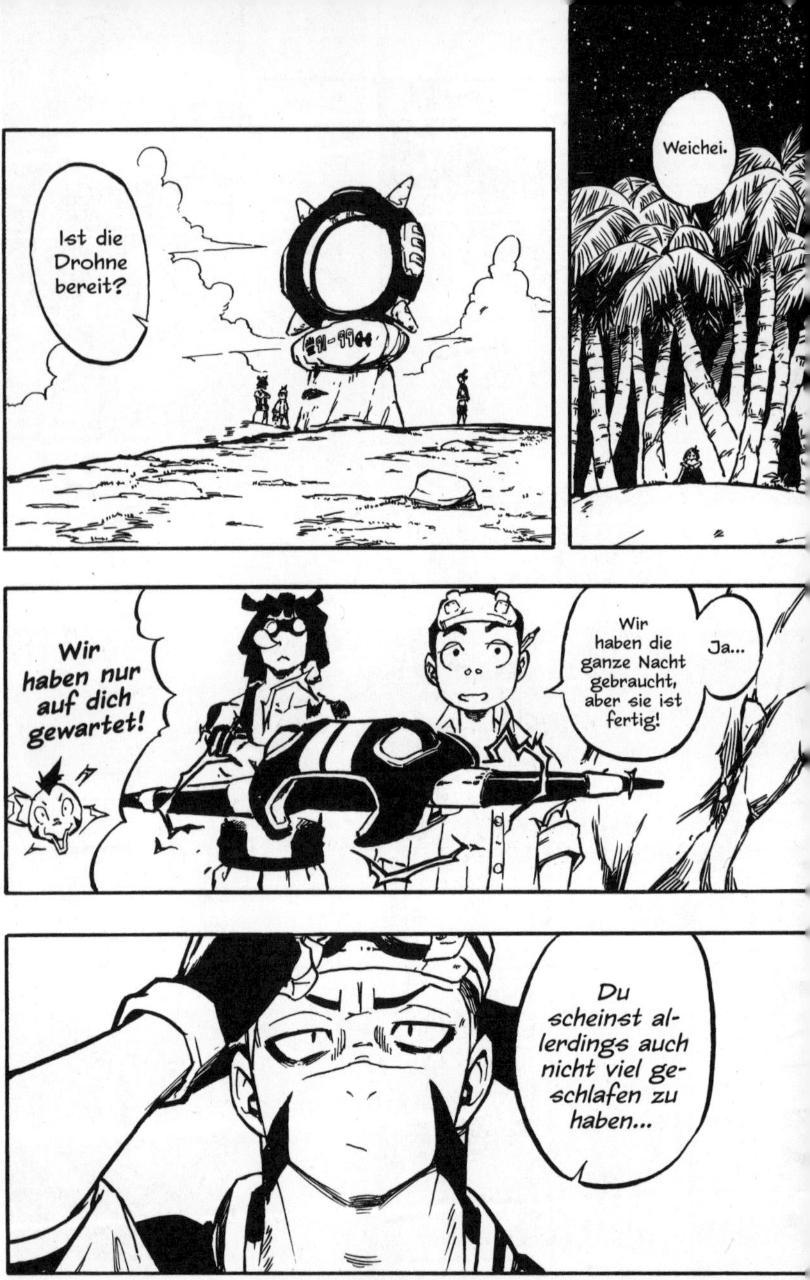
Weichei.
Ist die Drohne bereit?
Ja...
Wir haben die ganze Nacht gebraucht, aber sie ist fertig!
Wir haben nur auf dich gewartet!
Du scheinst allerdings auch nicht viel geschlafen zu haben...

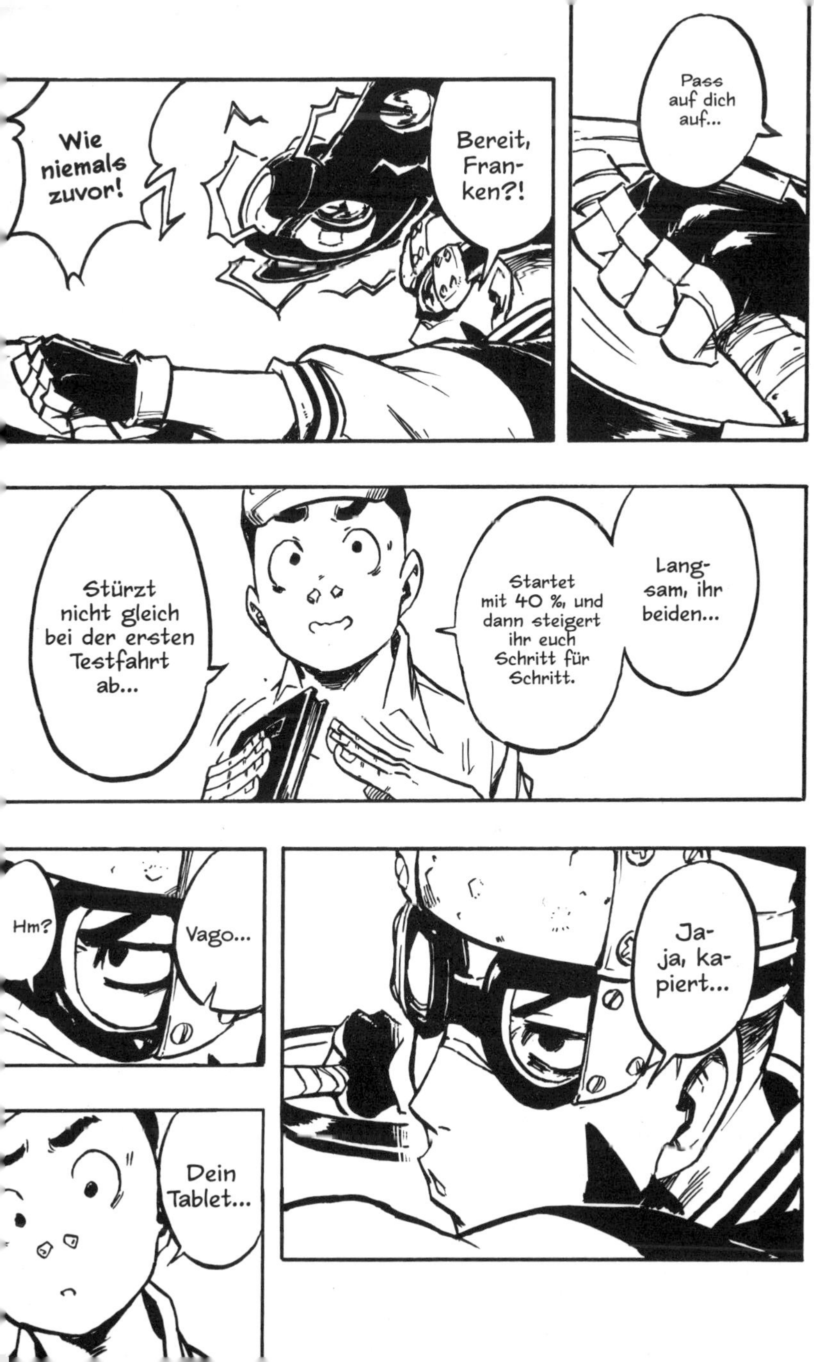
Pass auf dich auf...
Bereit, Franken?!
Wie niemals zuvor!
Langsam, ihr beiden...
Startet mit 40 %, und dann steigert ihr euch Schritt für Schritt.
Stürzt nicht gleich bei der ersten Testfahrt ab...
Jaja, kapiert...
Vago...
Hm?
Dein Tablet...

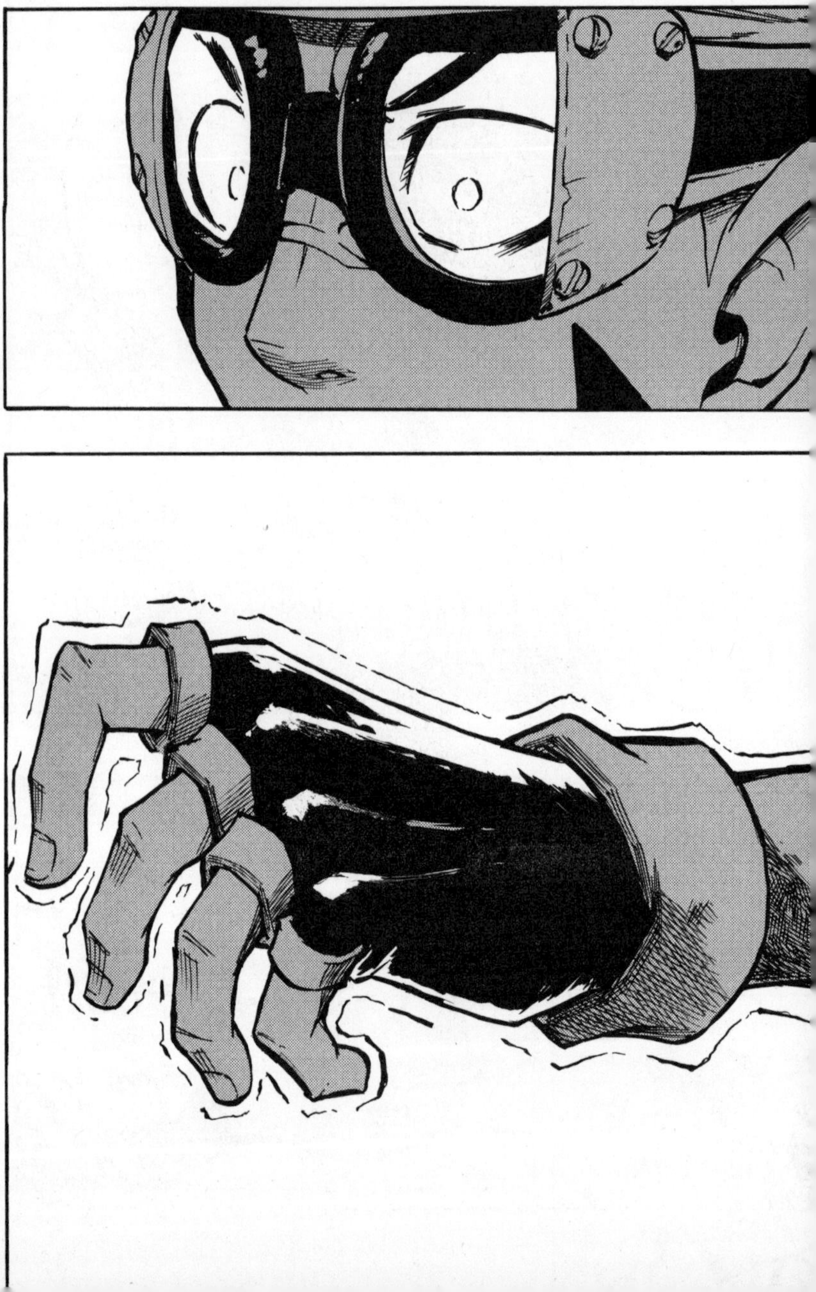

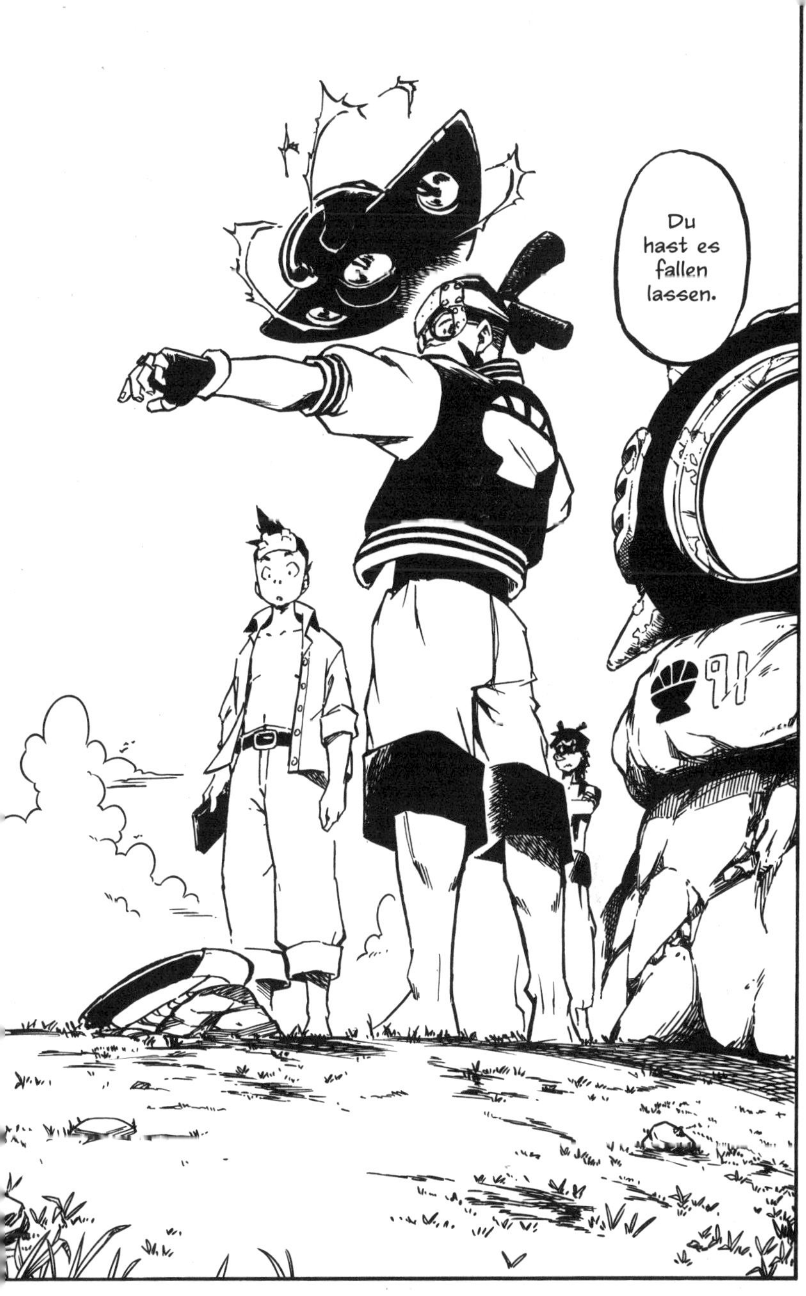
Du hast es fallen lassen.

DRONERS PRAT

SPEZIAL-STECKBRIEF

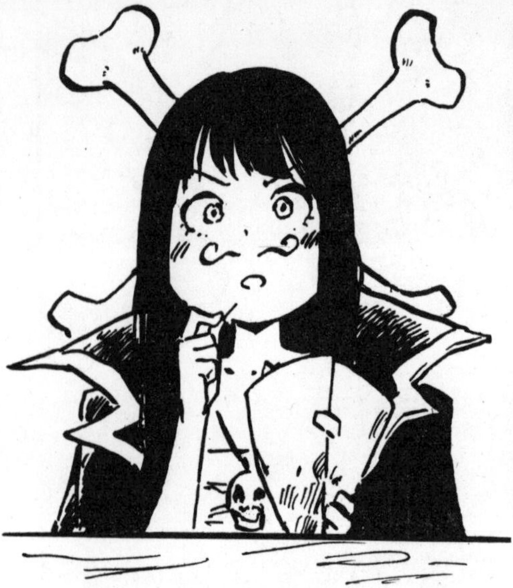

Alter: seiner Meinung nach erwachsen

Vorlieben:
Bier,
seit Neuestem
Oromos

Abneigungen:
Seit Kurzem Uferkodex

Als die Inselgruppe Punana versank, musste er mit anderen Waisenkindern irgendwie überleben. Er wurde zum Anführer, weil er der Erste war, der einen Schnurrbart bekam.

Nicolas: Ich war ziemlich stolz auf sein Aussehen, bis mir klar wurde, dass er dem vorherigen Antagonisten ziemlich ähnlich sah...

Kapitel 12

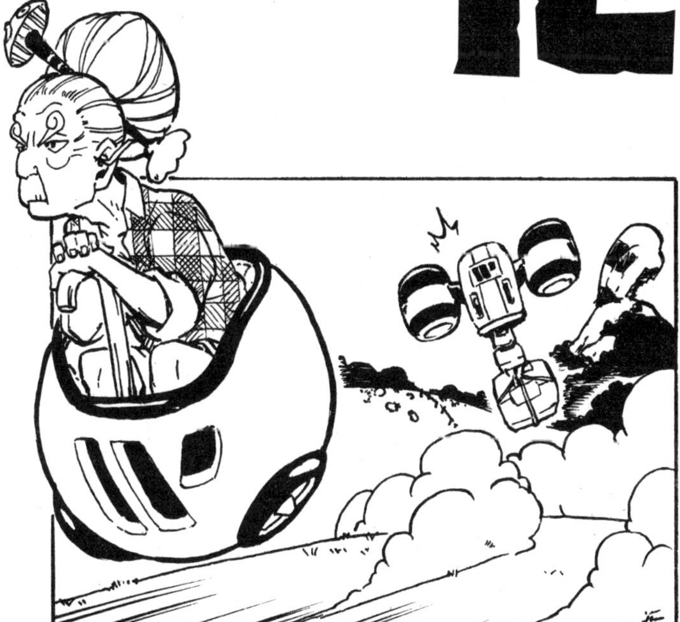

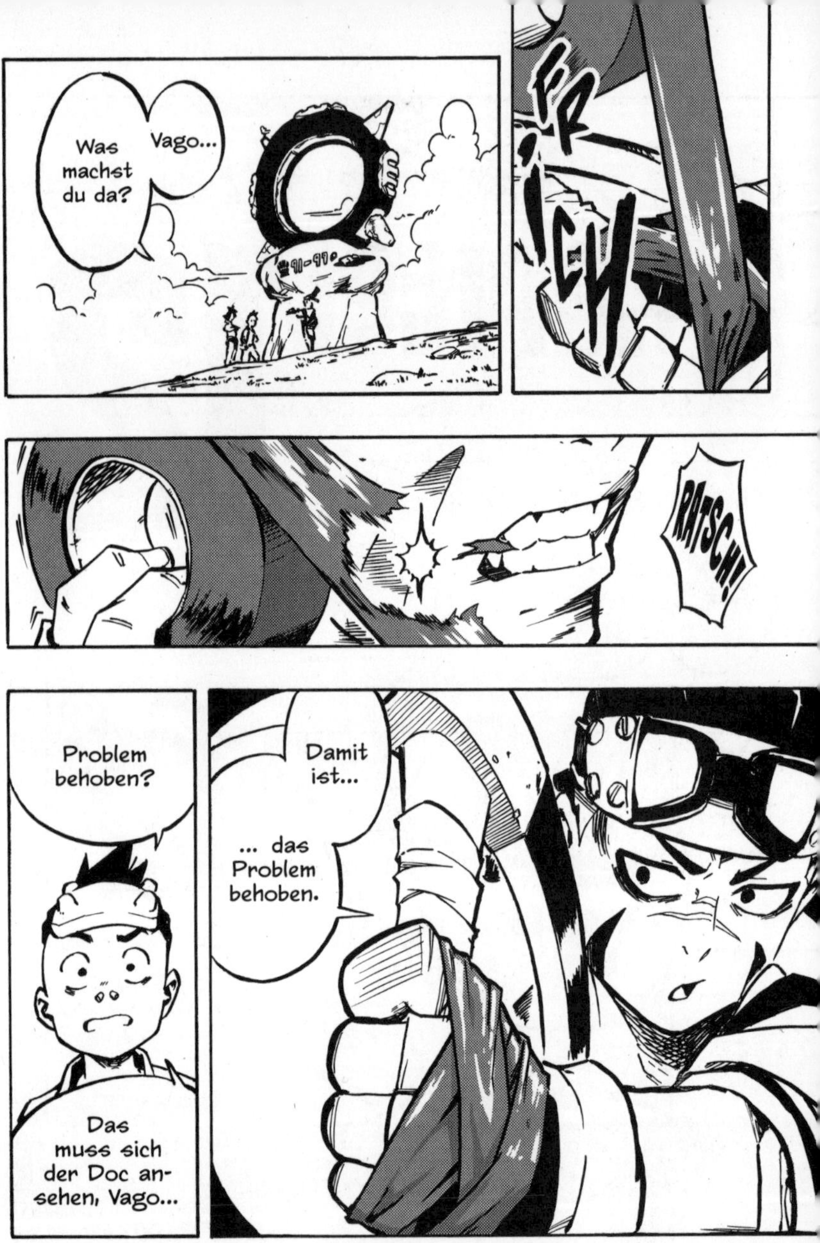

FRICH
Vago...
Was machst du da?
RATSCH!
Damit ist...
... das Problem behoben.
Problem behoben?
Das muss sich der Doc an-
sehen, Vago...

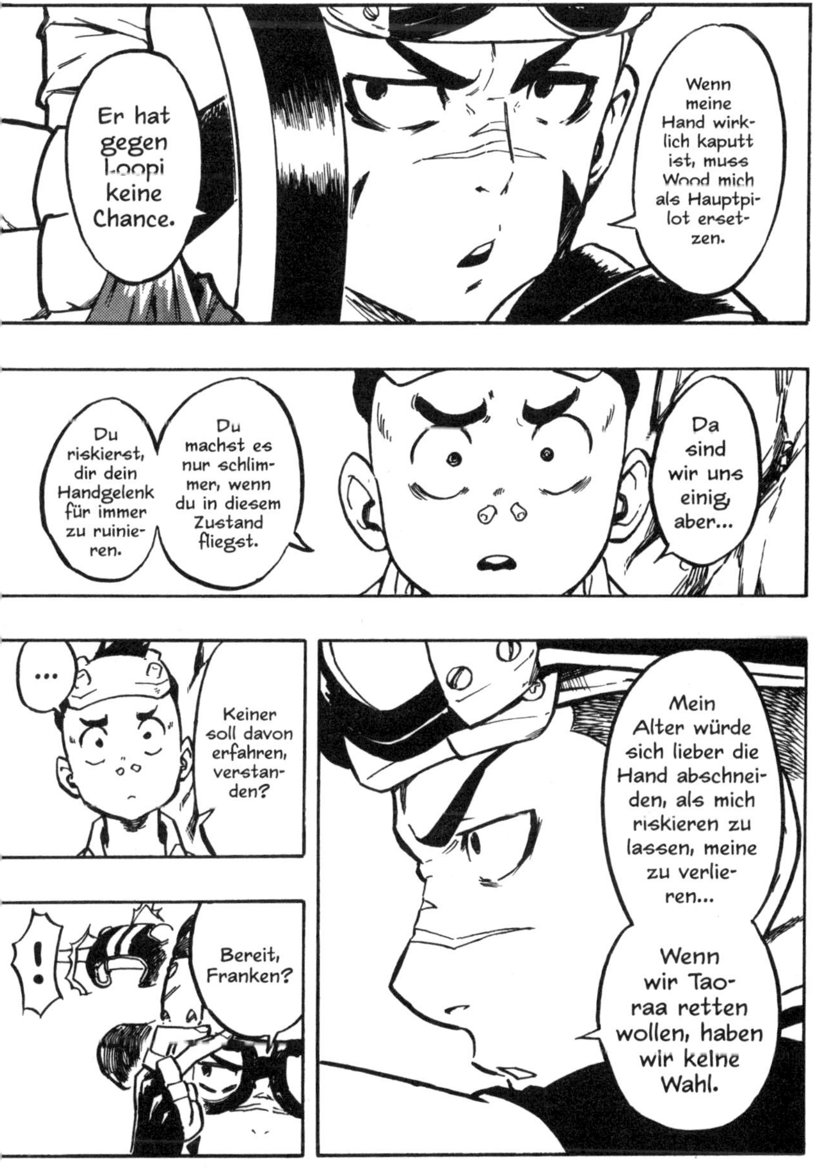

Wenn meine Hand wirklich kaputt ist, muss Wood mich als Hauptpilot ersetzen.
Er hat gegen Loopi keine Chance.
Da sind wir uns einig, aber...
Du machst es nur schlimmer, wenn du in diesem Zustand fliegst.
Du riskierst, dir dein Handgelenk für immer zu ruinieren.
Mein Alter würde sich lieber die Hand abschneiden, als mich riskieren zu lassen, meine zu verlieren...
Wenn wir Taoraa retten wollen, haben wir keine Wahl.
Keiner soll davon erfahren, verstanden?
...
!
Bereit, Franken?

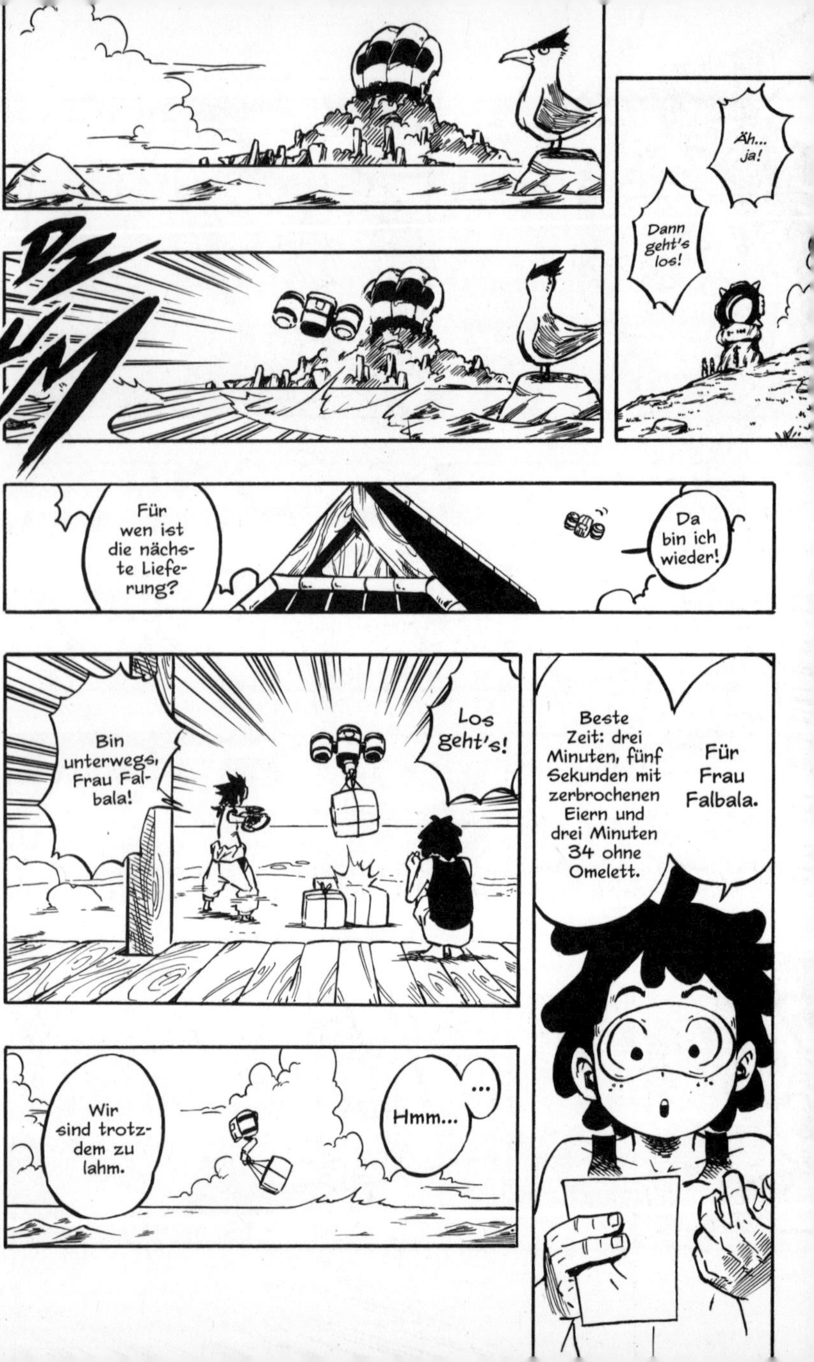

DZUM
Äh... ja!
Dann geht's los!
Da bin ich wieder!
Für wen ist die nächste Lieferung?
Für Frau Falbala.
Beste Zeit: drei Minuten, fünf Sekunden mit zerbrochenen Eiern und drei Minuten 34 ohne Omelett.
Los geht's!
Bin unterwegs, Frau Falbala!
...
Hmm...
Wir sind trotzdem zu lahm.

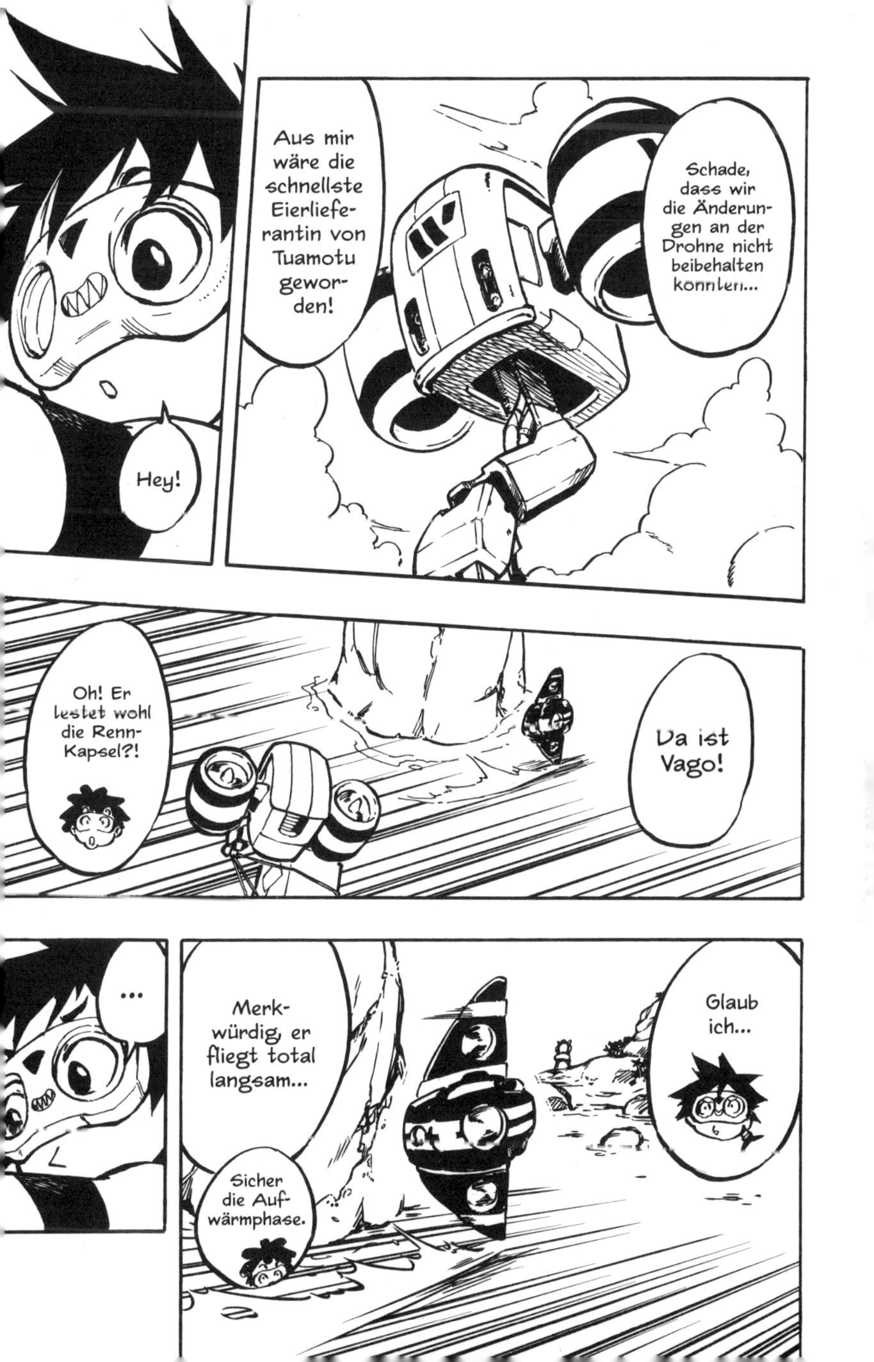

Schade, dass wir die Änderungen an der Drohne nicht beibehalten konnten...
Aus mir wäre die schnellste Eierlieferantin von Tuamotu geworden!
Hey!
Da ist Vago!
Oh! Er testet wohl die Renn-Kapsel?!
Glaub ich...
Merkwürdig, er fliegt total langsam...
Sicher die Aufwärmphase.
...

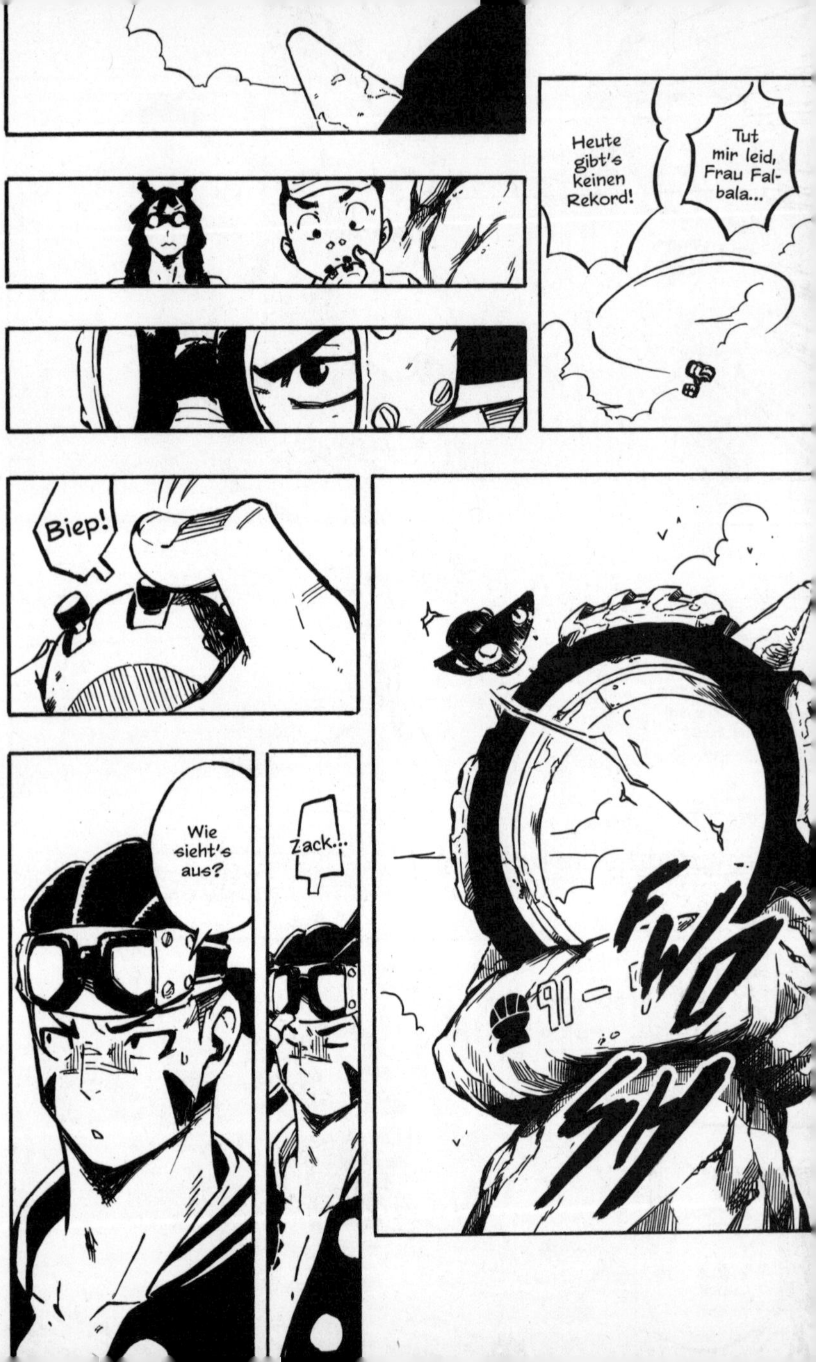
Tut mir leid, Frau Falbala...
Heute gibt's keinen Rekord!
Biep!
FWOSH
Zack...
Wie sieht's aus?

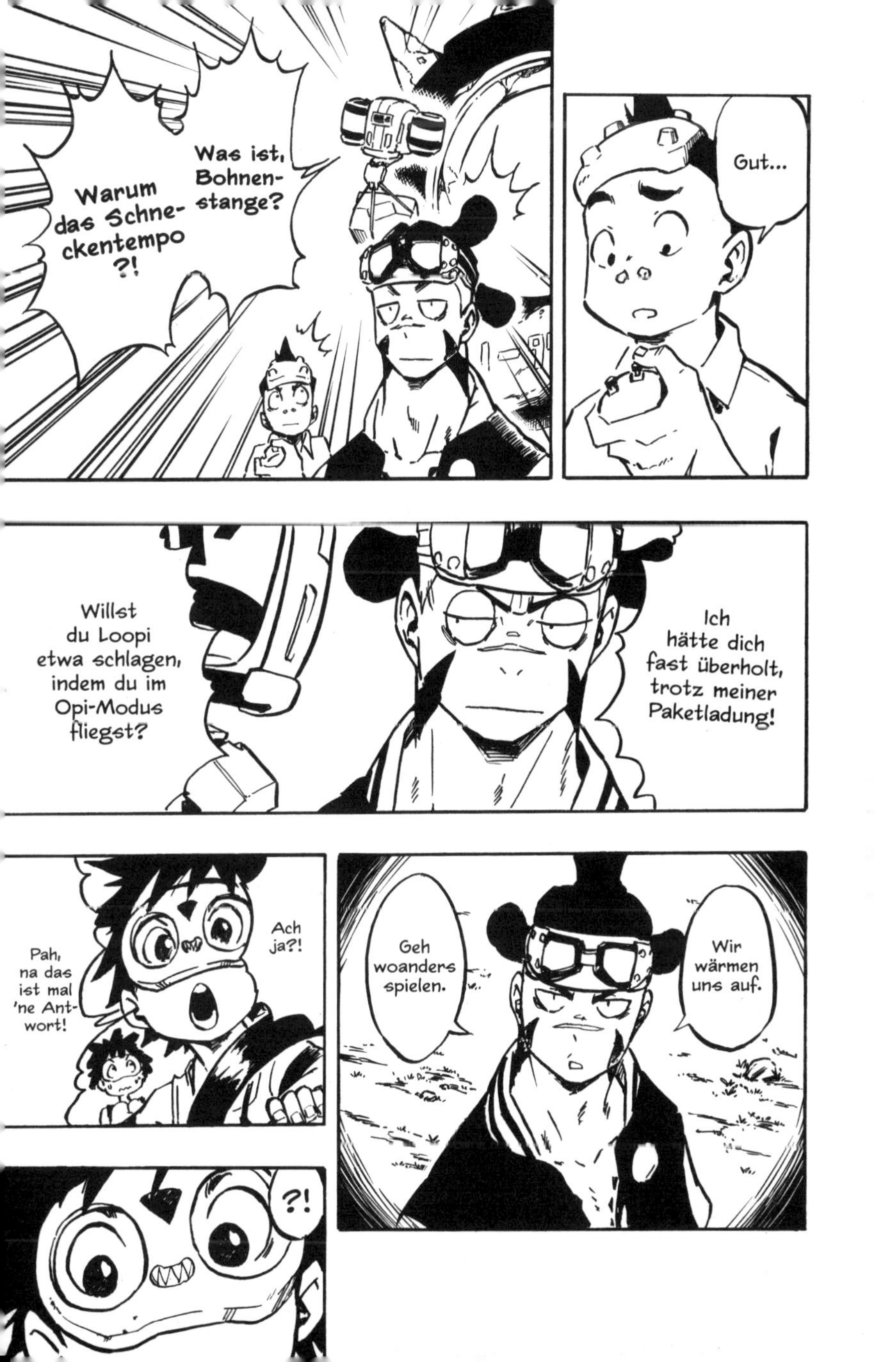
Was ist, Bohnenstange?
Warum das Schneckentempo?!
Gut...
Ich hätte dich fast überholt, trotz meiner Paketladung!
Willst du Loopi etwa schlagen, indem du im Opi-Modus fliegst?
Wir wärmen uns auf.
Geh woanders spielen.
Ach ja?!
Pah, na das ist mal 'ne Antwort!
?!

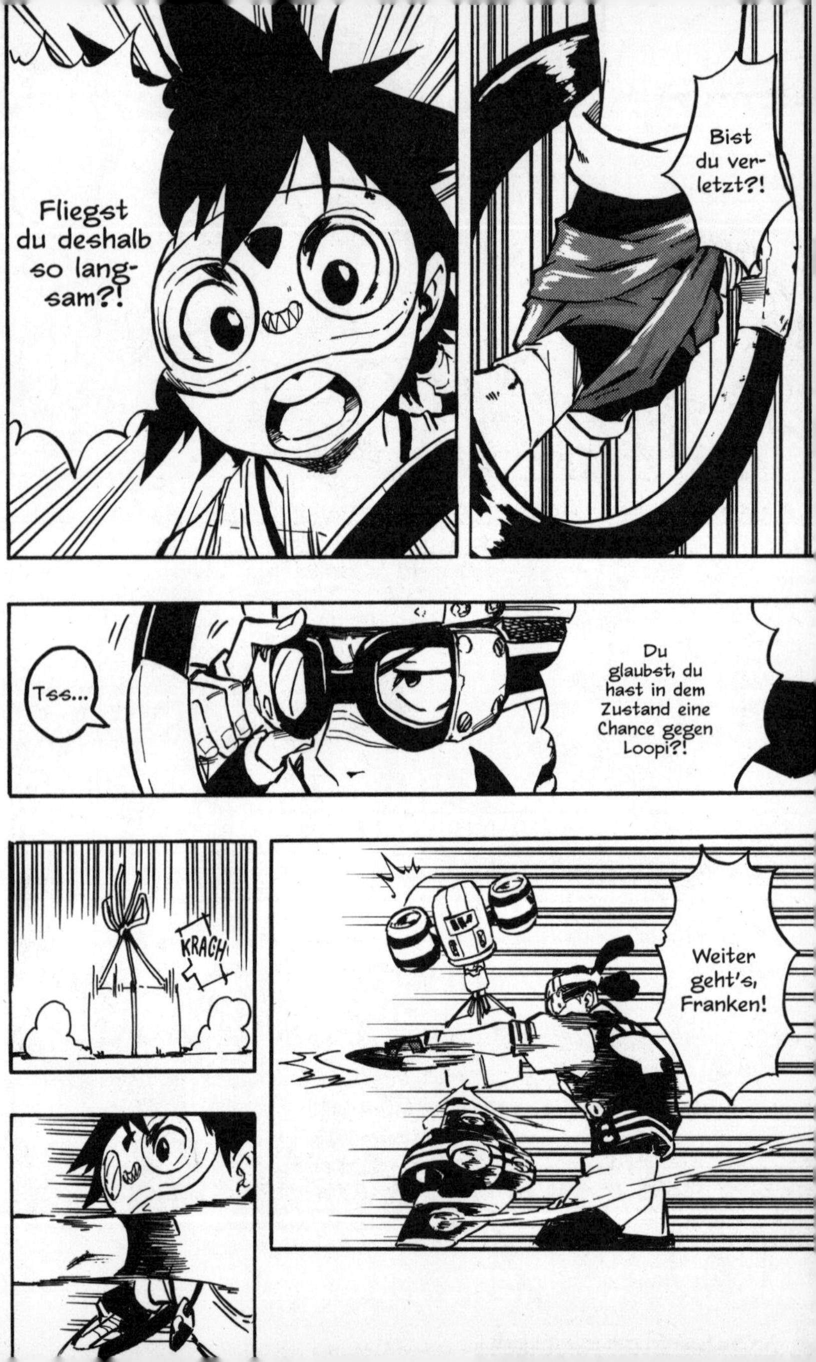
Bist du verletzt?!
Fliegst du deshalb so langsam?!
Du glaubst, du hast in dem Zustand eine Chance gegen Loopi?!
Tss...
Weiter geht's, Franken!
KRACH

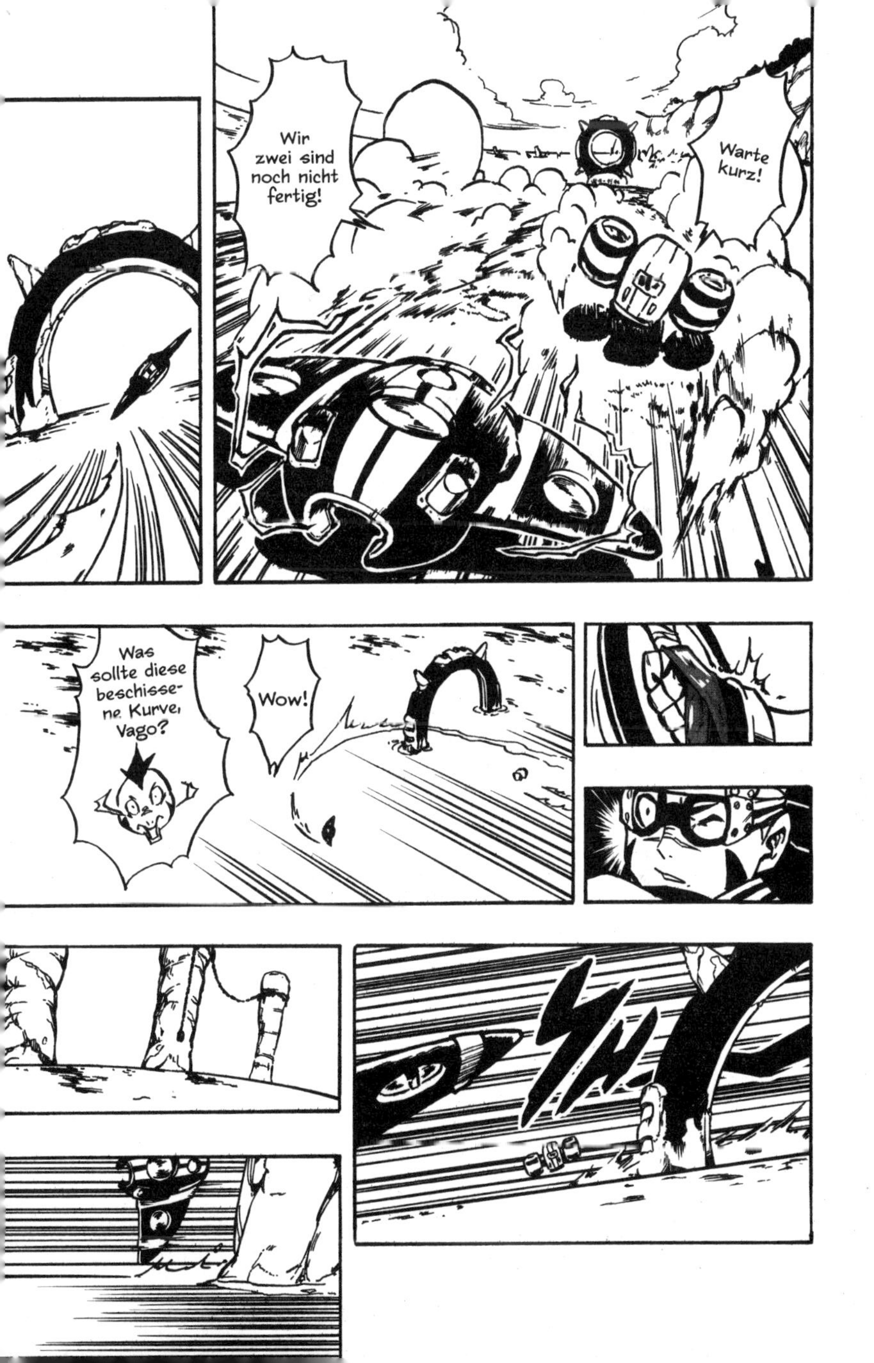
Warte kurz!
Wir zwei sind noch nicht fertig!
Wow!
Was sollte diese beschissene Kurve, Vago?

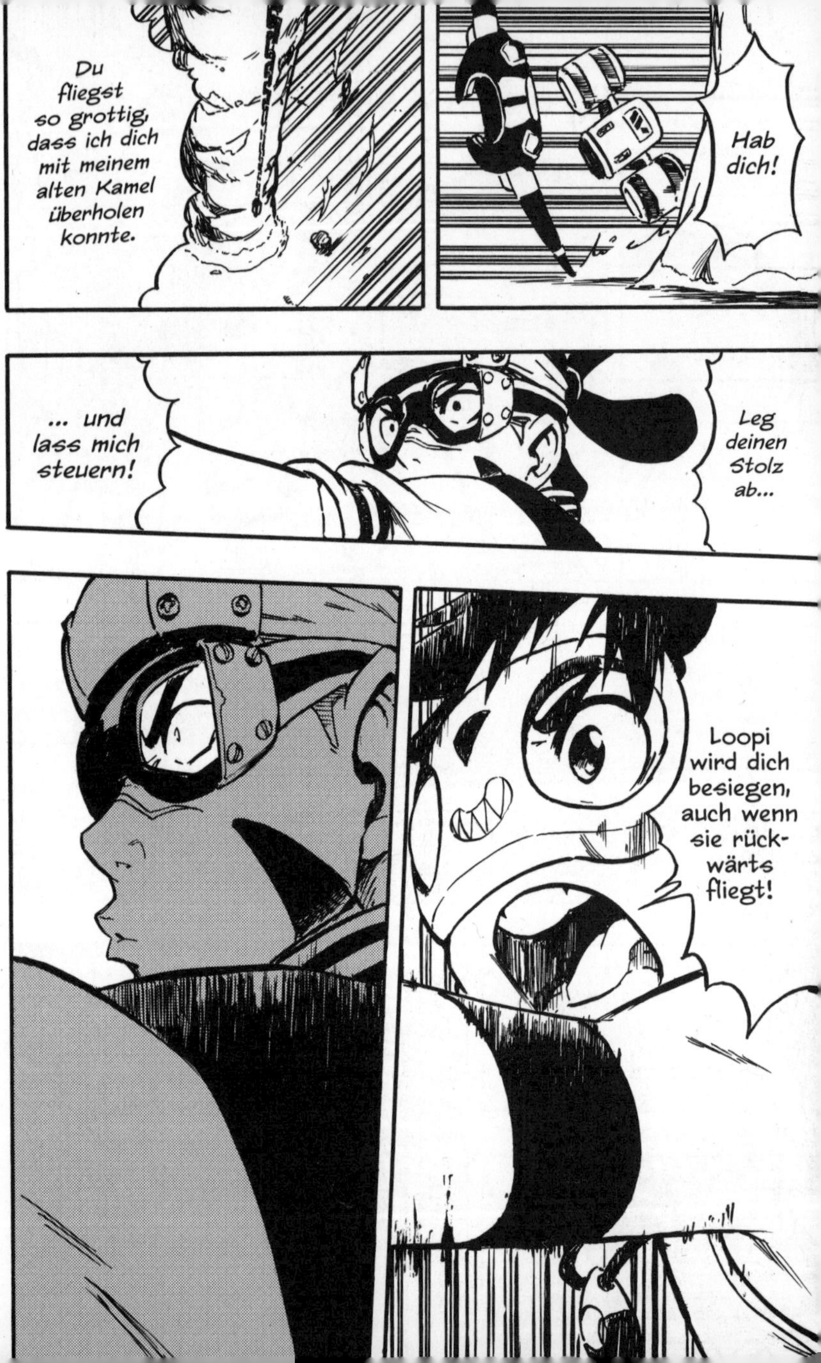
Hab dich!
Du fliegst so grottig, dass ich dich mit meinem alten Kamel überholen konnte.
Leg deinen Stolz ab...
... und lass mich steuern!
Loopi wird dich besiegen, auch wenn sie rückwärts fliegt!

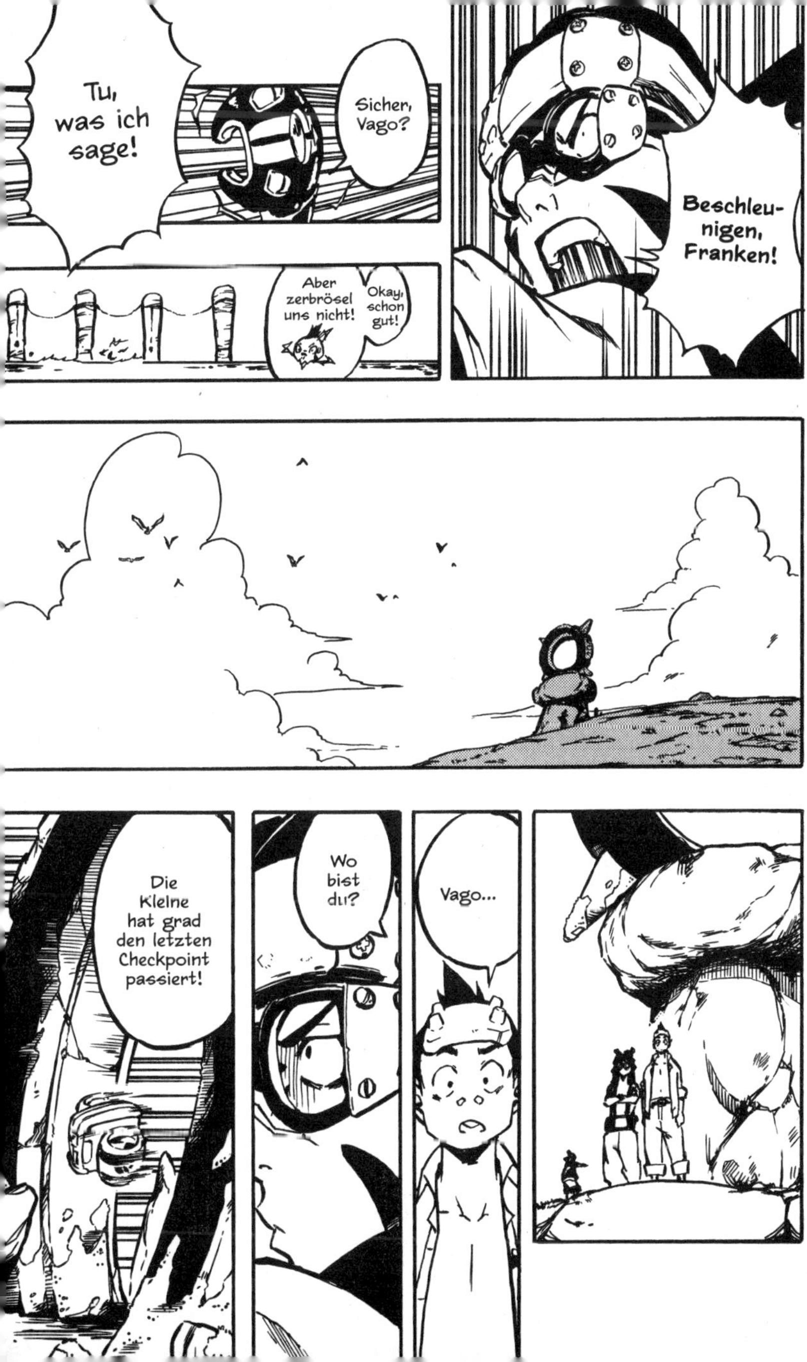
Beschleunigen,
Franken!
Sicher,
Vago?
Tu,
was ich
sage!
Okay,
schon
gut!
Aber
zerbrösel
uns nicht!
Vago...
Wo
bist
du?
Die
Kleine
hat grad
den letzten
Checkpoint
passiert!

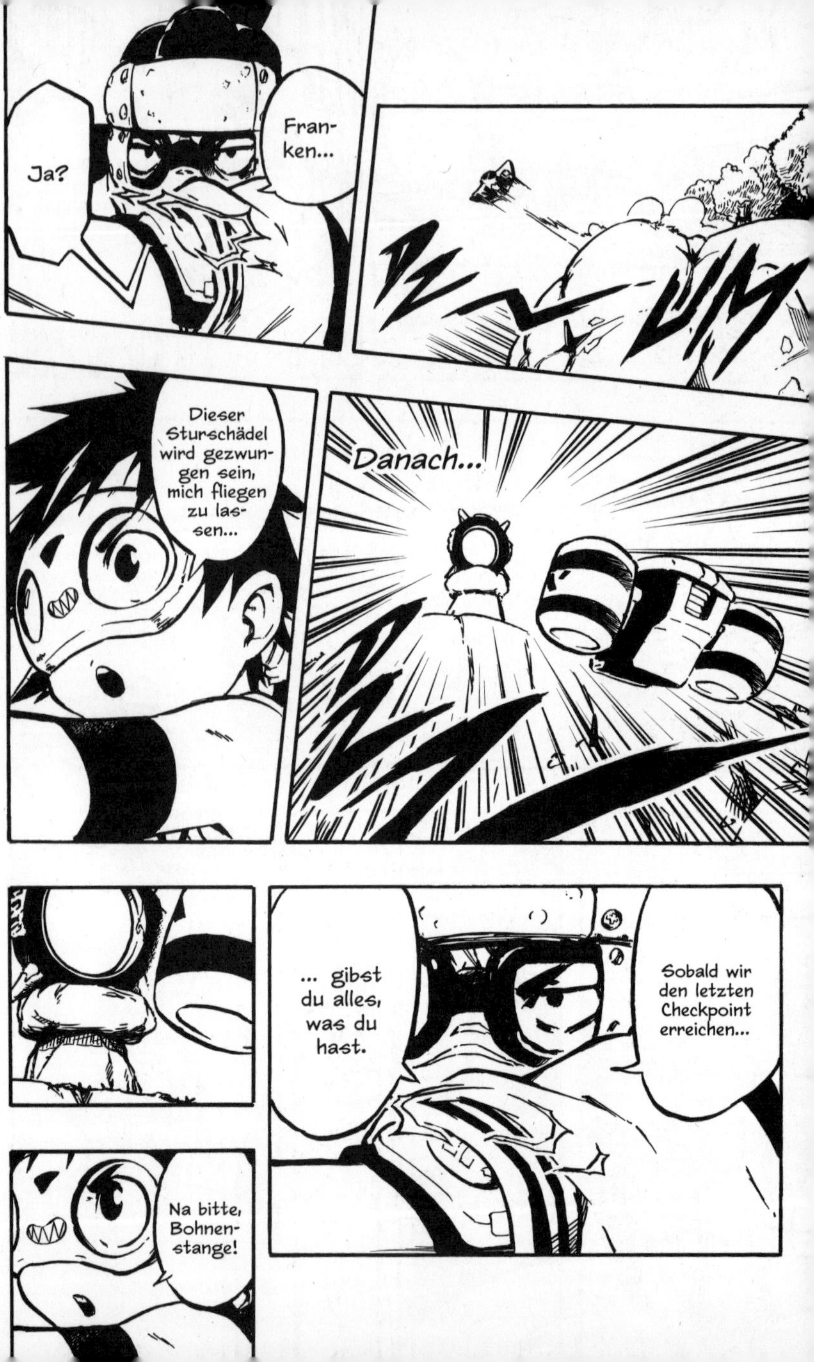
Fran-
ken...
Ja?
Danach...
Dieser
Sturschädel
wird gezwun-
gen sein,
mich fliegen
zu las-
sen...
Sobald wir
den letzten
Checkpoint
erreichen...
... gibst
du alles,
was du
hast.
Na bitte,
Bohnen-
stange!

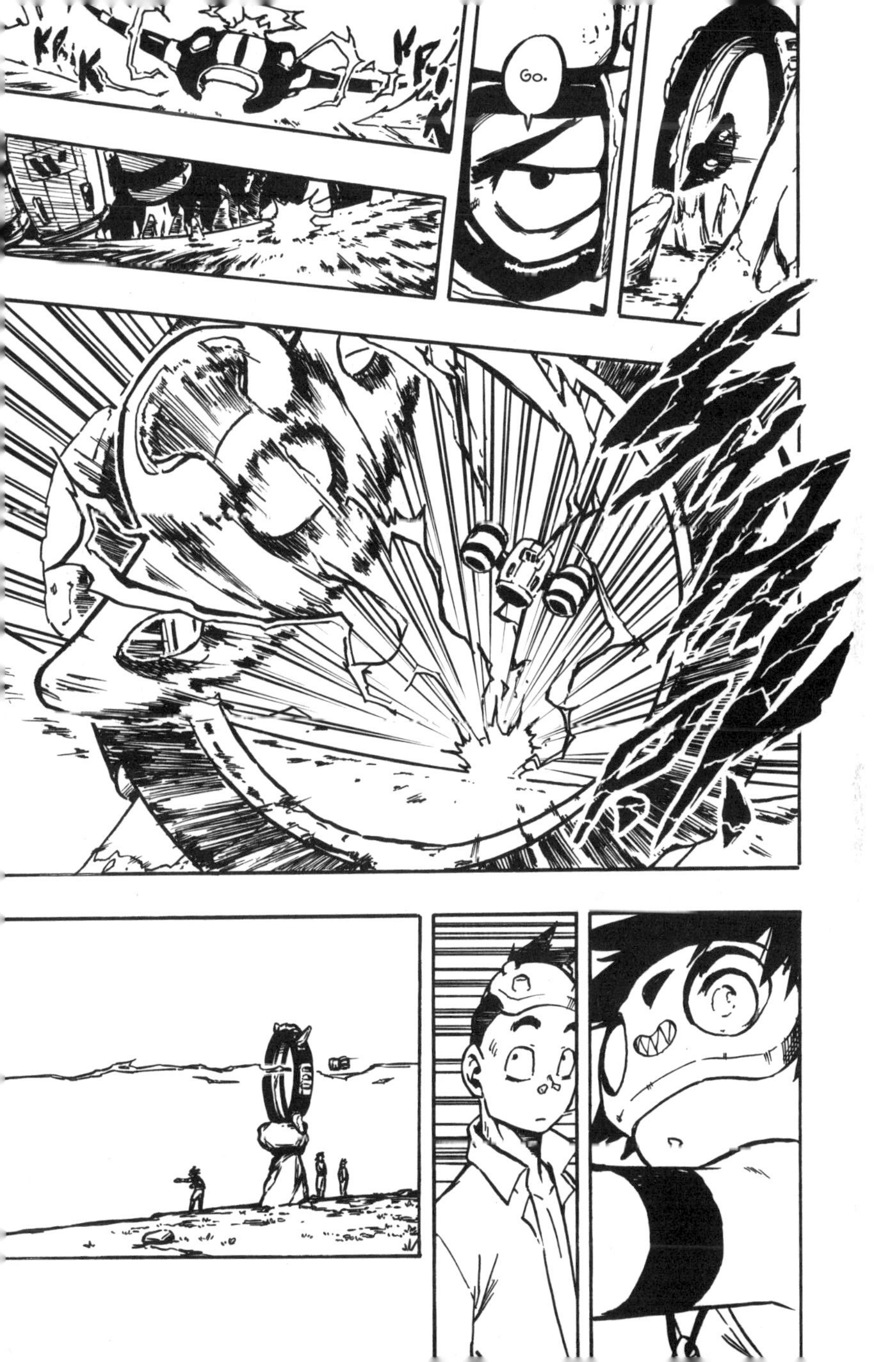
Go.

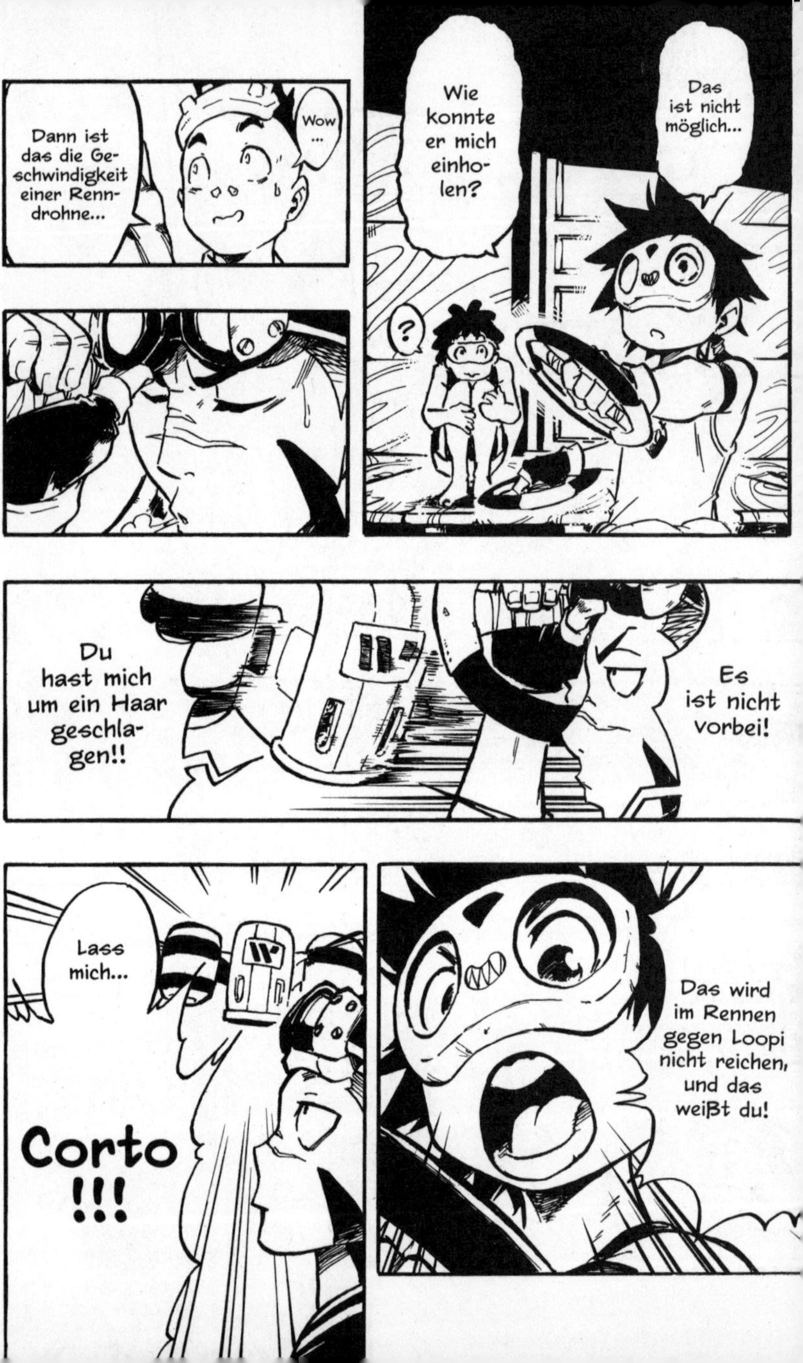
Das ist nicht möglich...
Wie konnte er mich einholen?
?
Wow ...
Dann ist das die Geschwindigkeit einer Renndrohne...
Es ist nicht vorbei!
Du hast mich um ein Haar geschlagen!!
Das wird im Rennen gegen Loopi nicht reichen, und das weißt du!
Lass mich...
Corto !!!

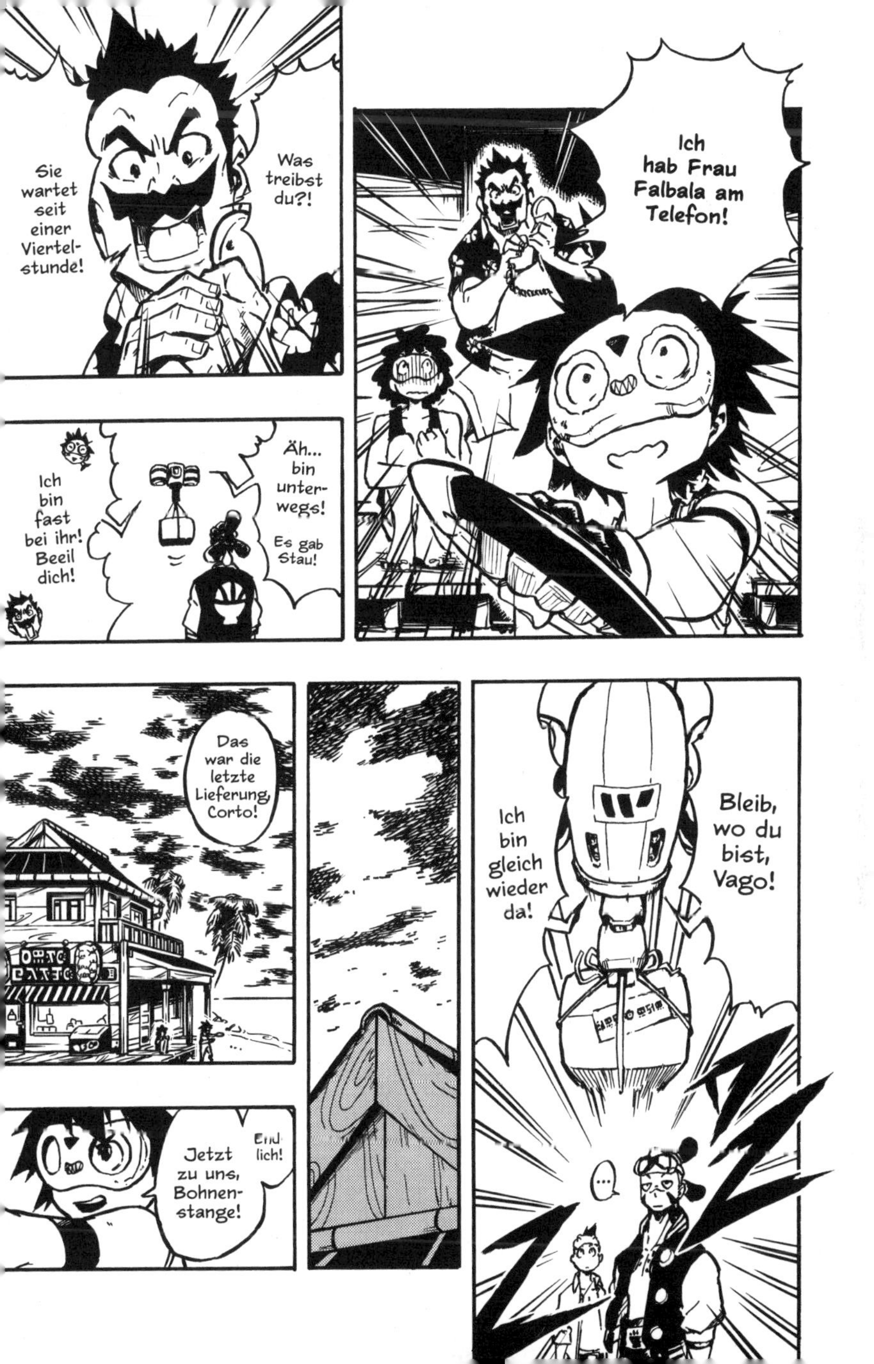
Ich hab Frau Falbala am Telefon!
Was treibst du?!
Sie wartet seit einer Viertelstunde!
Äh... bin unterwegs!
Es gab Stau!
Ich bin fast bei ihr! Beeil dich!
Das war die letzte Lieferung, Corto!
Jetzt zu uns, Bohnenstange!
Endlich!
Bleib, wo du bist, Vago!
Ich bin gleich wieder da!
...

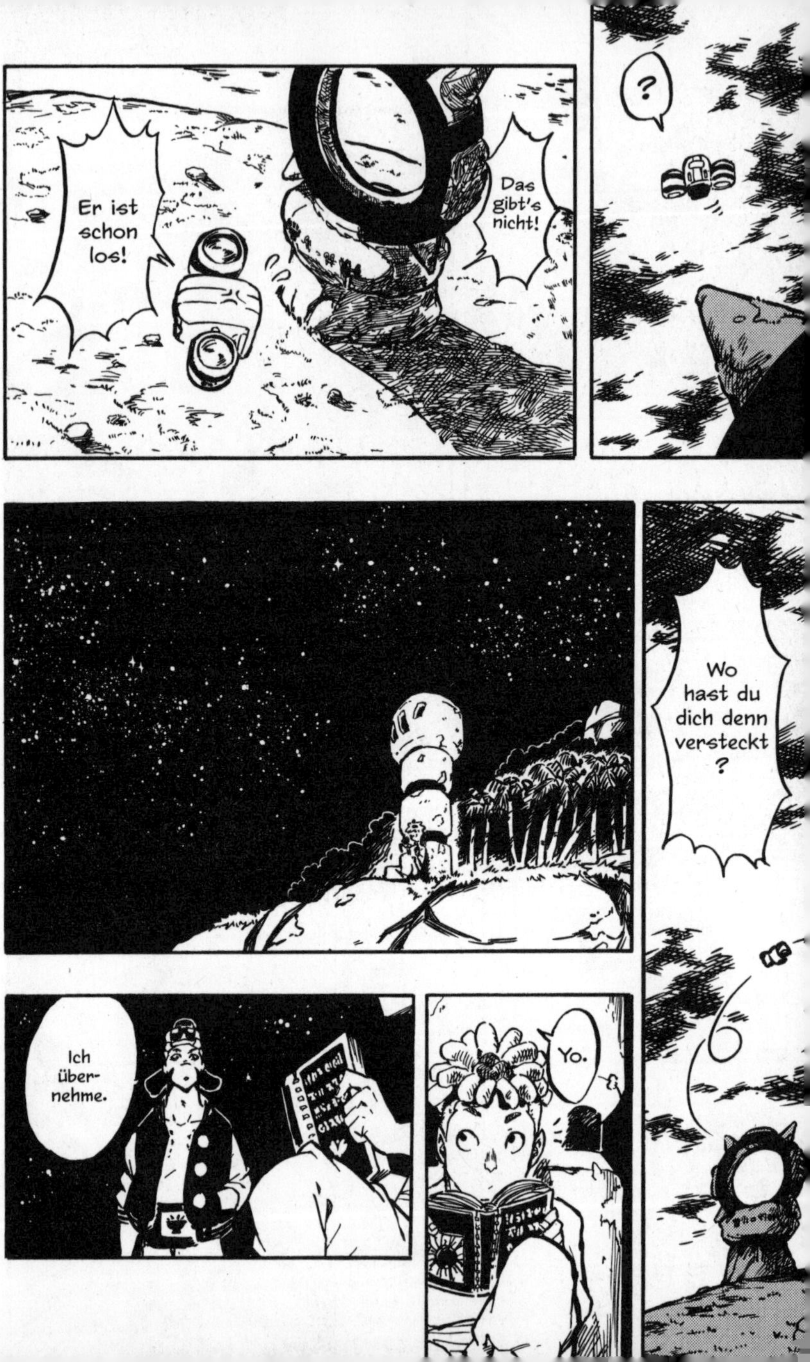
?
Das gibt's nicht!
Er ist schon los!
Wo hast du dich denn versteckt?
Yo.
Ich über-nehme.

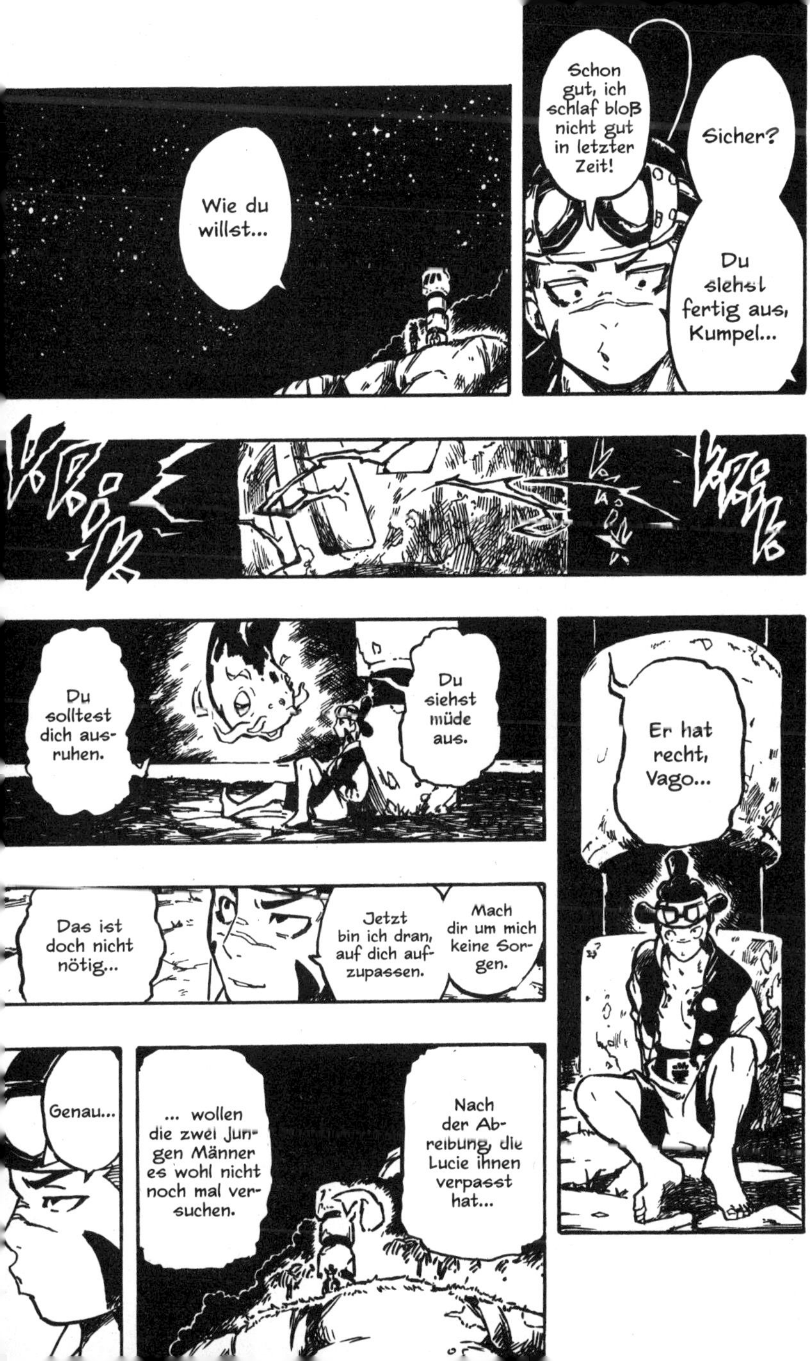
Sicher?
Du siehst fertig aus, Kumpel...
Schon gut, ich schlaf bloß nicht gut in letzter Zeit!
Wie du willst...
Er hat recht, Vago...
Du siehst müde aus.
Du solltest dich ausruhen.
Mach dir um mich keine Sorgen.
Jetzt bin ich dran, auf dich aufzupassen.
Das ist doch nicht nötig...
Nach der Abreibung, die Lucie ihnen verpasst hat...
... wollen die zwei Jungen Männer es wohl nicht noch mal versuchen.
Genau...

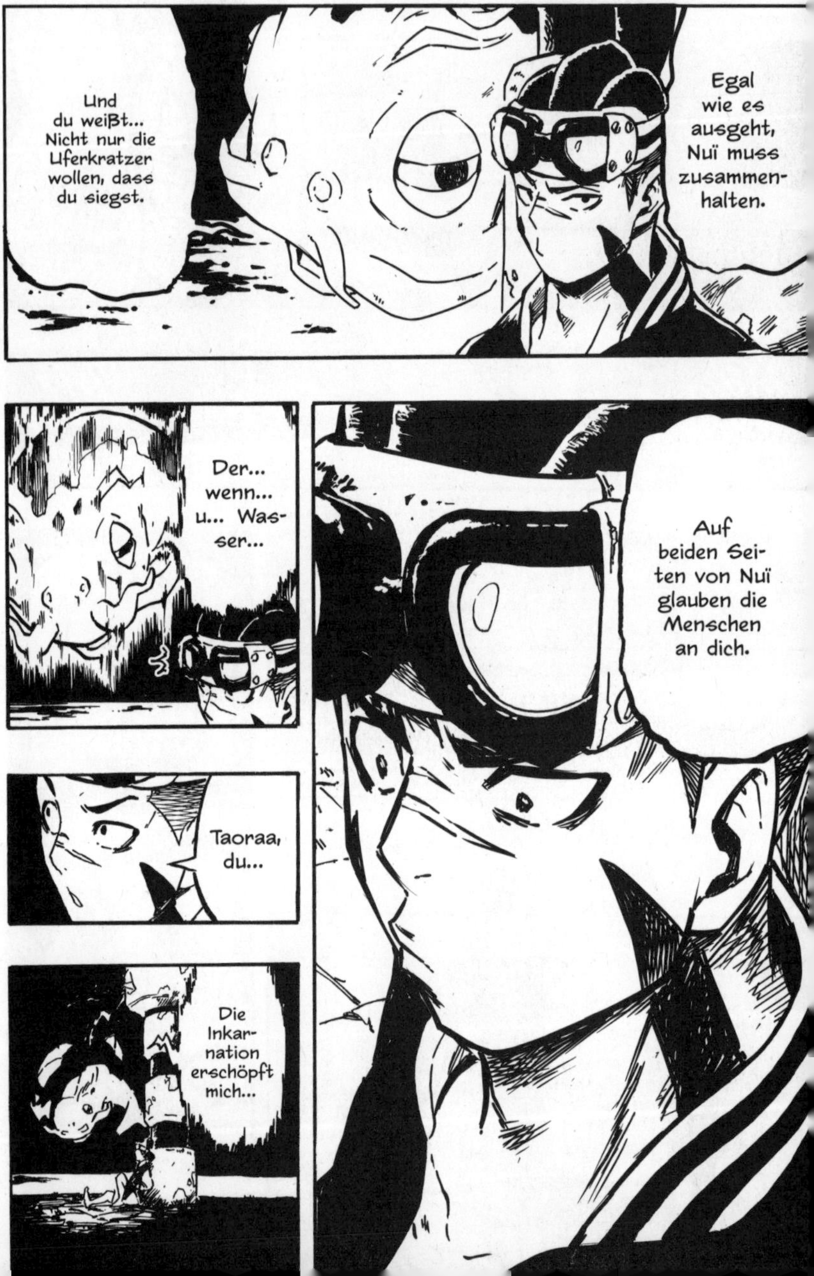

Egal wie es ausgeht, Nuï muss zusammenhalten.
Und du weißt... Nicht nur die Uferkratzer wollen, dass du siegst.
Auf beiden Seiten von Nuï glauben die Menschen an dich.
Der... wenn... u... Was-ser...
Taoraa, du...
Die Inkarnation erschöpft mich...

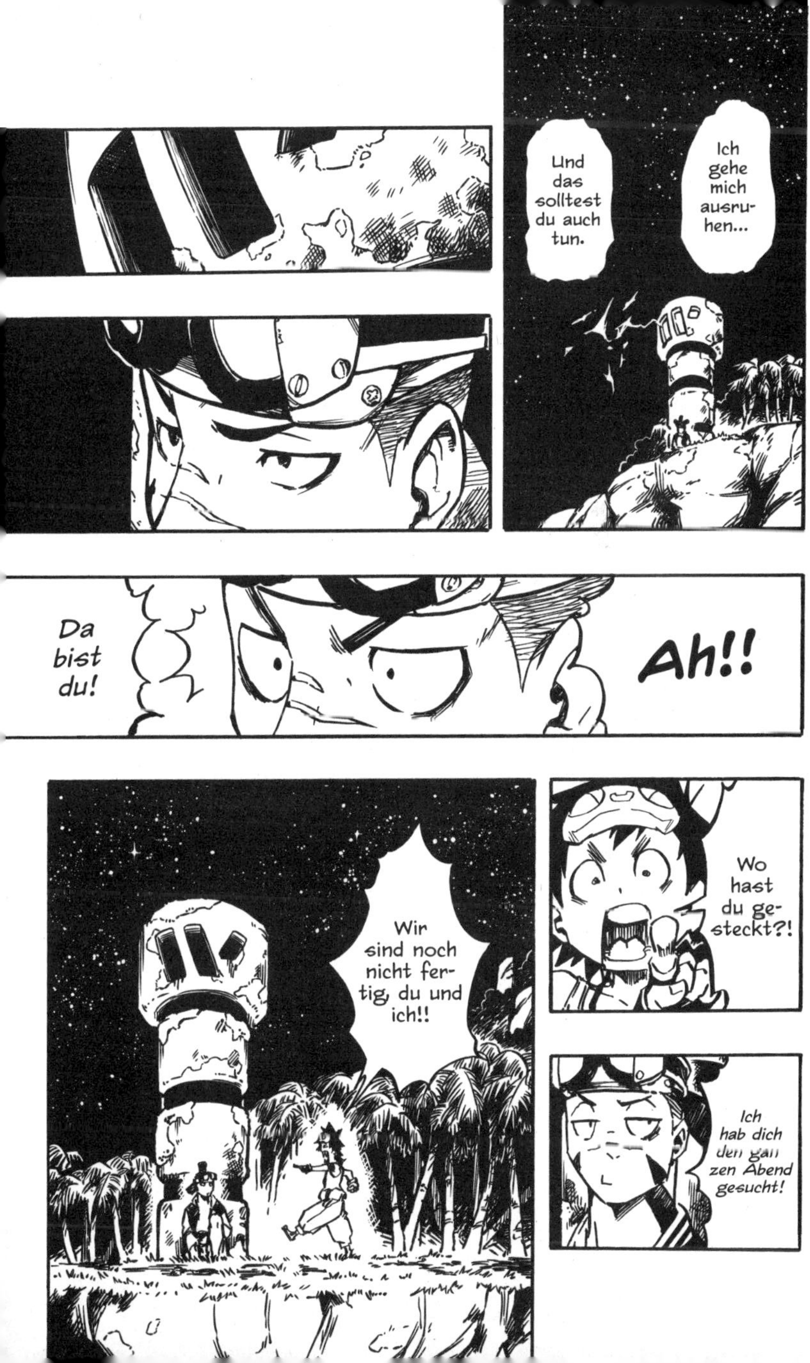
Ich gehe mich ausru-hen...
Und das solltest du auch tun.
Ah!!
Da bist du!
Wo hast du ge-steckt?!
Ich hab dich den gan zen Abend gesucht!
Wir sind noch nicht fer-tig, du und ich!!

DRONERS JON

SPEZIAL-STECKBRIEF

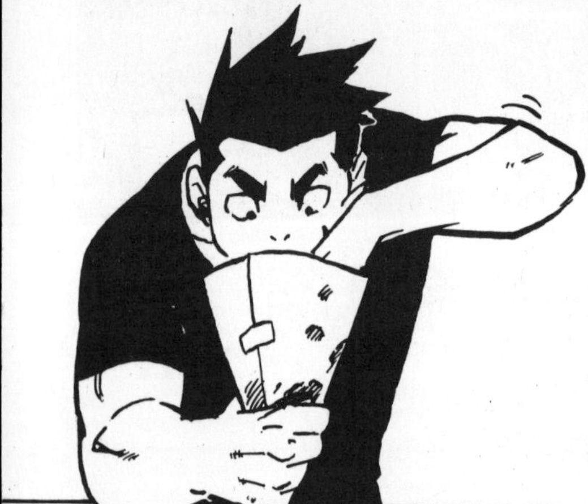

Alter: 17 Jahre

Vorlieben:
Gewichte stemmen,
schwimmen,
Loopi

Abneigungen:
Vago,
Meeresfrüchte

Sein Vater hat eine Schiffswerkstatt auf der Insel.
Wenn er nicht mit Loopi abhängt, hilft er seinem Vater in der Werkstatt. Er ist ein ausgezeichneter Schwimmer.

Nicolas: Anfangs hatte ich ihn Kugo genannt, weil er ein reines Herz hat wie Goku, aber der Klang ähnelte dem von Vago zu sehr und ich hatte Angst, dass man sie verwechseln könnte.

Kapitel 13

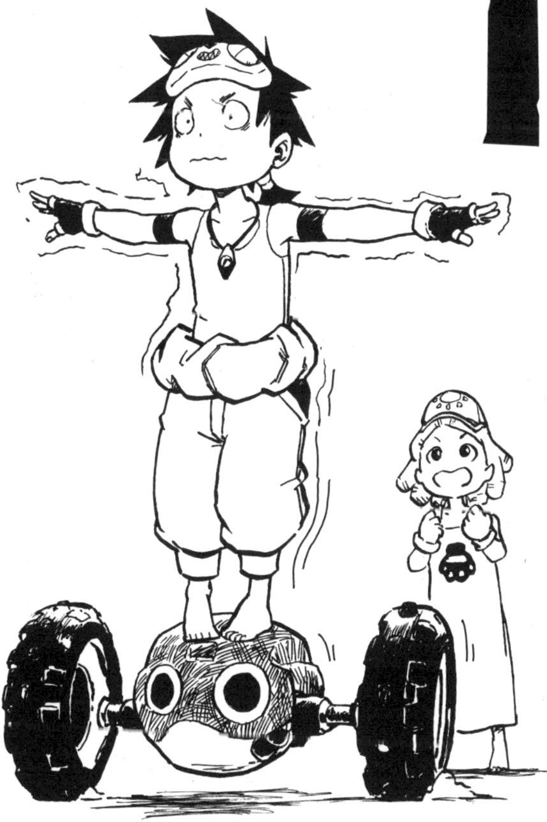

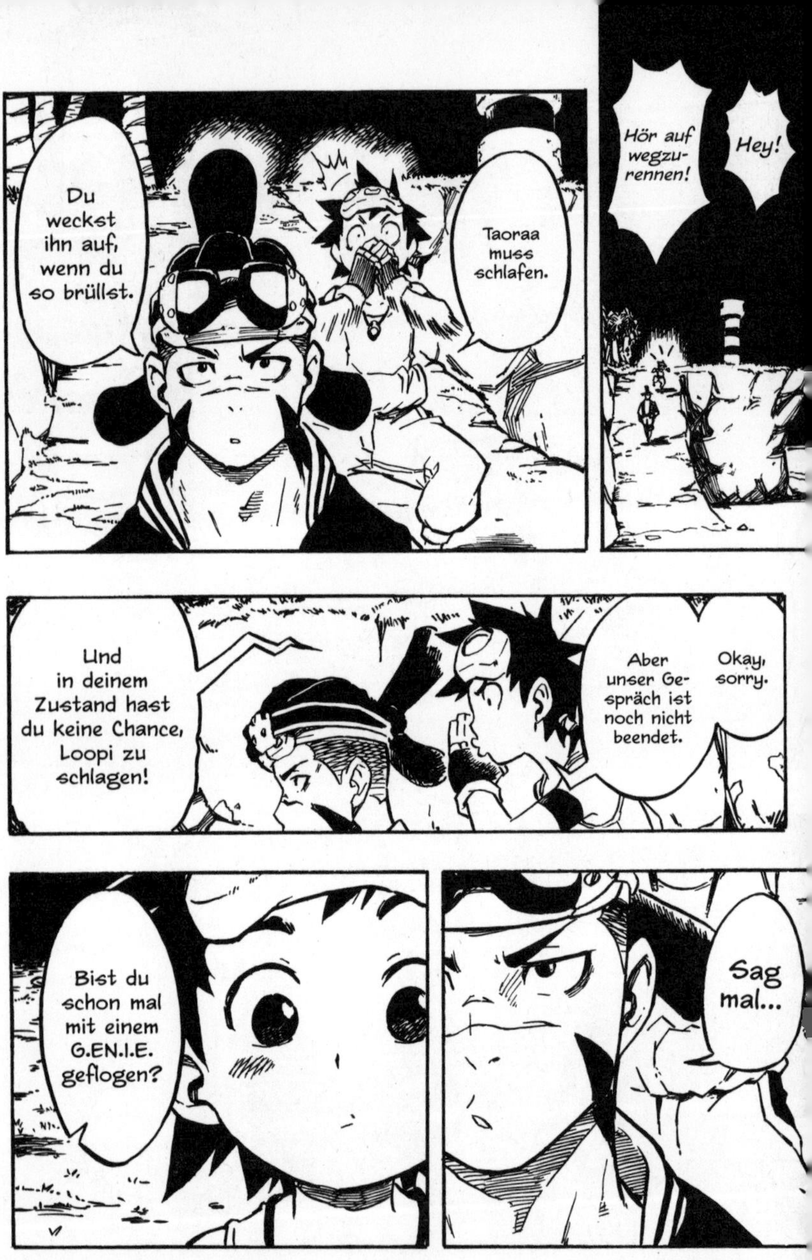
Hey!
Hör auf wegzu-rennen!
Taoraa muss schlafen.
Du weckst ihn auf, wenn du so brüllst.
Okay, sorry.
Aber unser Ge-spräch ist noch nicht beendet.
Und in deinem Zustand hast du keine Chance, Loopi zu schlagen!
Sag mal...
Bist du schon mal mit einem G.EN.I.E. geflogen?

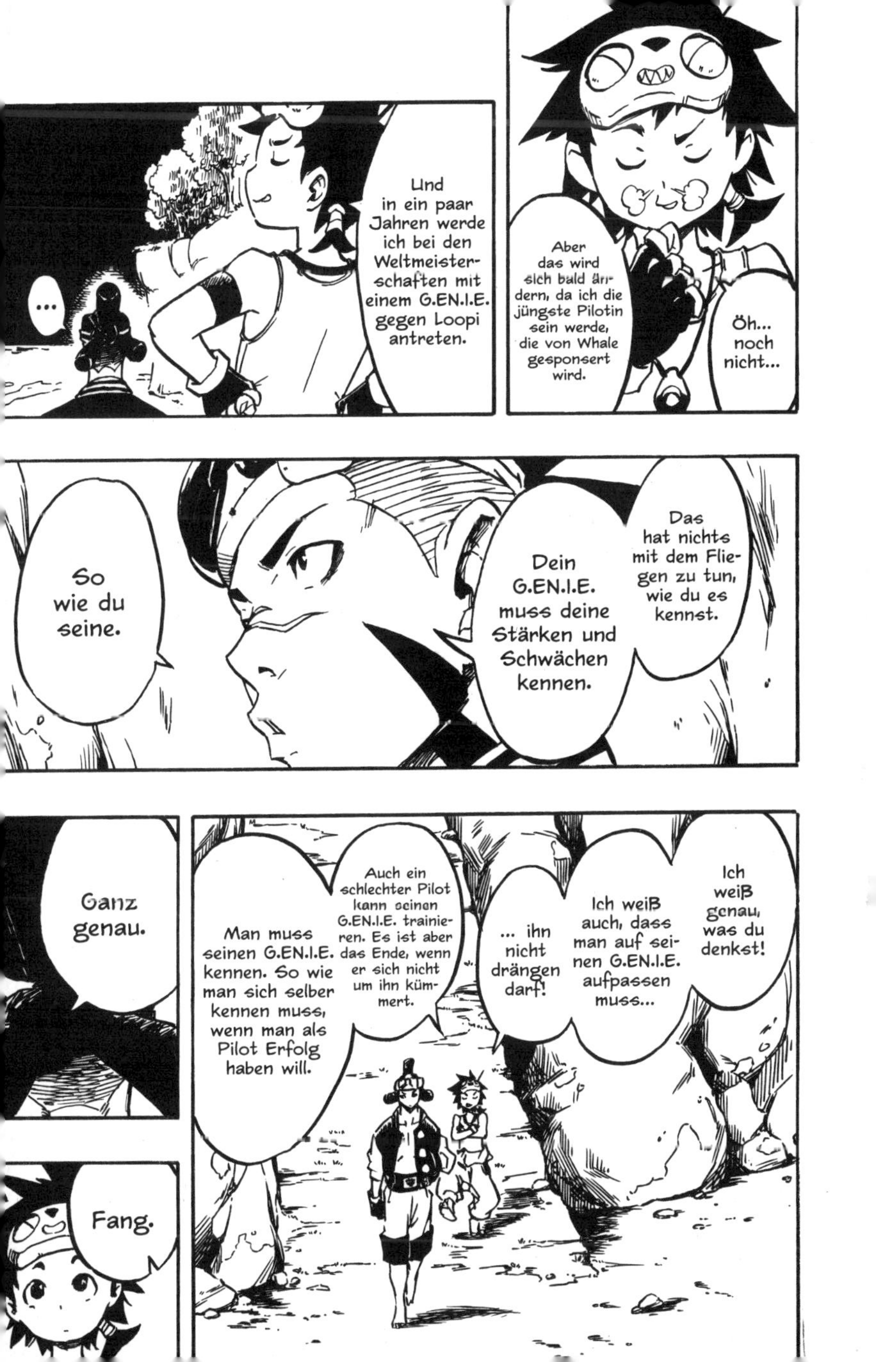

Öh... noch nicht...
Aber das wird sich bald ändern, da ich die jüngste Pilotin sein werde, die von Whale gesponsert wird.
Und in ein paar Jahren werde ich bei den Weltmeisterschaften mit einem G.EN.I.E. gegen Loopi antreten.
...
Das hat nichts mit dem Fliegen zu tun, wie du es kennst.
Dein G.EN.I.E. muss deine Stärken und Schwächen kennen.
So wie du seine.
Ich weiß genau, was du denkst!
Ich weiß auch, dass man auf seinen G.EN.I.E. aufpassen muss...
... ihn nicht drängen darf!
Auch ein schlechter Pilot kann seinen G.EN.I.E. trainieren. Es ist aber das Ende, wenn er sich nicht um ihn kümmert.
Man muss seinen G.EN.I.E. kennen. So wie man sich selber kennen muss, wenn man als Pilot Erfolg haben will.
Ganz genau.
Fang.

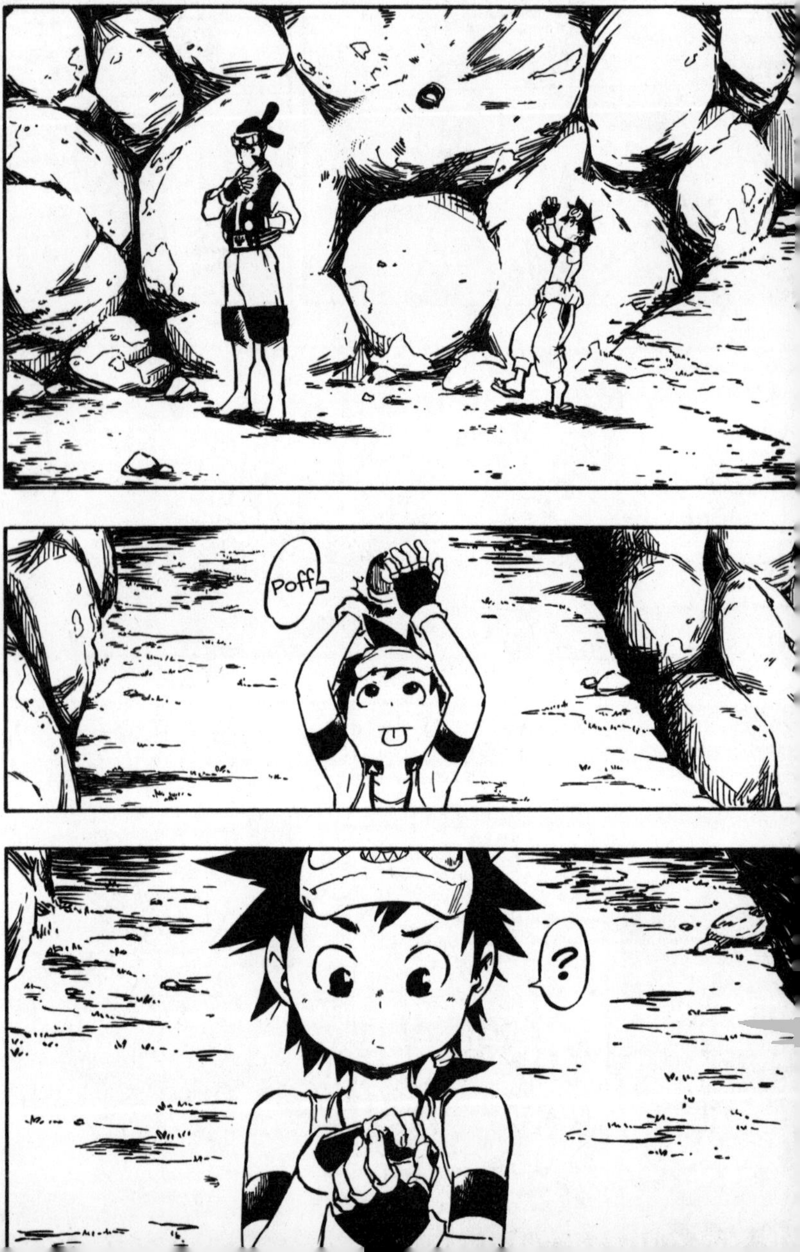
Poff
?

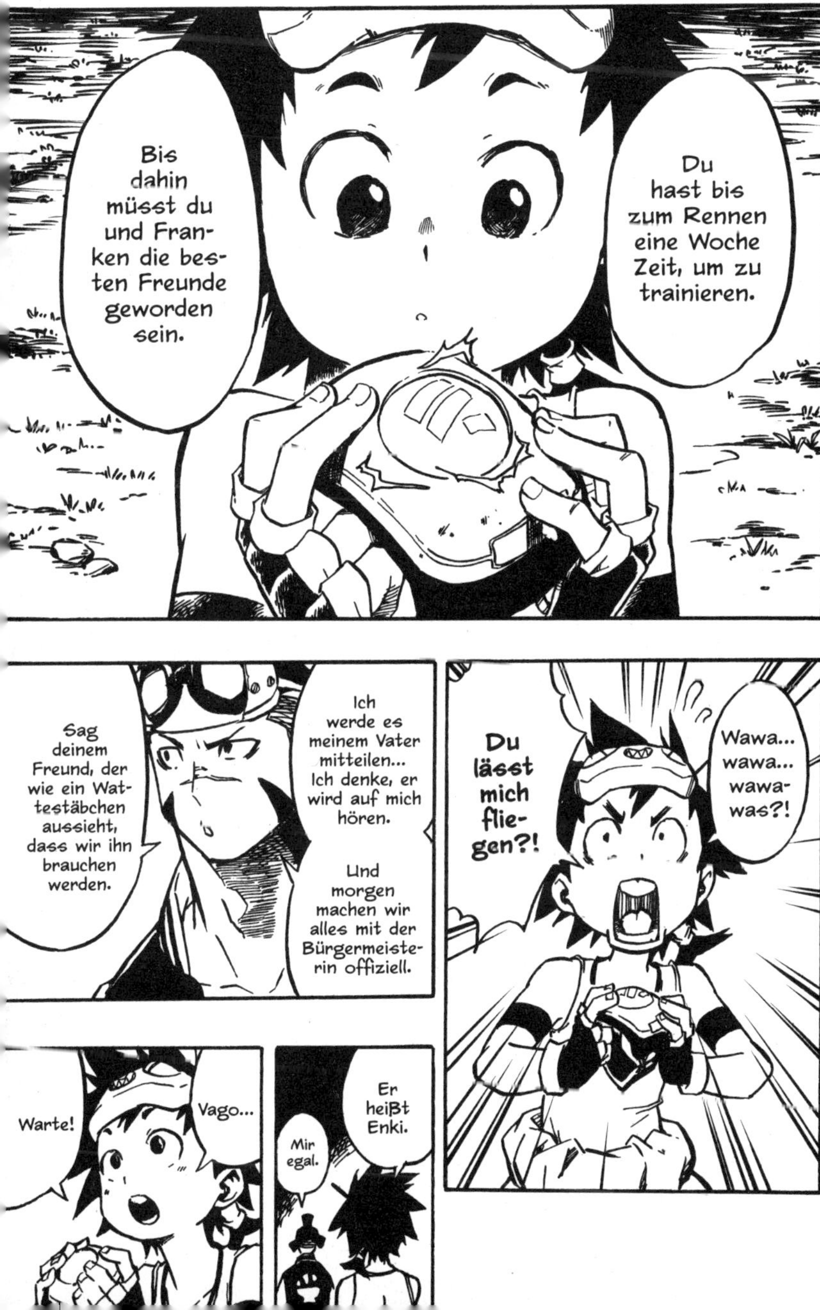
Du hast bis zum Rennen eine Woche Zeit, um zu trainieren.
Bis dahin müsst du und Franken die besten Freunde geworden sein.
Wawa... wawa... wawawas?!
Du lässt mich fliegen?!
Ich werde es meinem Vater mitteilen... Ich denke, er wird auf mich hören.
Und morgen machen wir alles mit der Bürgermeisterin offiziell.
Sag deinem Freund, der wie ein Wattestäbchen aussieht, dass wir ihn brauchen werden.
Er heißt Enki.
Mir egal.
Vago...
Warte!

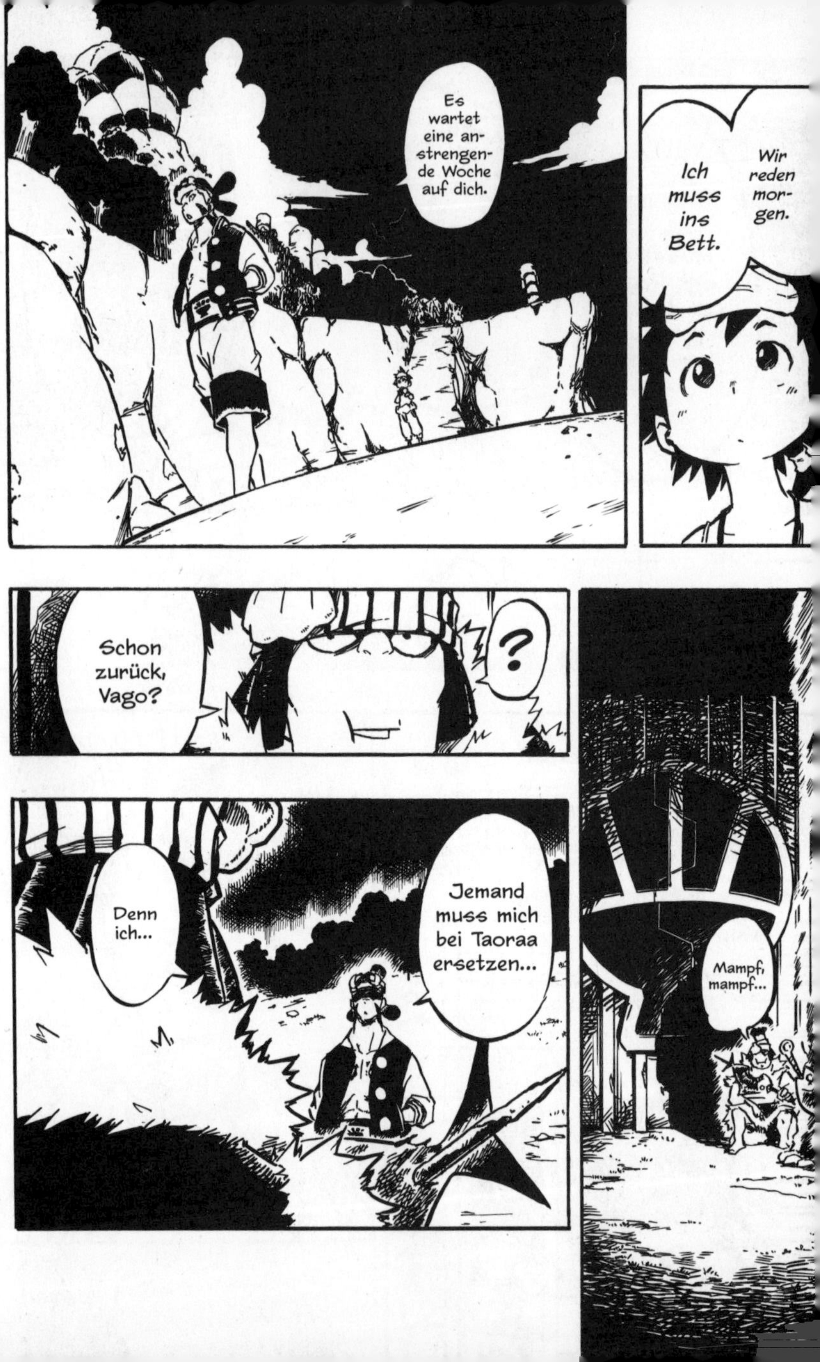
Wir reden morgen.
Ich muss ins Bett.
Es wartet eine anstrengende Woche auf dich.
Mampf, mampf...
?
Schon zurück, Vago?
Jemand muss mich bei Taoraa ersetzen...
Denn ich...

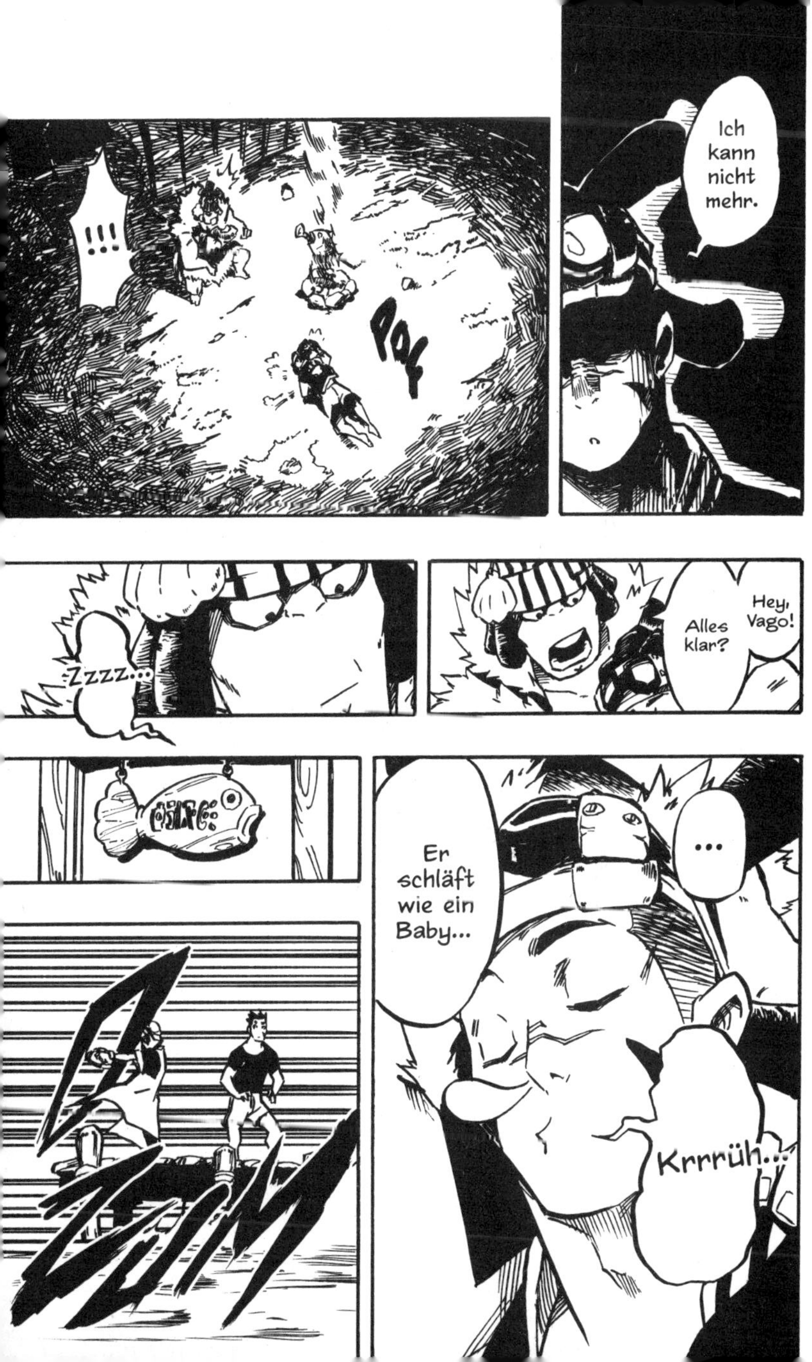
Ich kann nicht mehr.
!!!
POK
Hey, Vago!
Alles klar?
Zzzz...
...
Er schläft wie ein Baby...
Krrrüh...

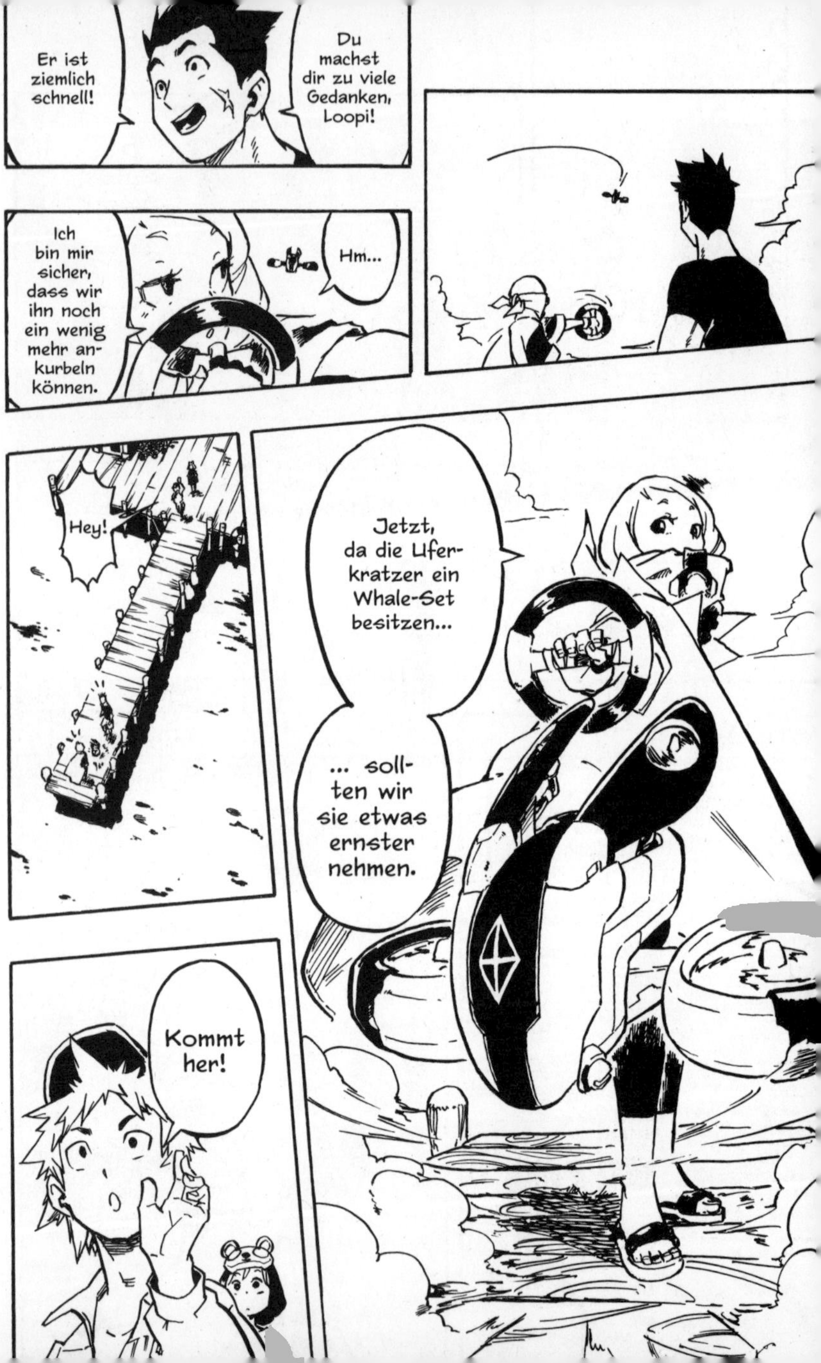
Du machst dir zu viele Gedanken, Loopi!
Er ist ziemlich schnell!
Hm...
Ich bin mir sicher, dass wir ihn noch ein wenig mehr ankurbeln können.
Jetzt, da die Uferkratzer ein Whale-Set besitzen...
... sollten wir sie etwas ernster nehmen.
Hey!
Kommt her!

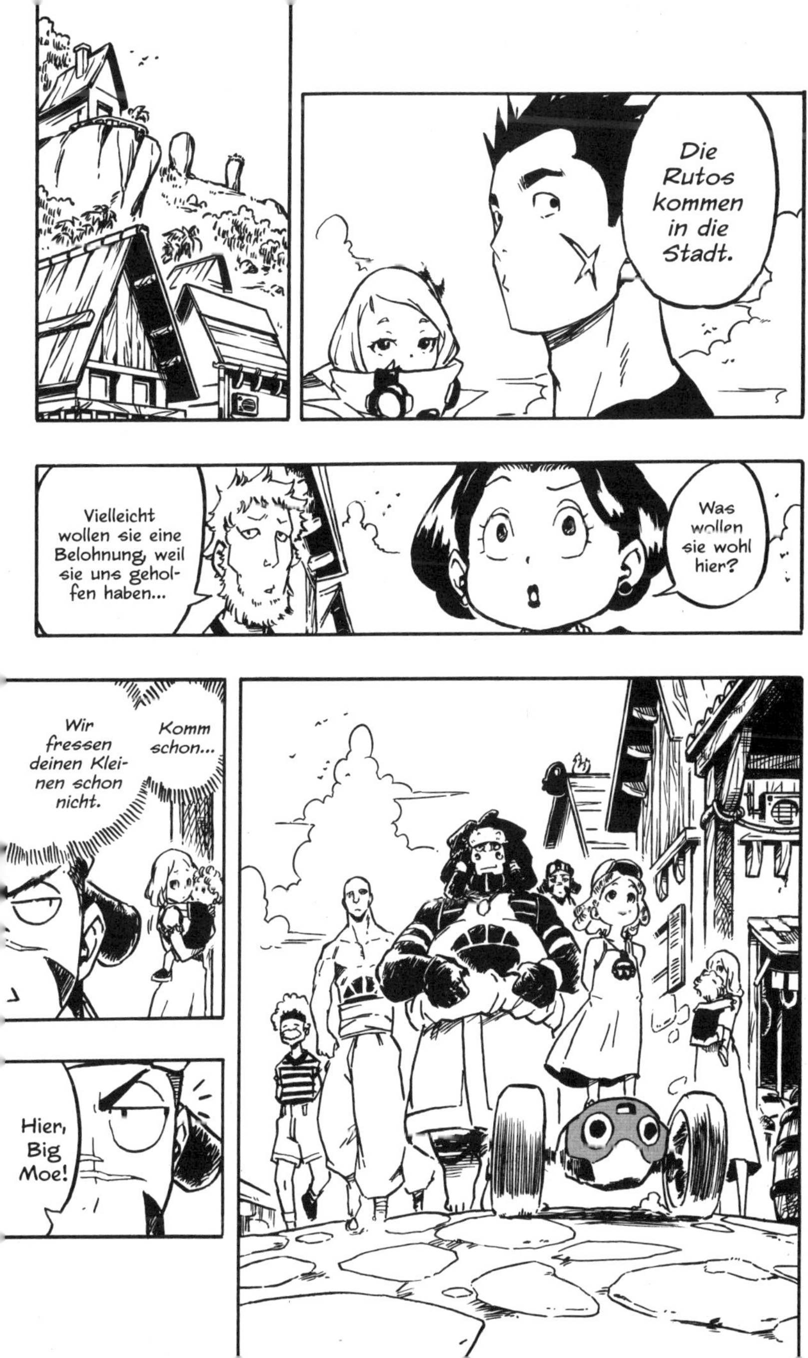

Die Rutos kommen in die Stadt.
Was wollen sie wohl hier?
Vielleicht wollen sie eine Belohnung, weil sie uns geholfen haben...
Komm schon...
Wir fressen deinen Kleinen schon nicht.
Hier, Big Moe!

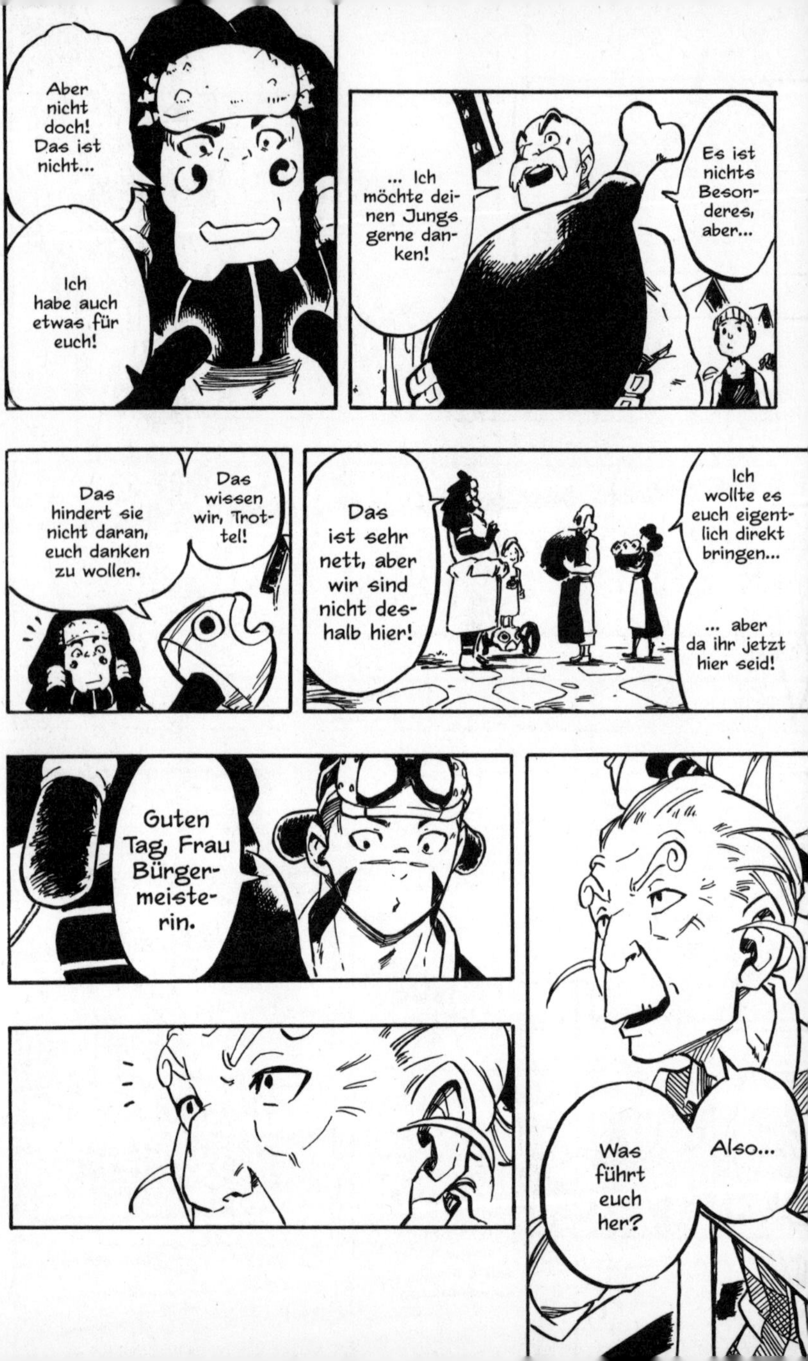

Es ist nichts Besonderes, aber...
... Ich möchte deinen Jungs gerne danken!
Aber nicht doch! Das ist nicht...
Ich habe auch etwas für euch!
Ich wollte es euch eigentlich direkt bringen...
... aber da ihr jetzt hier seid!
Das ist sehr nett, aber wir sind nicht deshalb hier!
Das wissen wir, Trottel!
Das hindert sie nicht daran, euch danken zu wollen.
Also...
Was führt euch her?
Guten Tag, Frau Bürgermeisterin.

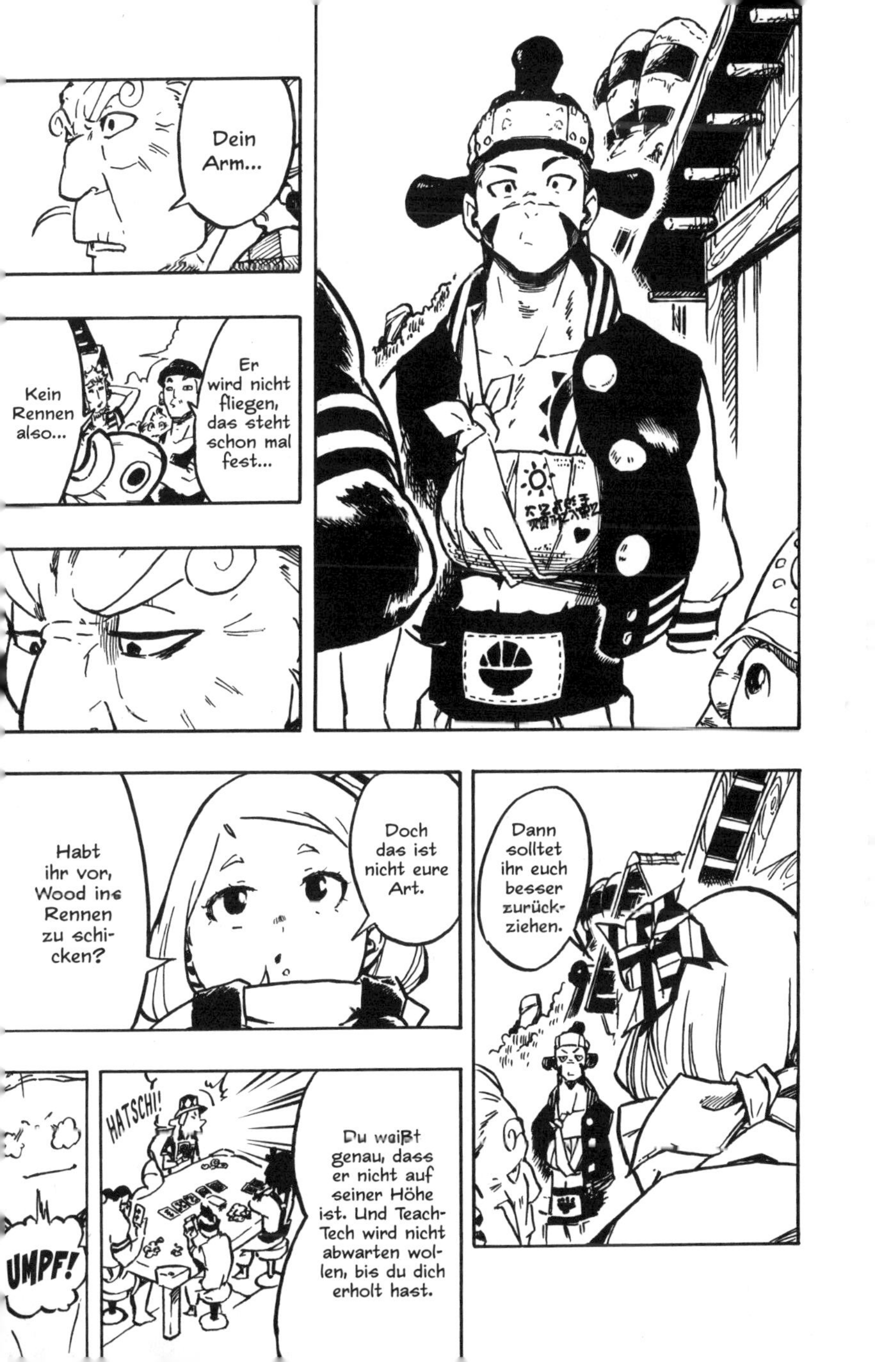
Dein Arm...
Er wird nicht fliegen, das steht schon mal fest...
Kein Rennen also...
Dann solltet ihr euch besser zurückziehen.
Doch das ist nicht eure Art.
Habt ihr vor, Wood ins Rennen zu schicken?
Du weißt genau, dass er nicht auf seiner Höhe ist. Und Teach-Tech wird nicht abwarten wollen, bis du dich erholt hast.
HATSCHI!
UMPF!

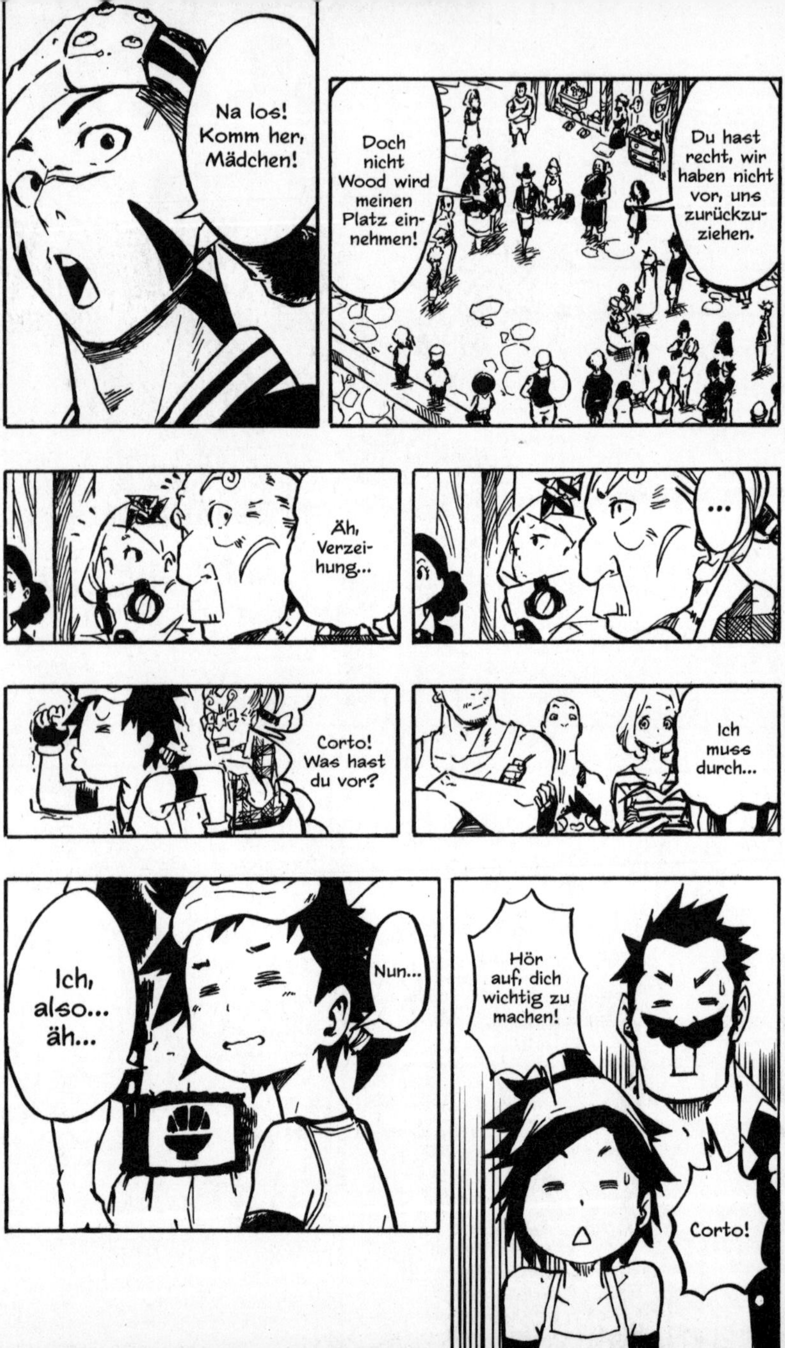
Du hast recht, wir haben nicht vor, uns zurückzuziehen.
Doch nicht Wood wird meinen Platz einnehmen!
Na los! Komm her, Mädchen!
...
Äh, Verzeihung...
Ich muss durch...
Corto! Was hast du vor?
Hör auf, dich wichtig zu machen!
Corto!
Nun...
Ich, also... äh...

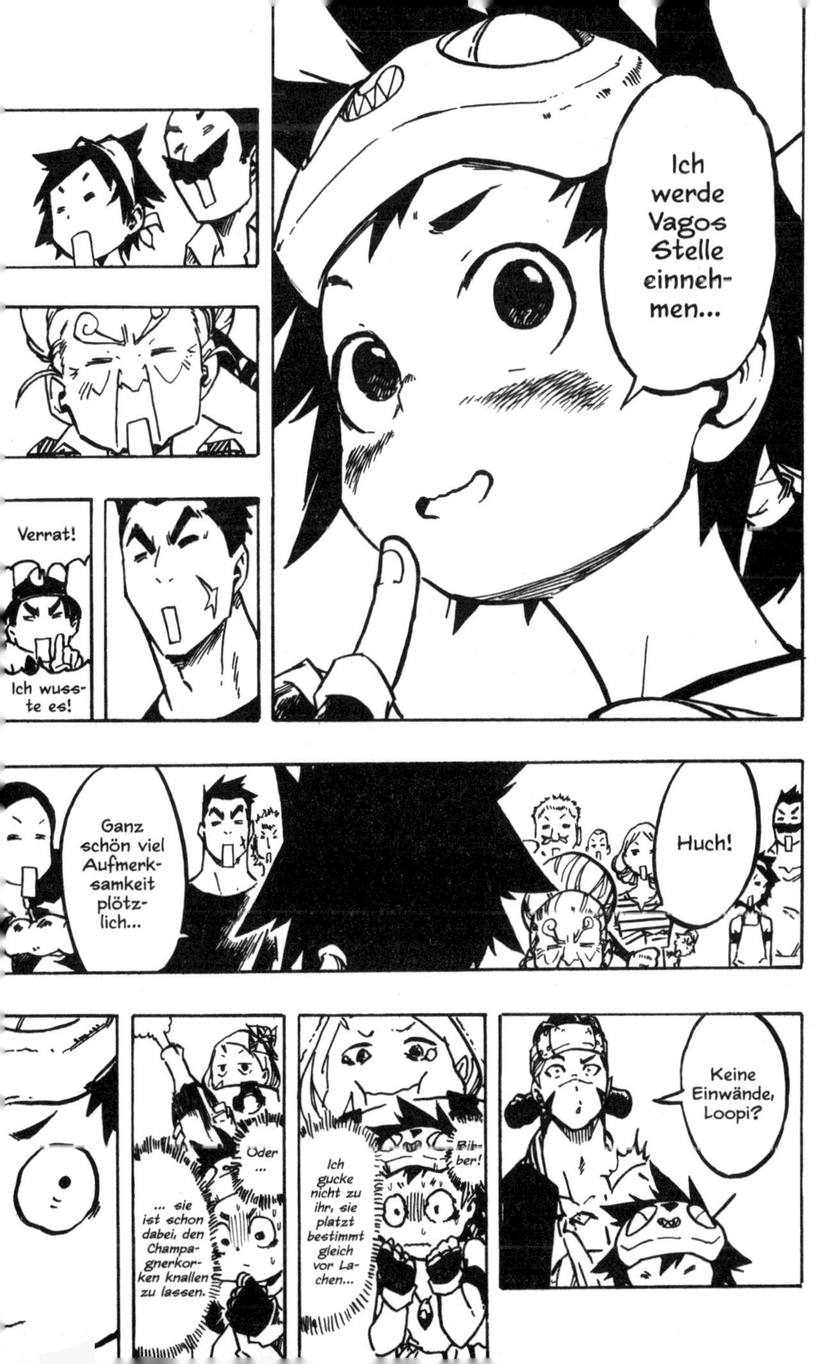
Ich werde Vagos Stelle einnehmen...
Verrat!
Ich wusste es!
Huch!
Ganz schön viel Aufmerksamkeit plötzlich...
Keine Einwände, Loopi?
Bibber!
Ich gucke nicht zu ihr, sie platzt bestimmt gleich vor Lachen...
Oder ...
... sie ist schon dabei, den Champagnerkorken knallen zu lassen.

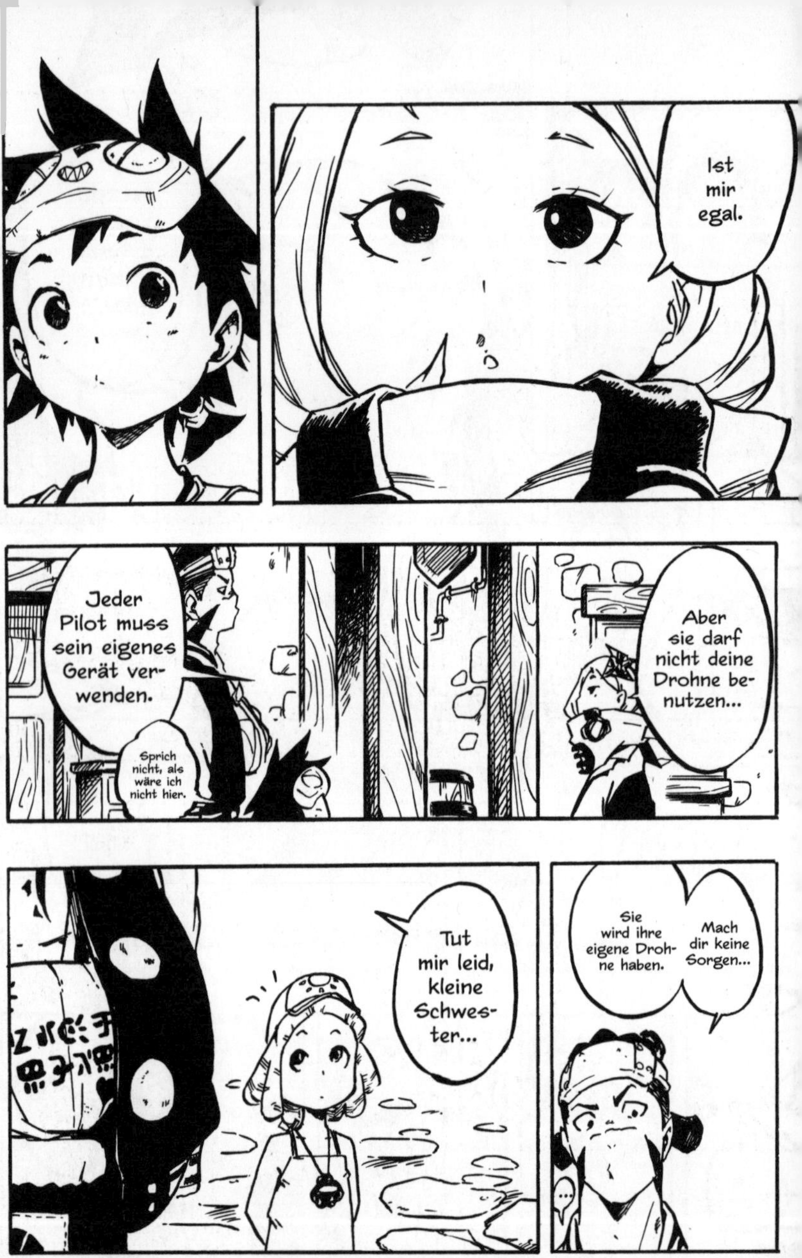

Ist mir egal.
Jeder Pilot muss sein eigenes Gerät verwenden.
Sprich nicht, als wäre ich nicht hier.
Aber sie darf nicht deine Drohne benutzen...
Tut mir leid, kleine Schwester...
Sie wird ihre eigene Drohne haben.
Mach dir keine Sorgen...
...

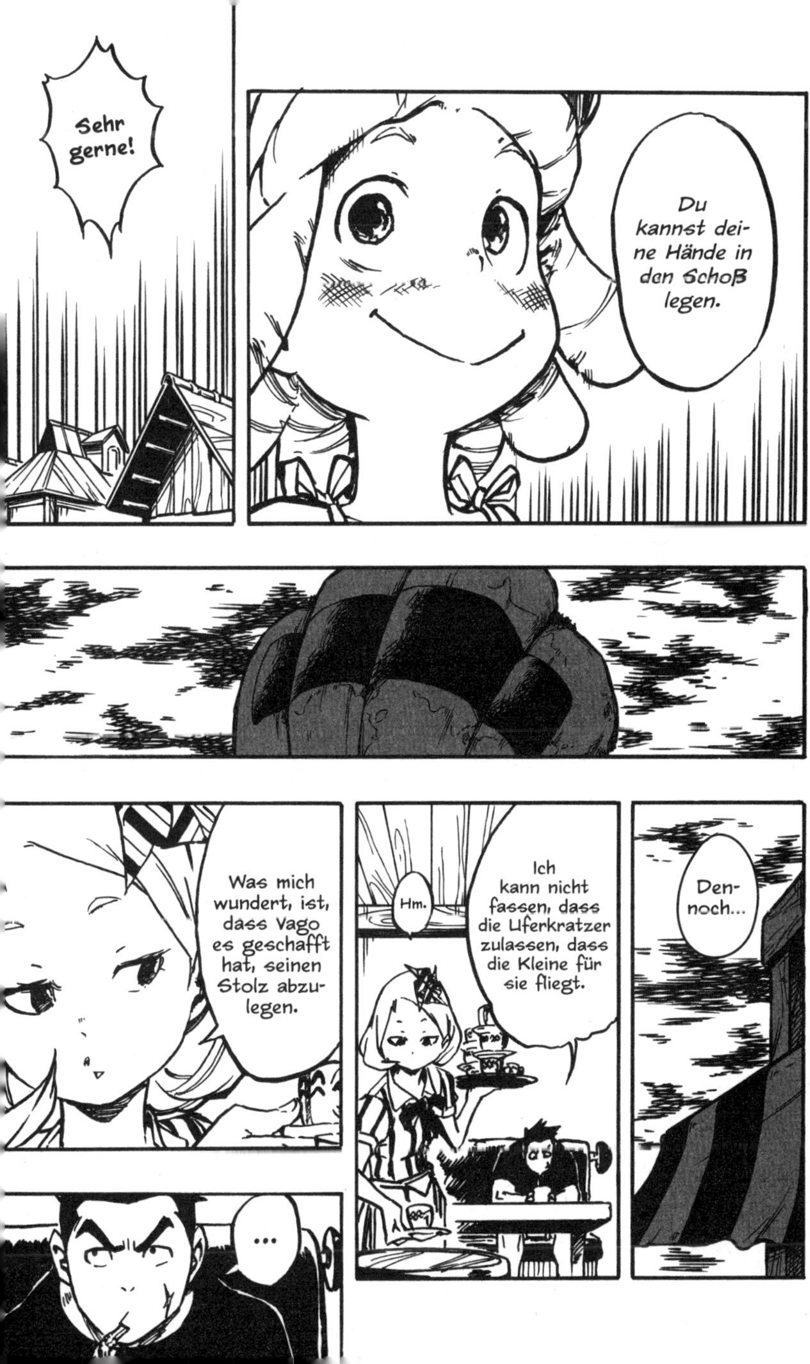
Du kannst deine Hände in den Schoß legen.
Sehr gerne!
Den-noch...
Ich kann nicht fassen, dass die Uferkratzer zulassen, dass die Kleine für sie fliegt.
Hm.
Was mich wundert, ist, dass Vago es geschafft hat, seinen Stolz abzulegen.
...

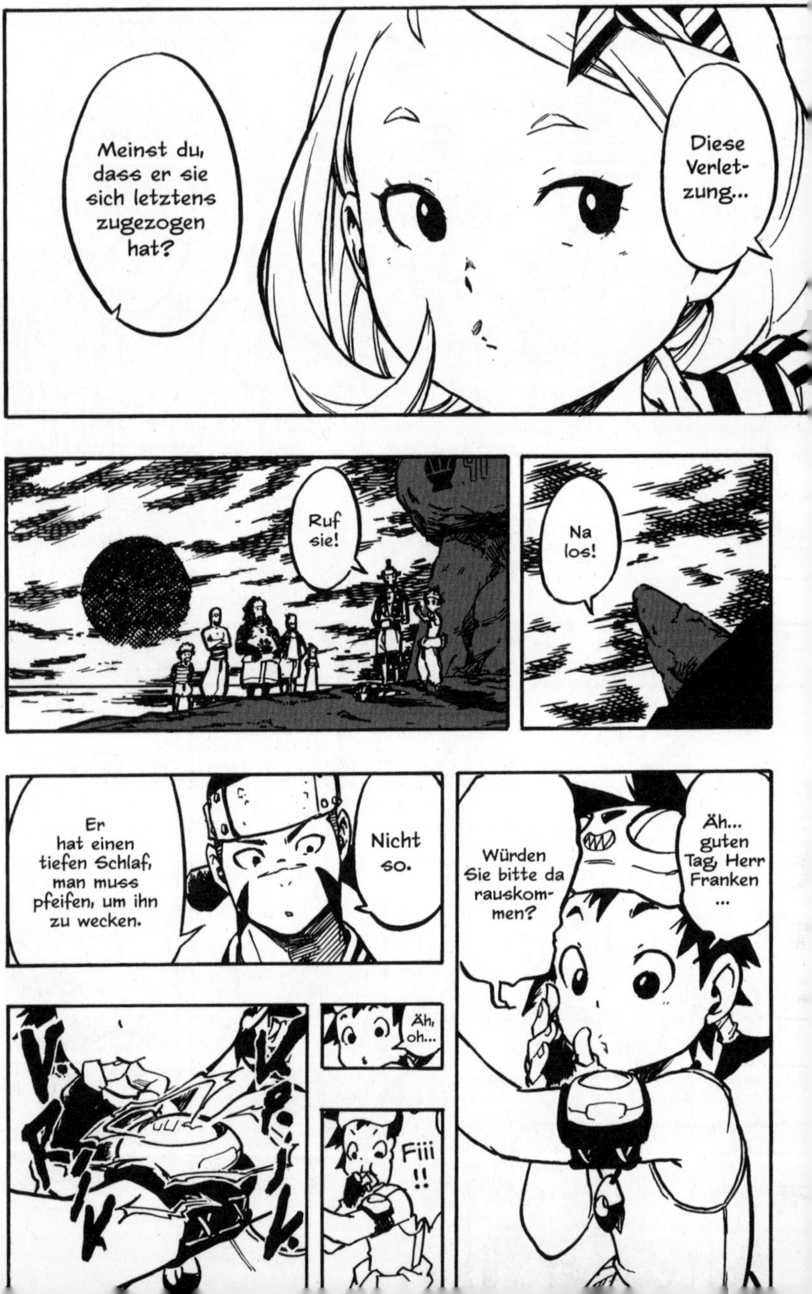
Diese Verlet-zung...
Meinst du, dass er sie sich letztens zugezogen hat?
Na los!
Ruf sie!
Äh... guten Tag, Herr Franken ...
Würden Sie bitte da rauskommen?
Nicht so.
Er hat einen tiefen Schlaf, man muss pfeifen, um ihn zu wecken.
Äh, oh...
Fiii !!

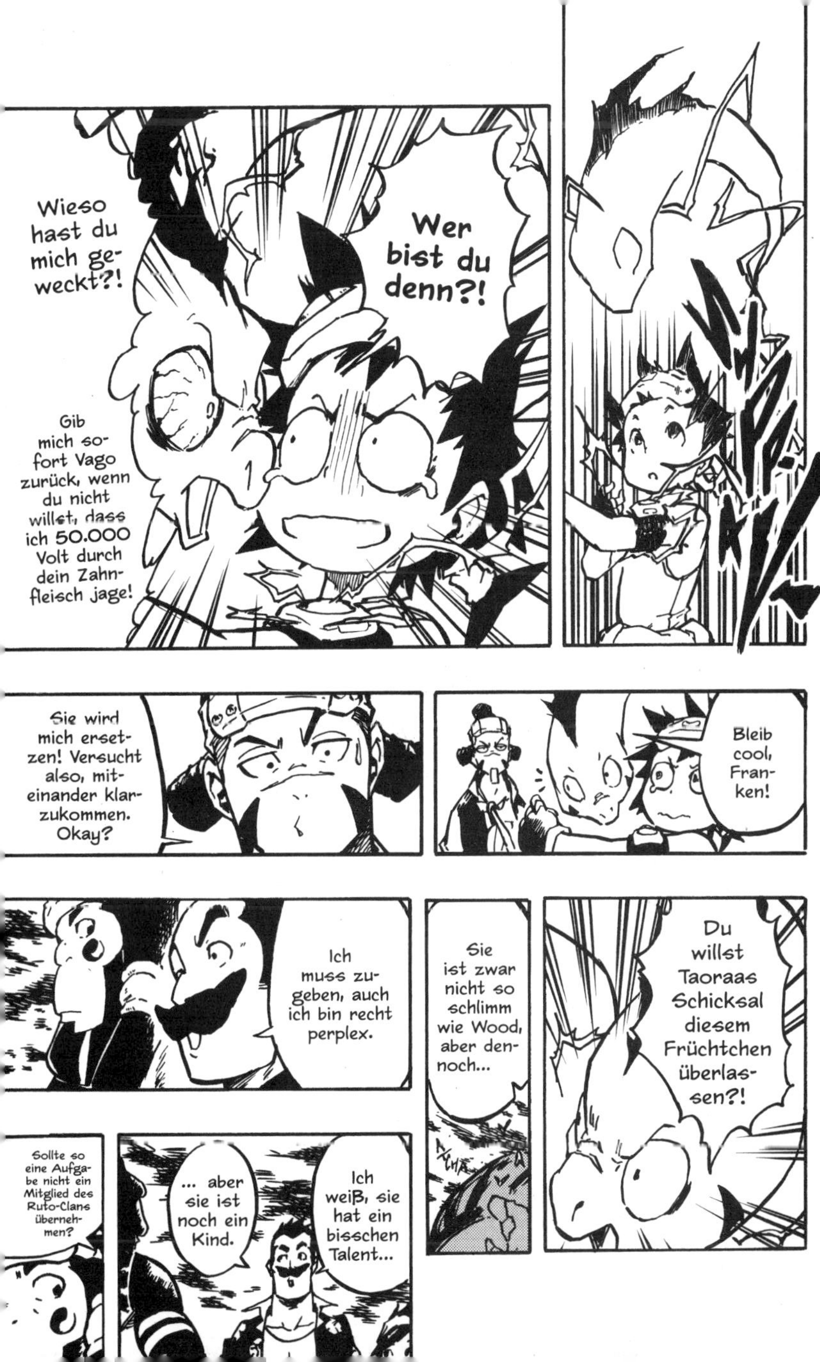
Wer bist du denn?!
Wieso hast du mich geweckt?!
Gib mich sofort Vago zurück, wenn du nicht willst, dass ich 50.000 Volt durch dein Zahnfleisch jage!
Bleib cool, Franken!
Sie wird mich ersetzen! Versucht also, miteinander klarzukommen. Okay?
Du willst Taoraas Schicksal diesem Früchtchen überlassen?!
Sie ist zwar nicht so schlimm wie Wood, aber dennoch...
Ich muss zugeben, auch ich bin recht perplex.
Ich weiß, sie hat ein bisschen Talent...
... aber sie ist noch ein Kind.
Sollte so eine Aufgabe nicht ein Mitglied des Ruto-Clans übernehmen?

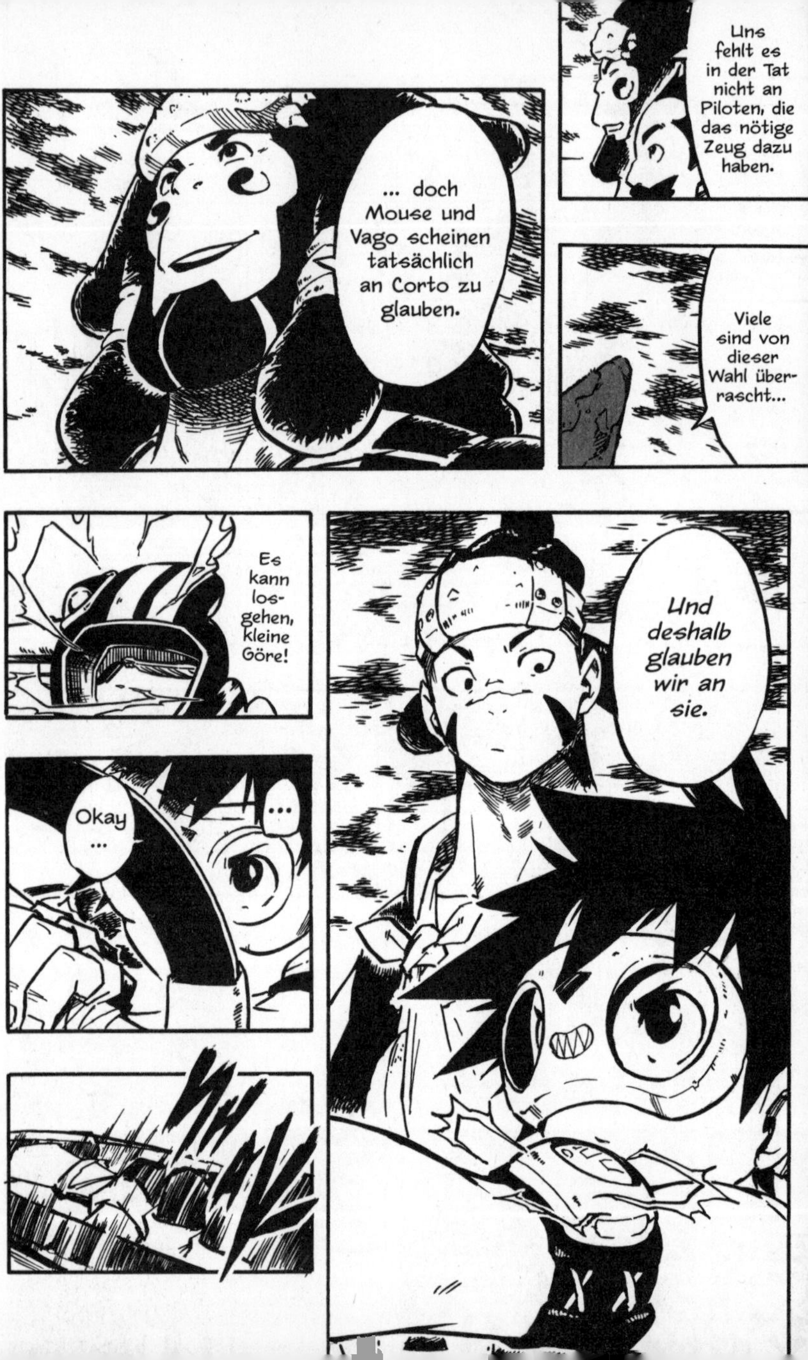
Uns fehlt es in der Tat nicht an Piloten, die das nötige Zeug dazu haben.
Viele sind von dieser Wahl überrascht...
... doch Mouse und Vago scheinen tatsächlich an Corto zu glauben.
Und deshalb glauben wir an sie.
Es kann losgehen, kleine Göre!
...
Okay ...

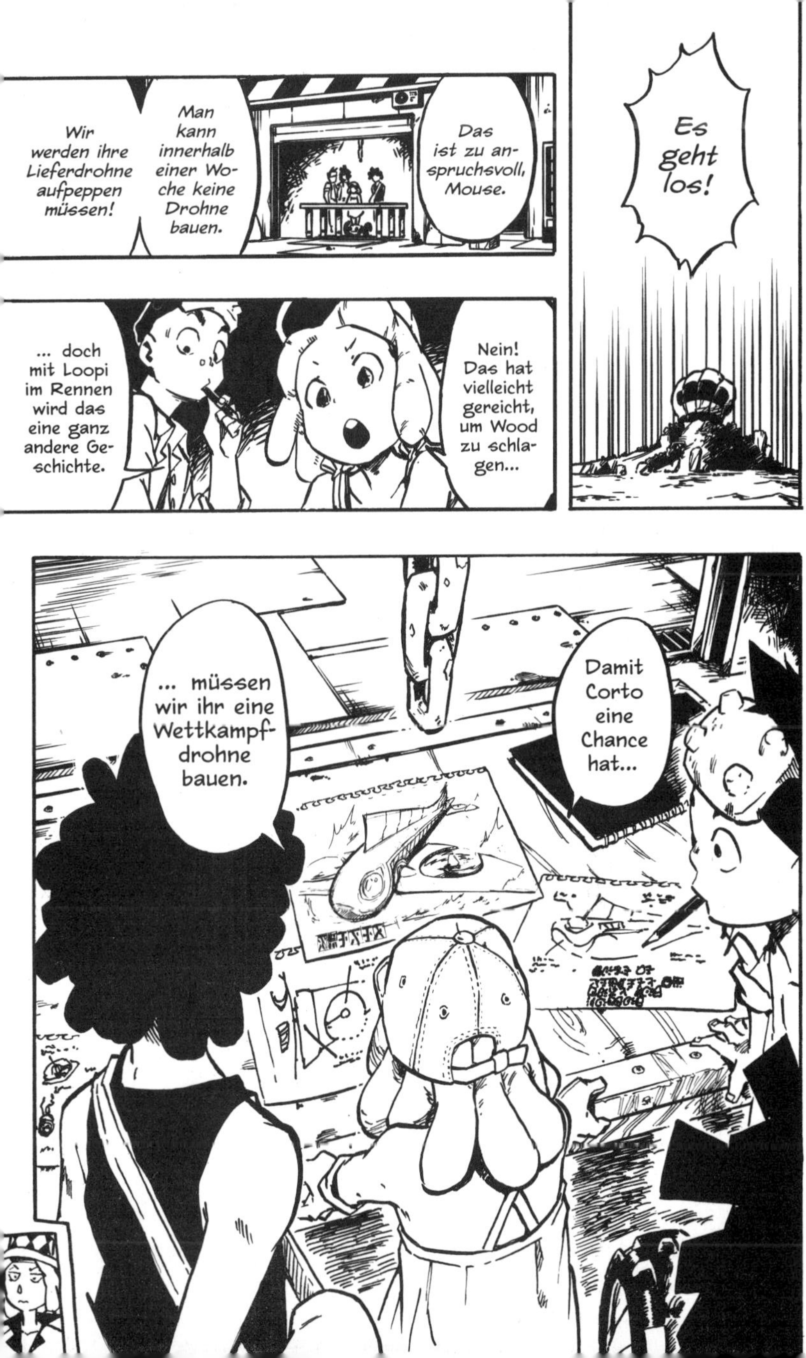
Es geht los!
Das ist zu anspruchsvoll, Mouse.
Man kann innerhalb einer Woche keine Drohne bauen.
Wir werden ihre Lieferdrohne aufpeppen müssen!
Nein! Das hat vielleicht gereicht, um Wood zu schlagen...
... doch mit Loopi im Rennen wird das eine ganz andere Geschichte.
Damit Corto eine Chance hat...
... müssen wir ihr eine Wettkampfdrohne bauen.

DRONERS
CORTOS ELTERN

SPEZIAL-STECKBRIEF

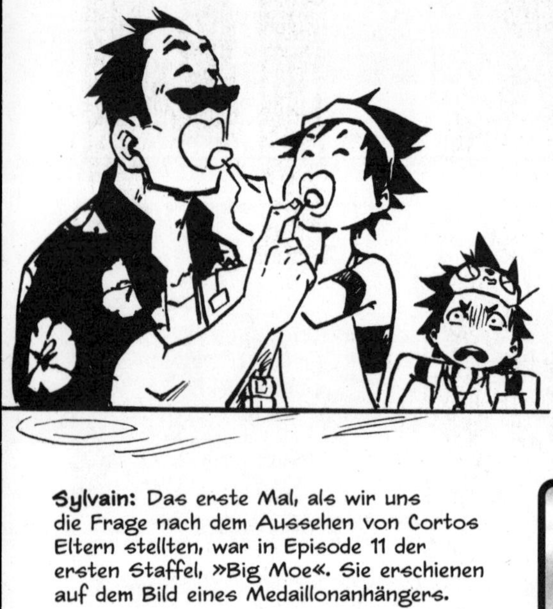

Emilia: 37 Jahre
Gato: 49 Jahre

Vorlieben:
ihre Tochter,
Nuï,
Buzzbowl

Abneigungen:
Lügengeschichten, wenn Corto die Lieferdrohne schrottet.

Emilia und Gato haben sich auf der Nuï-Tour des berühmten Buzzbowl-Teams »Kokosnusskrabben« kennengelernt.
Gato war großer Fan der Mannschaft und Emilia die Kapitänin ebendieses Teams. Als er sich schüchtern näherte, um sie um ein Autogramm zu bitten, war es Liebe auf den ersten Blick.

Sylvain: Das erste Mal, als wir uns die Frage nach dem Aussehen von Cortos Eltern stellten, war in Episode 11 der ersten Staffel, »Big Moe«. Sie erschienen auf dem Bild eines Medaillonanhängers.

Zwar mussten wir uns schnell entscheiden, aber ich bin sehr zufrieden mit dem Ergebnis.

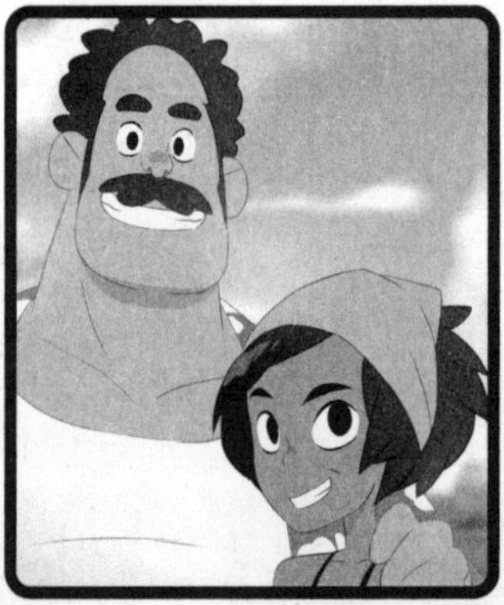

@BILL_OTOMO

Kapitel 14

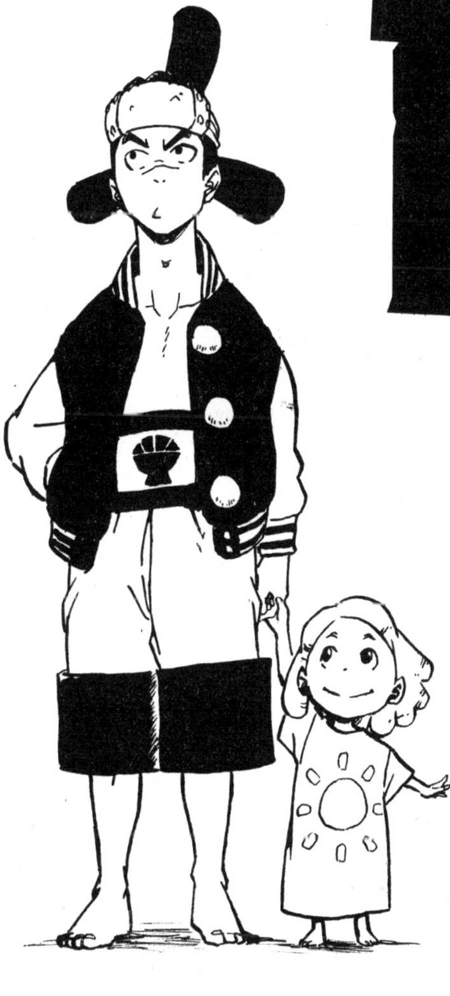

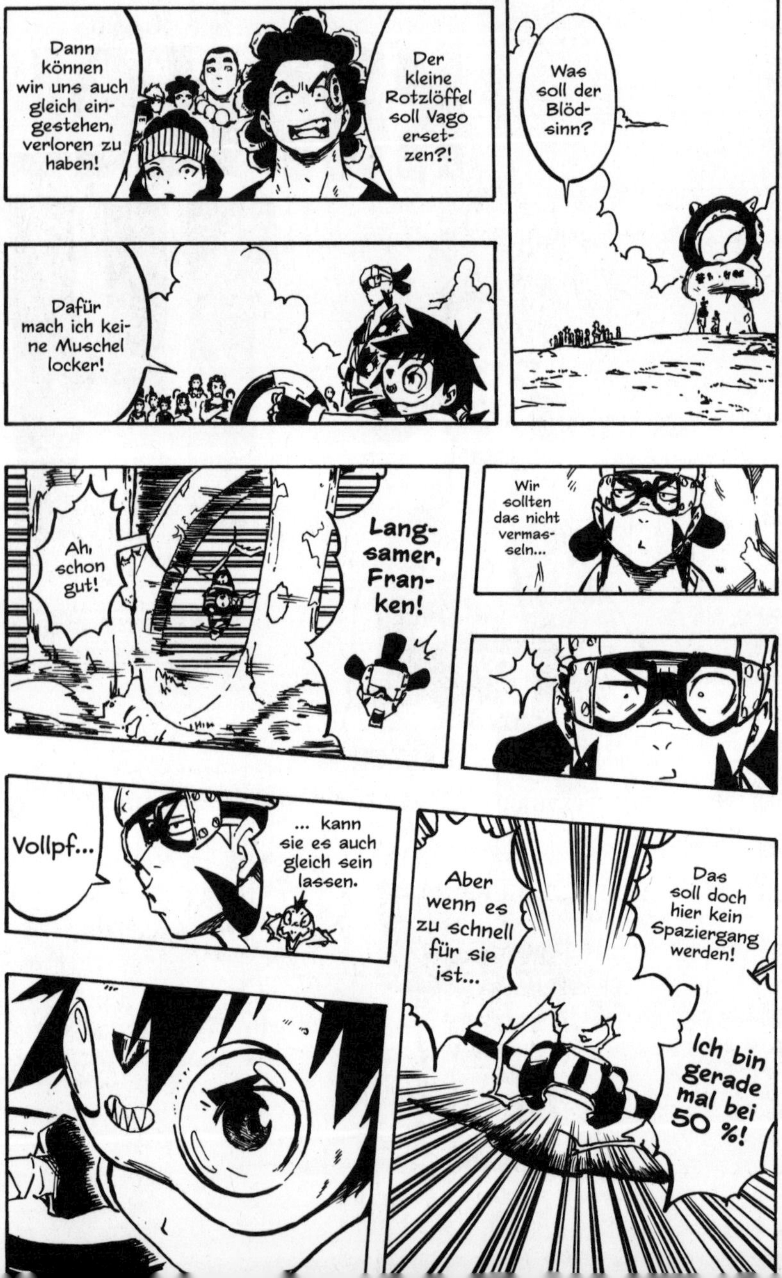
Was soll der Blödsinn?
Der kleine Rotzlöffel soll Vago ersetzen?!
Dann können wir uns auch gleich eingestehen, verloren zu haben!
Dafür mach ich keine Muschel locker!
Wir sollten das nicht vermasseln...
Langsamer, Franken!
Ah, schon gut!
Das soll doch hier kein Spaziergang werden!
Aber wenn es zu schnell für sie ist...
... kann sie es auch gleich sein lassen.
Vollpf...
Ich bin gerade mal bei 50 %!

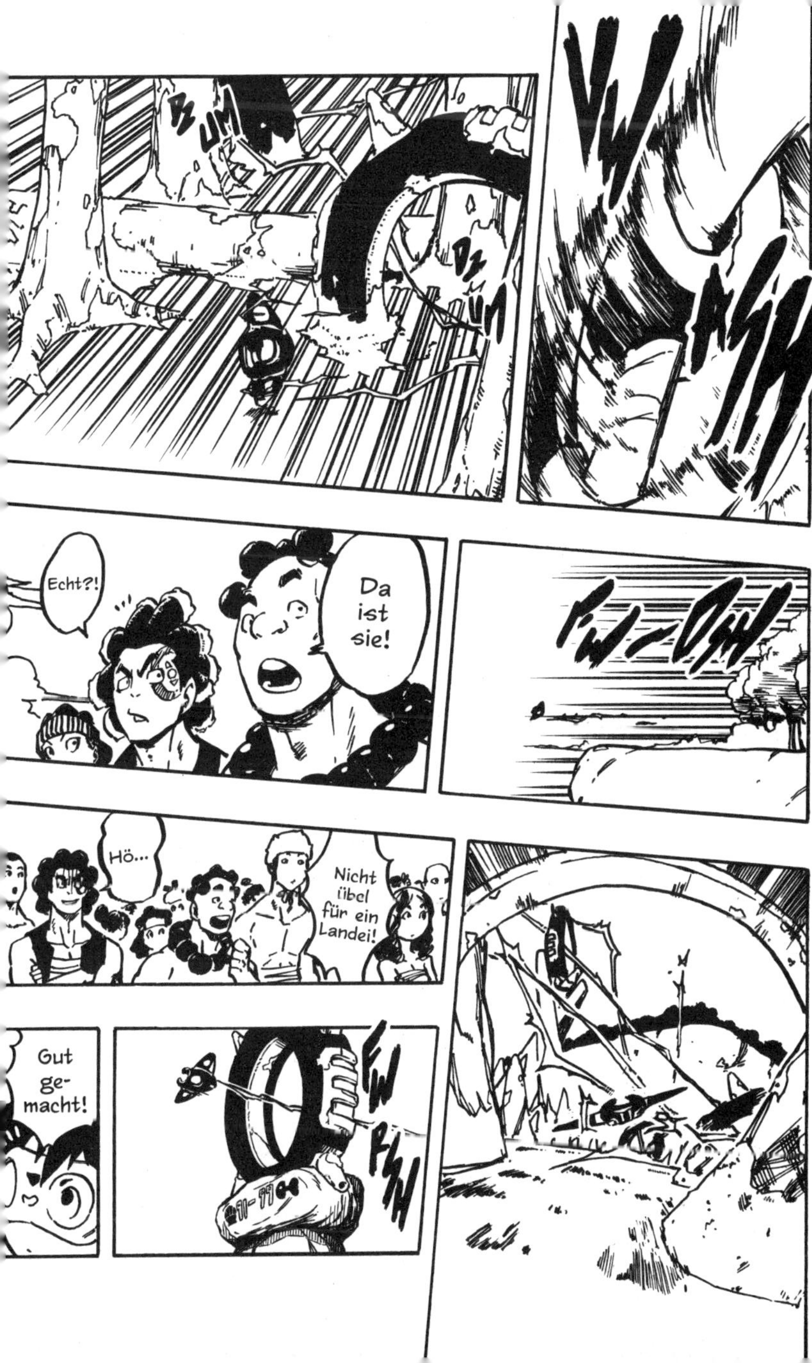
BUM
Da ist sie!
Echt?!
Nicht übel für ein Landei!
Hö...
Gut gemacht!

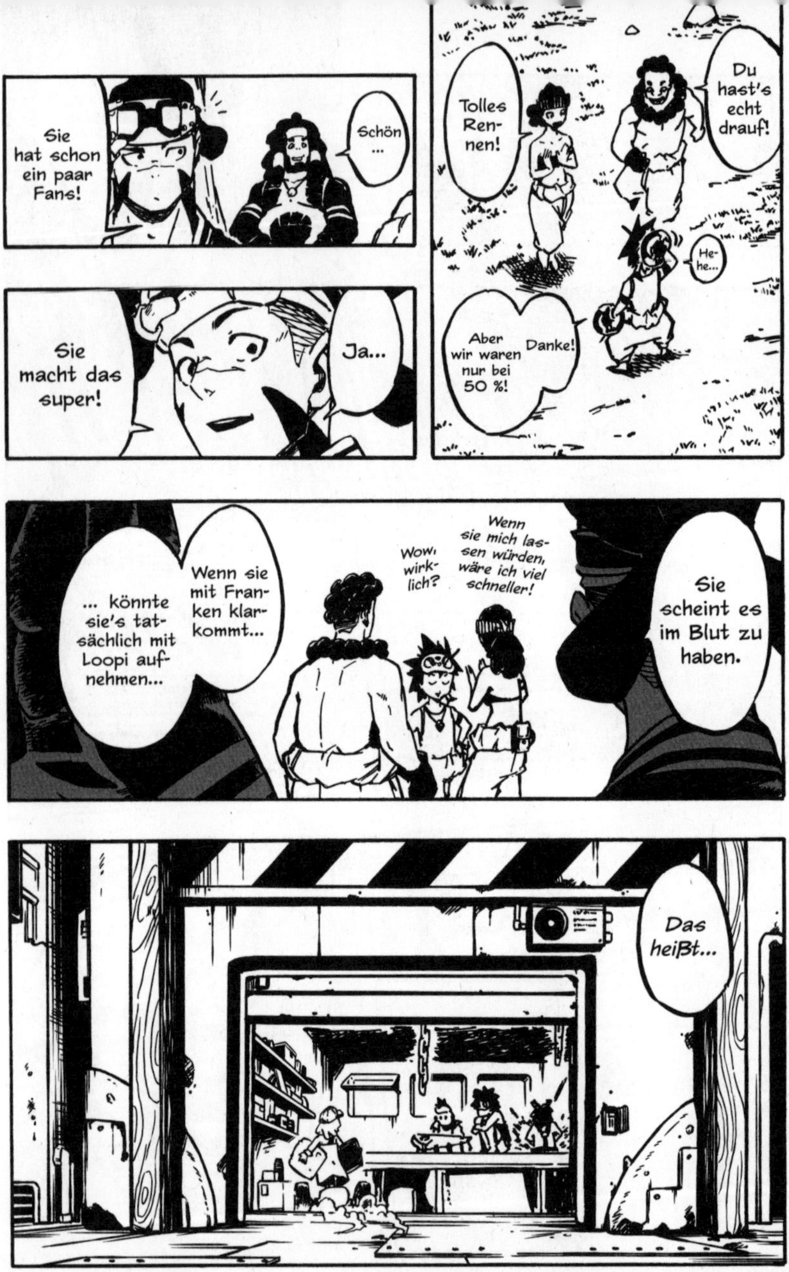
Du hast's echt drauf!
Tolles Rennen!
He-he...
Danke!
Aber wir waren nur bei 50 %!
Schön ...
Sie hat schon ein paar Fans!
Ja...
Sie macht das super!
Sie scheint es im Blut zu haben.
Wenn sie mich lassen würden, wäre ich viel schneller!
Wow, wirklich?
Wenn sie mit Franken klarkommt...
... könnte sie's tatsächlich mit Loopi aufnehmen...
Das heißt...

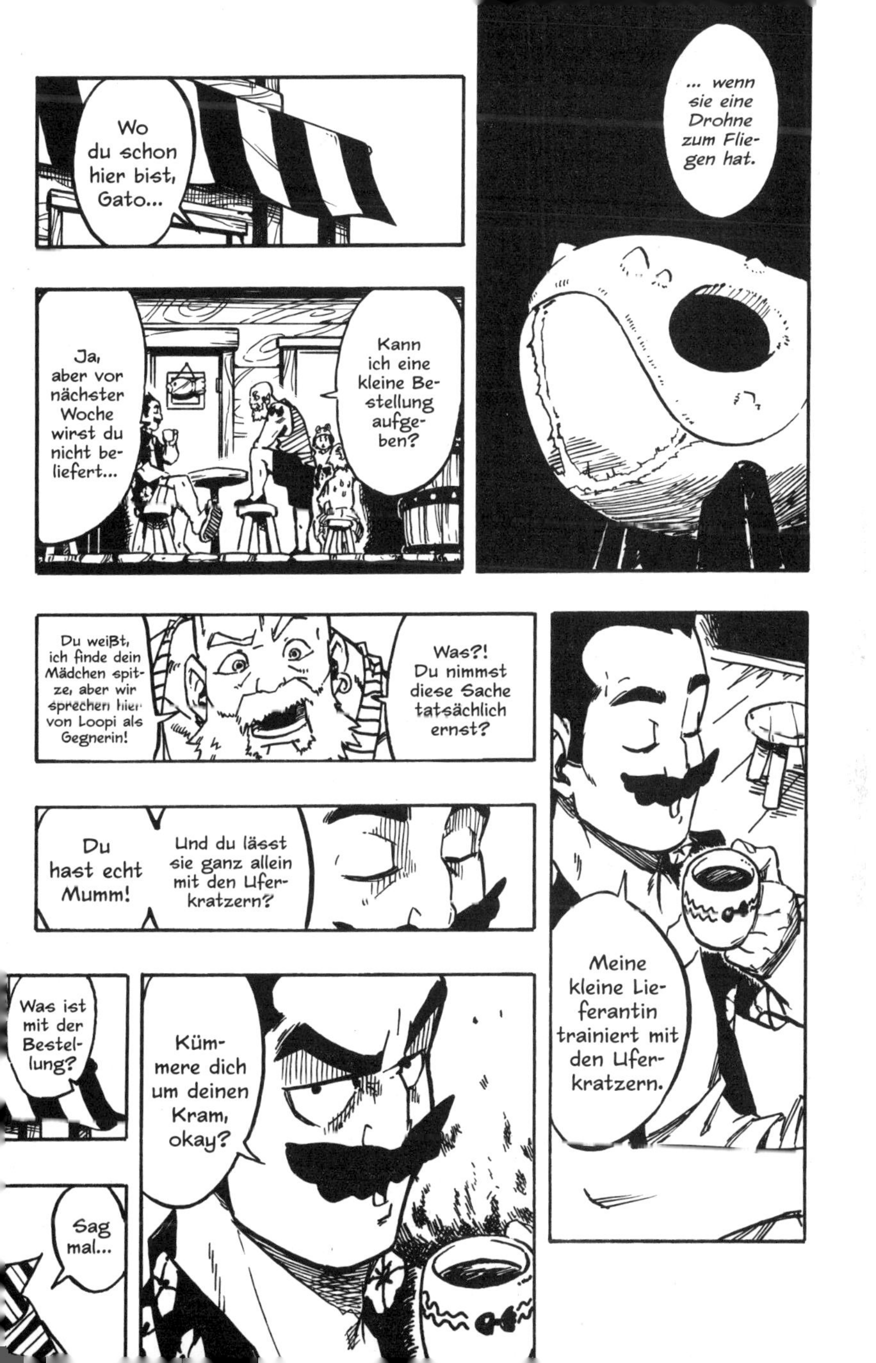
Wo du schon hier bist, Gato...
Kann ich eine kleine Bestellung aufgeben?
Ja, aber vor nächster Woche wirst du nicht beliefert...
... wenn sie eine Drohne zum Fliegen hat.
Was?! Du nimmst diese Sache tatsächlich ernst?
Du weißt, ich finde dein Mädchen spitze, aber wir sprechen hier von Loopi als Gegnerin!
Meine kleine Lieferantin trainiert mit den Uferkratzern.
Und du lässt sie ganz allein mit den Uferkratzern?
Du hast echt Mumm!
Kümmere dich um deinen Kram, okay?
Was ist mit der Bestellung?
Sag mal...

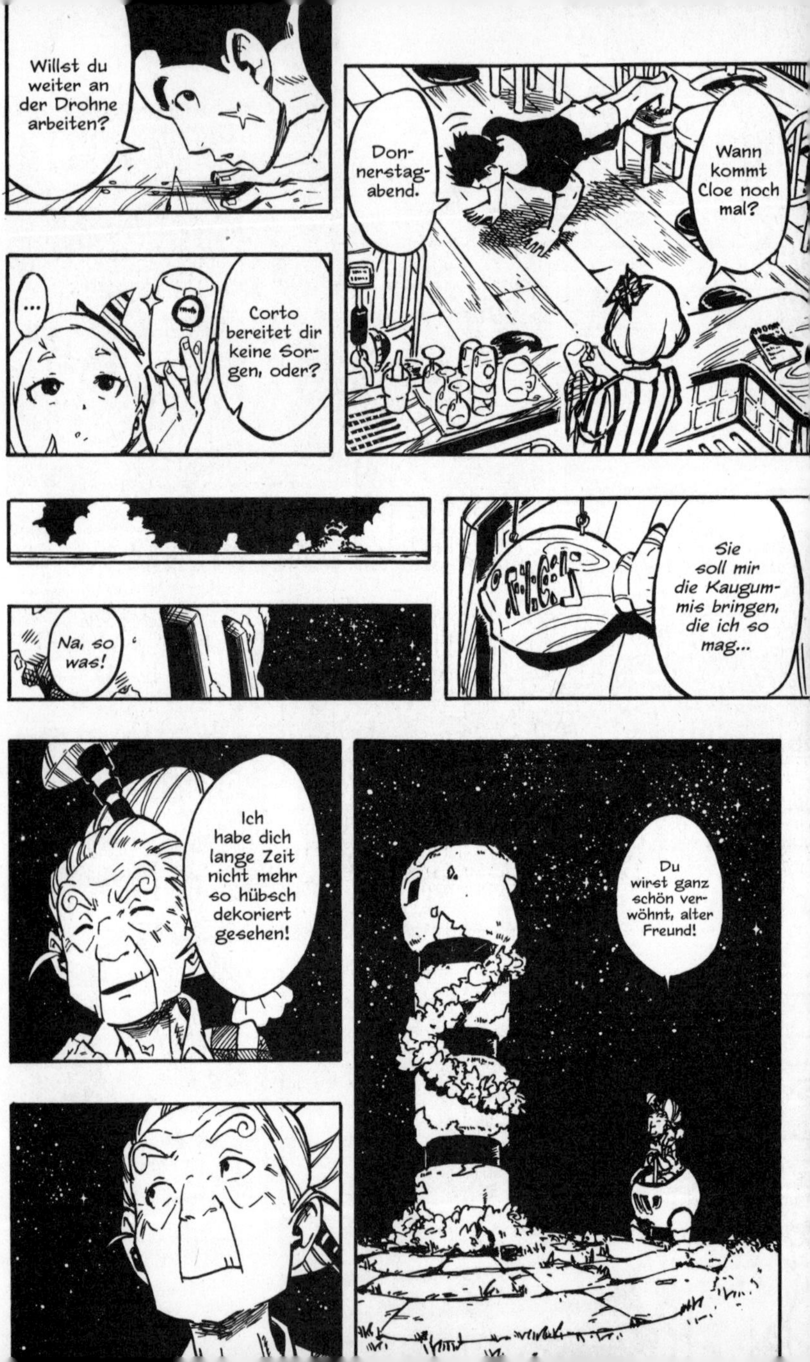
Wann kommt Cloe noch mal?
Donnerstagabend.
Willst du weiter an der Drohne arbeiten?
...
Corto bereitet dir keine Sorgen, oder?
Sie soll mir die Kaugummis bringen, die ich so mag...
Na, so was!
Du wirst ganz schön verwöhnt, alter Freund!
Ich habe dich lange Zeit nicht mehr so hübsch dekoriert gesehen!

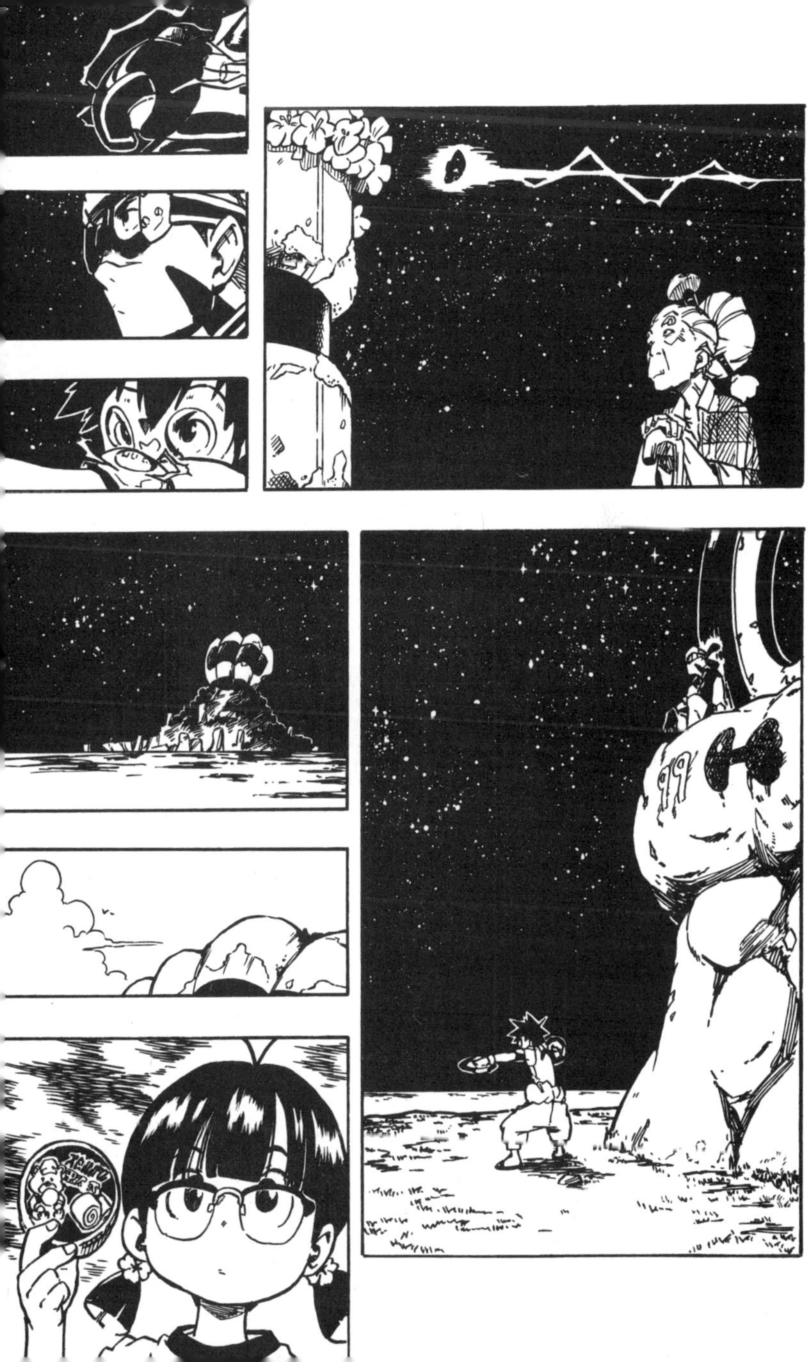

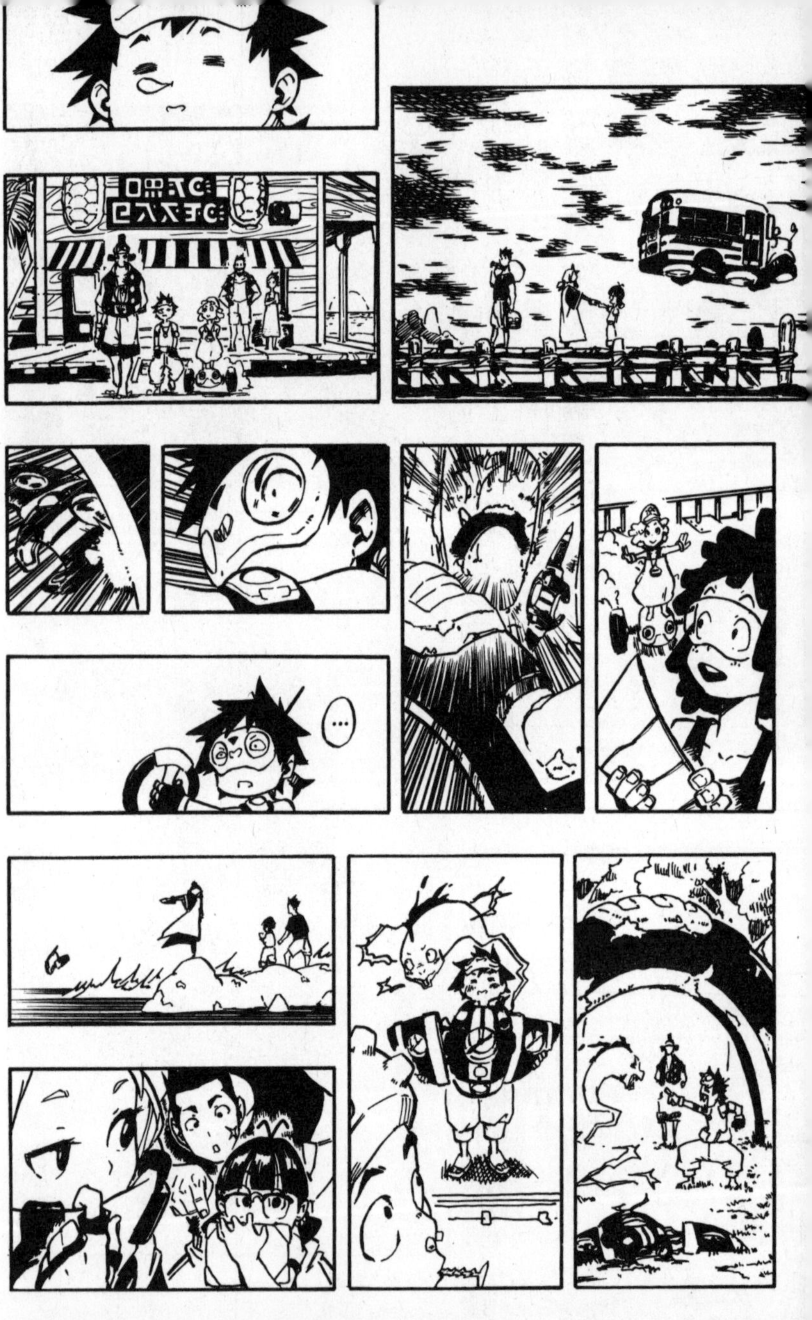

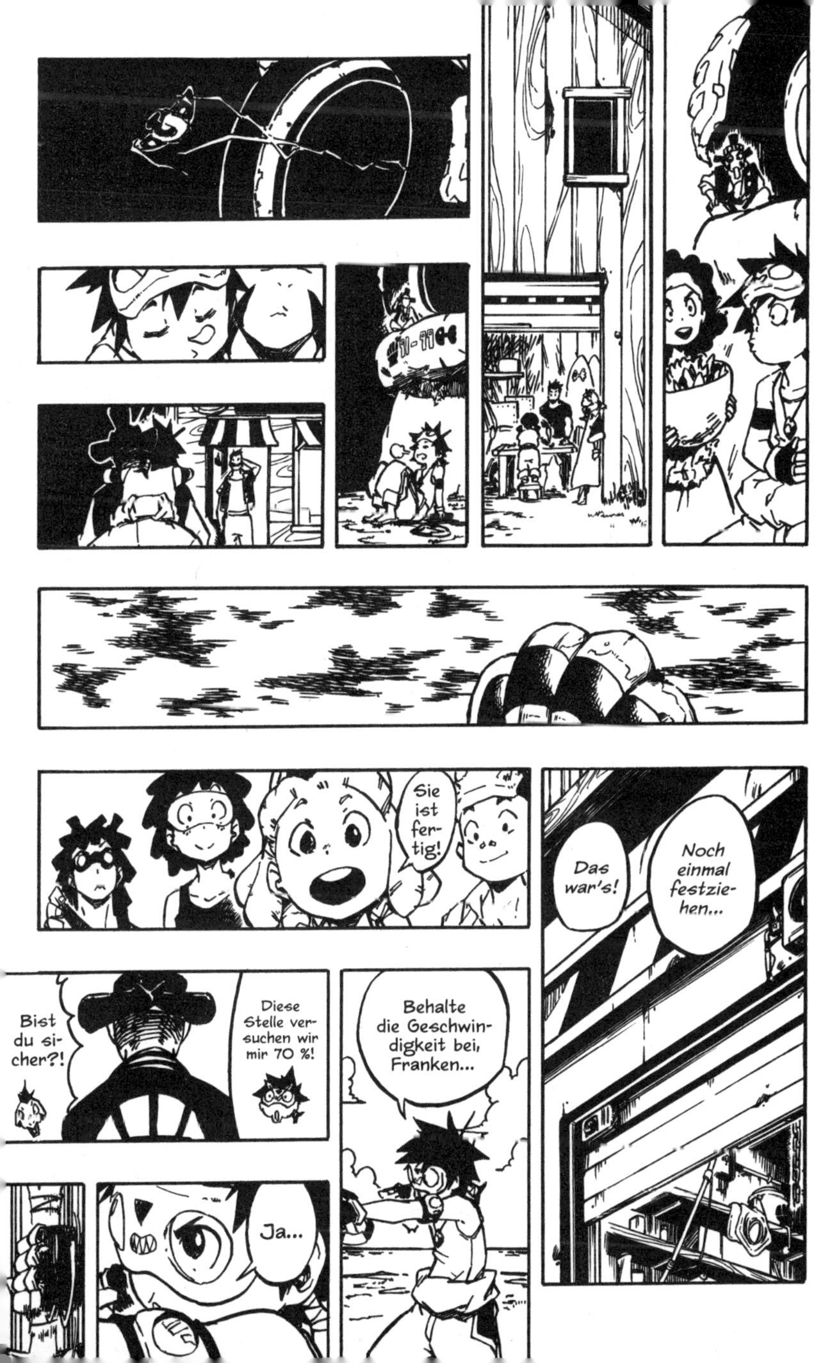
Noch einmal festziehen...
Das war's!
Sie ist fertig!
Behalte die Geschwindigkeit bei, Franken...
Diese Stelle versuchen wir mir 70 %!
Bist du sicher?!
Ja...

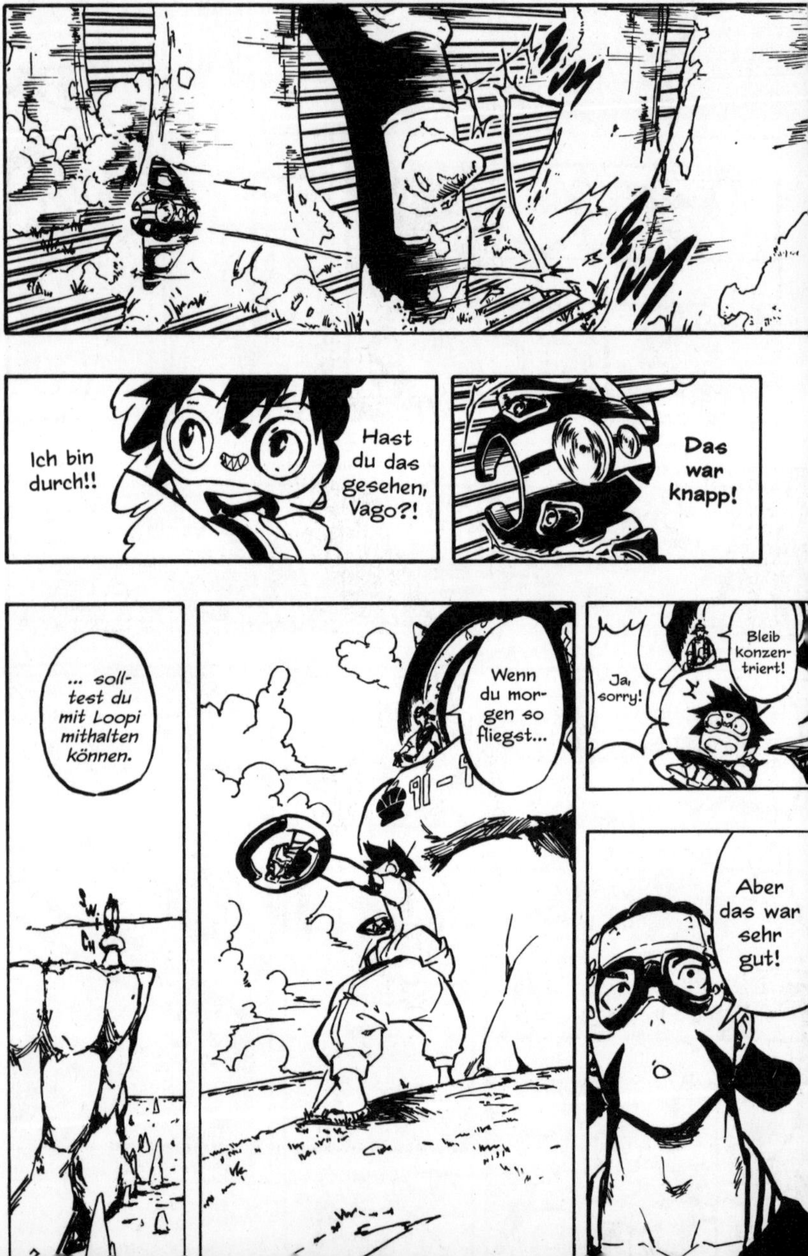
Hast du das gesehen, Vago?!
Ich bin durch!!
Das war knapp!
Bleib konzentriert!
Ja, sorry!
Wenn du morgen so fliegst...
... solltest du mit Loopi mithalten können.
Aber das war sehr gut!

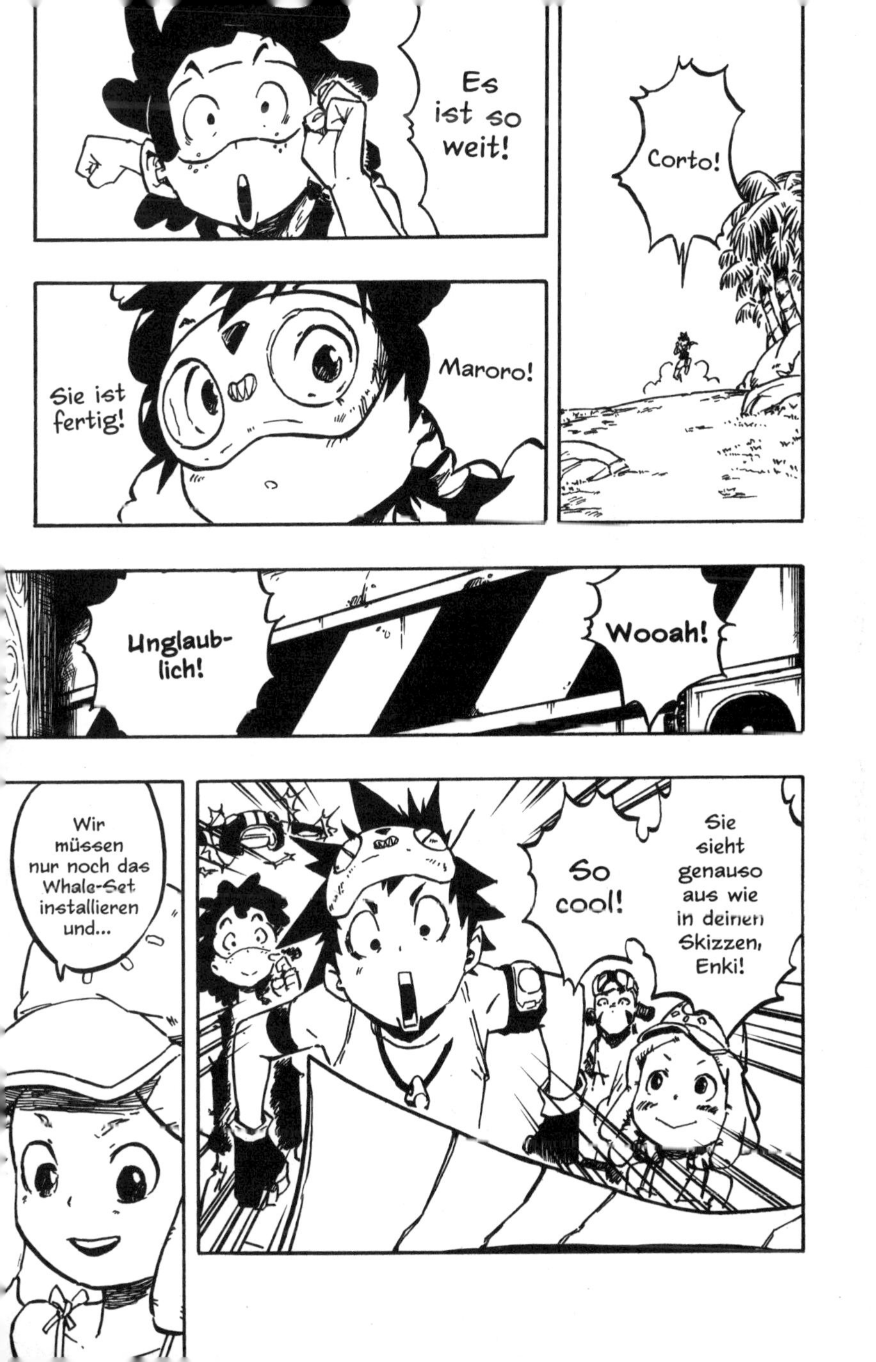
Corto!
Es ist so weit!
Maroro!
Sie ist fertig!
Wooah!
Unglaub-lich!
Sie sieht genauso aus wie in deinen Skizzen, Enki!
So cool!
Wir müssen nur noch das Whale-Set installieren und...

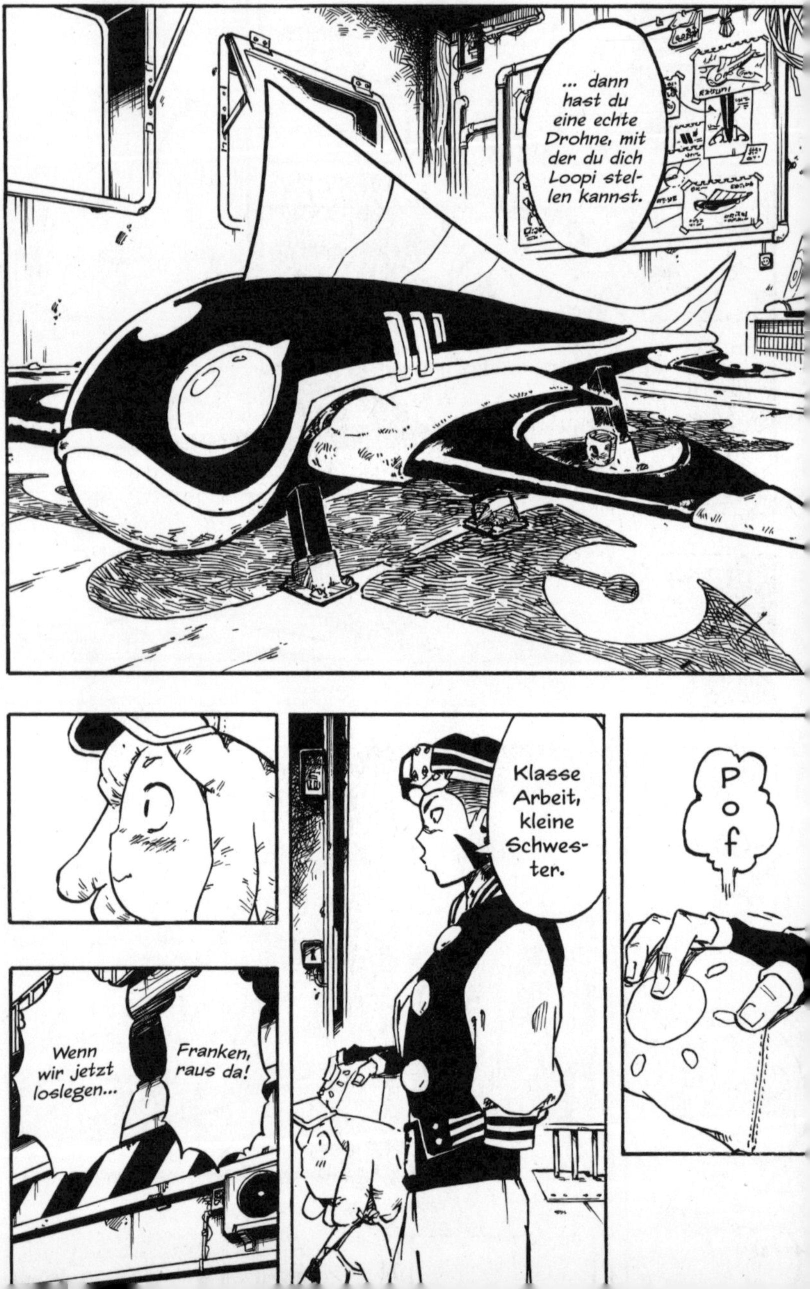
... dann hast du eine echte Drohne, mit der du dich Loopi stellen kannst.
Pof
Klasse Arbeit, kleine Schwester.
Franken, raus da!
Wenn wir jetzt loslegen...

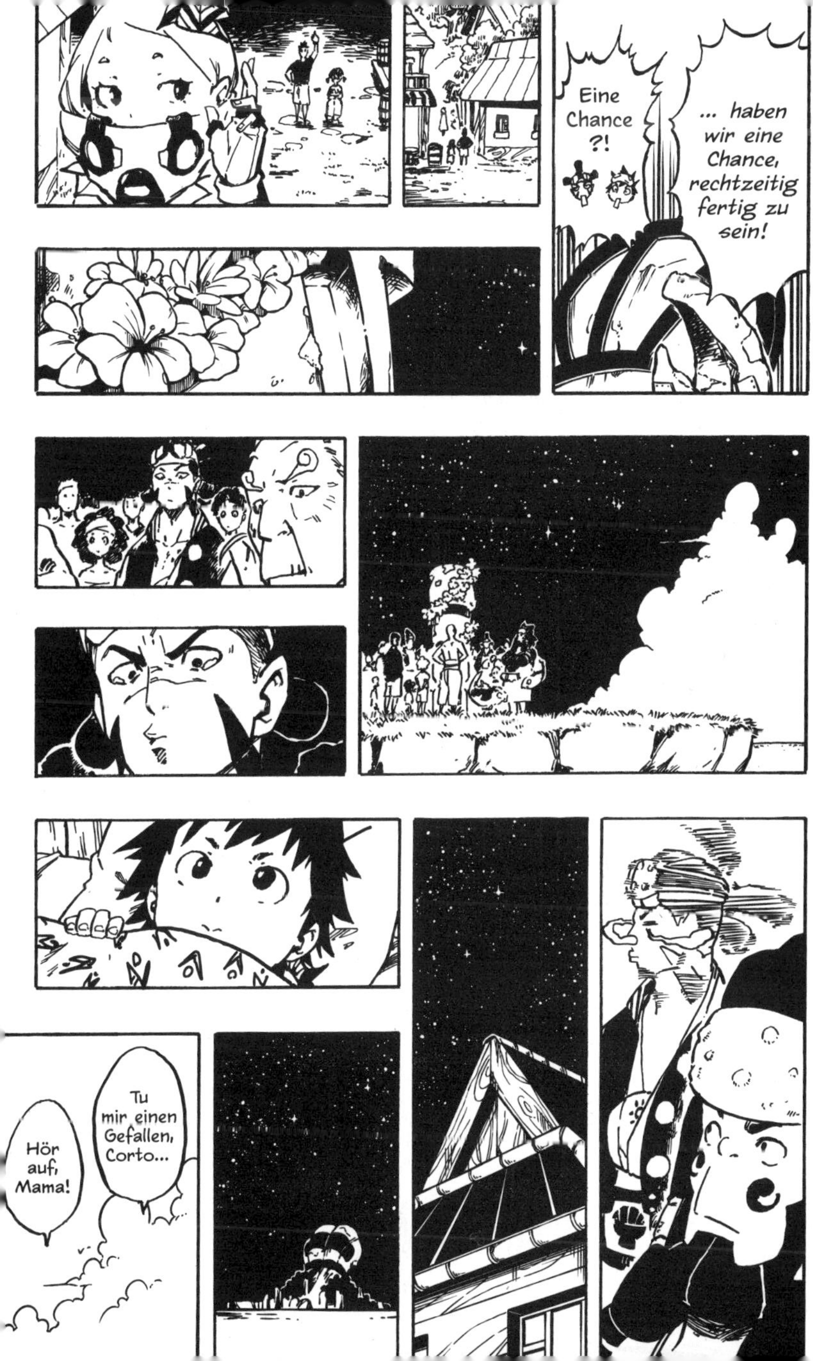
... haben wir eine Chance, rechtzeitig fertig zu sein!
Eine Chance ?!
Tu mir einen Gefallen, Corto...
Hör auf, Mama!

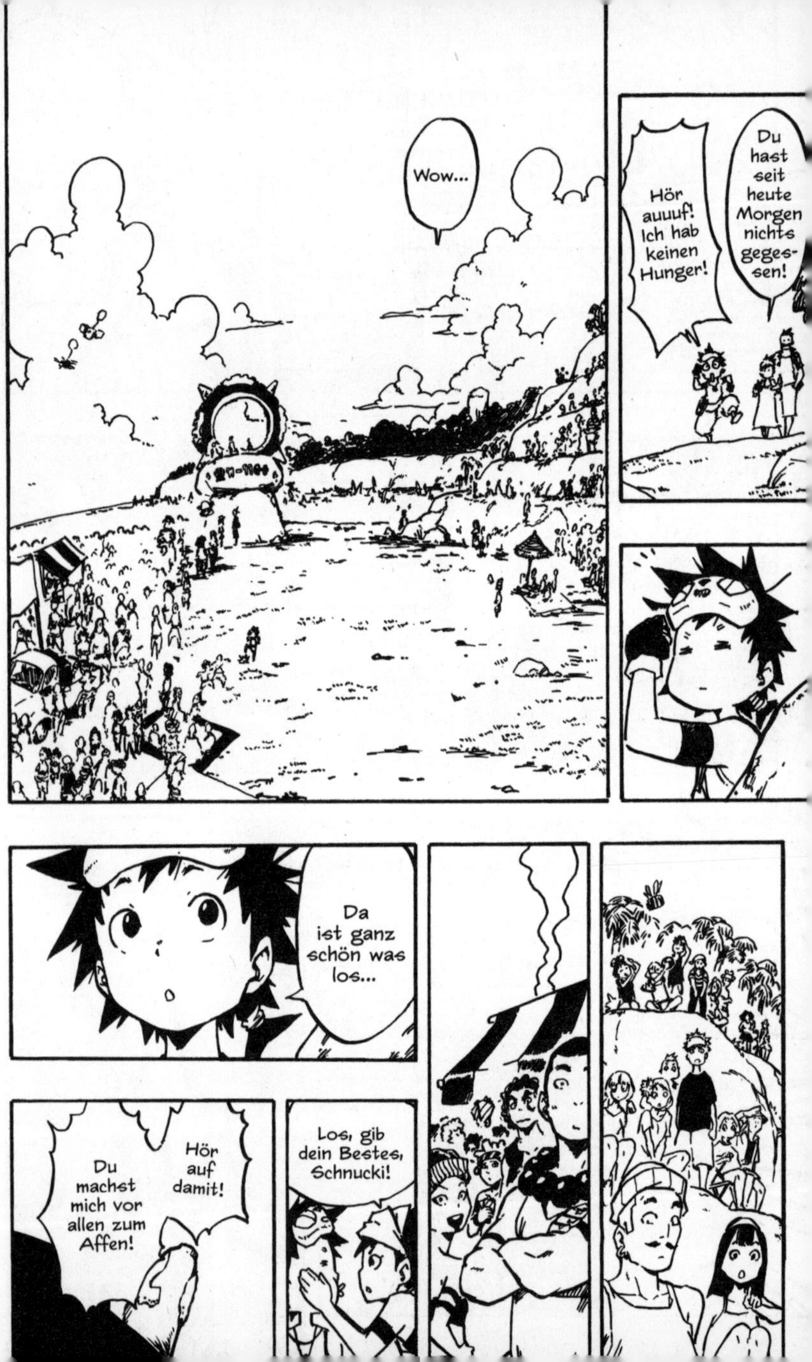
Du hast seit heute Morgen nichts gegessen!
Hör auuuf! Ich hab keinen Hunger!
Wow...
Da ist ganz schön was los...
Los, gib dein Bestes, Schnucki!
Hör auf damit!
Du machst mich vor allen zum Affen!

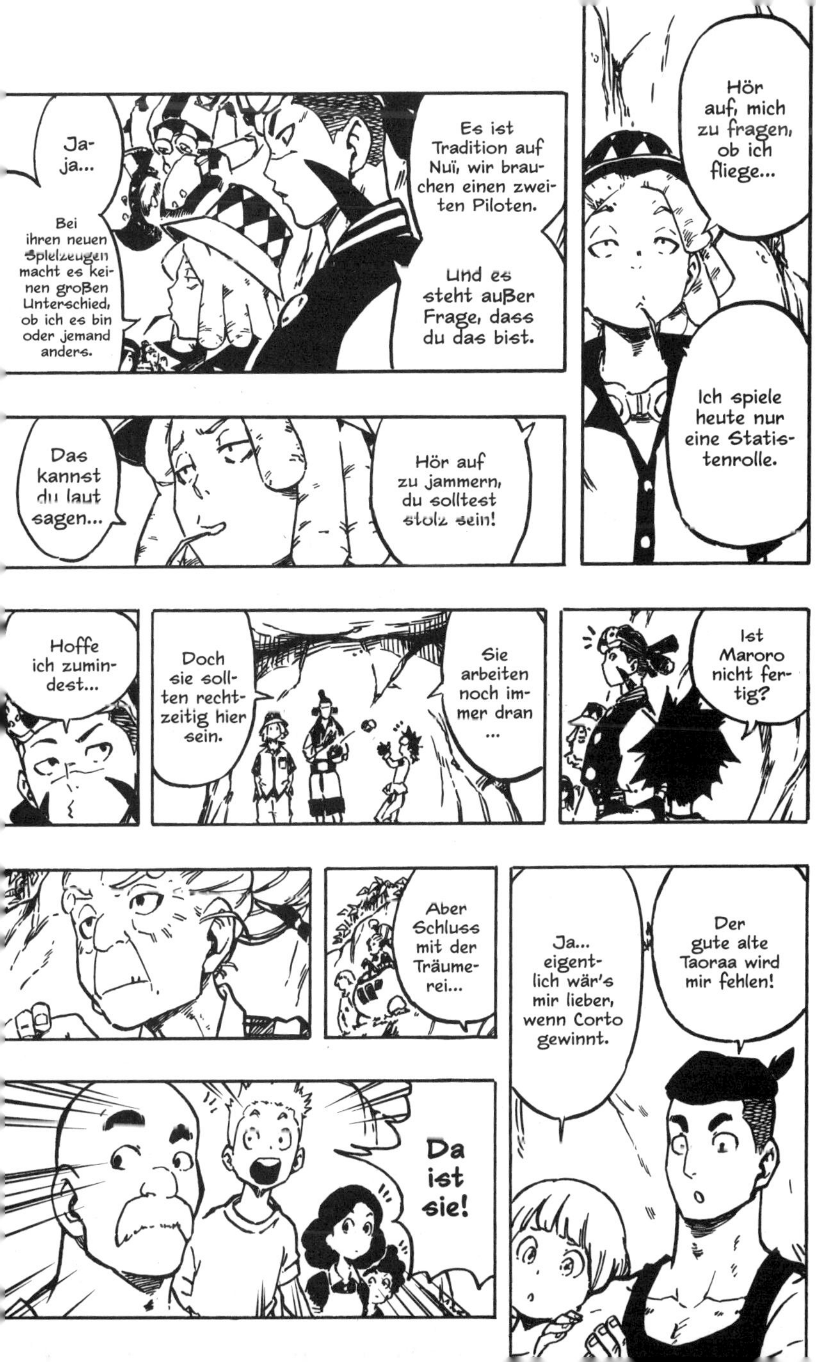

Hör auf, mich zu fragen, ob ich fliege...
Ich spiele heute nur eine Statistenrolle.
Es ist Tradition auf Nuï, wir brauchen einen zweiten Piloten.
Und es steht außer Frage, dass du das bist.
Ja-ja...
Bei ihren neuen Spielzeugen macht es keinen großen Unterschied, ob ich es bin oder jemand anders.
Hör auf zu jammern, du solltest stolz sein!
Das kannst du laut sagen...
Ist Maroro nicht fertig?
Sie arbeiten noch immer dran ...
Doch sie sollten rechtzeitig hier sein.
Hoffe ich zumindest...
Der gute alte Taoraa wird mir fehlen!
Ja... eigentlich wär's mir lieber, wenn Corto gewinnt.
Aber Schluss mit der Träumerei...
Da ist sie!

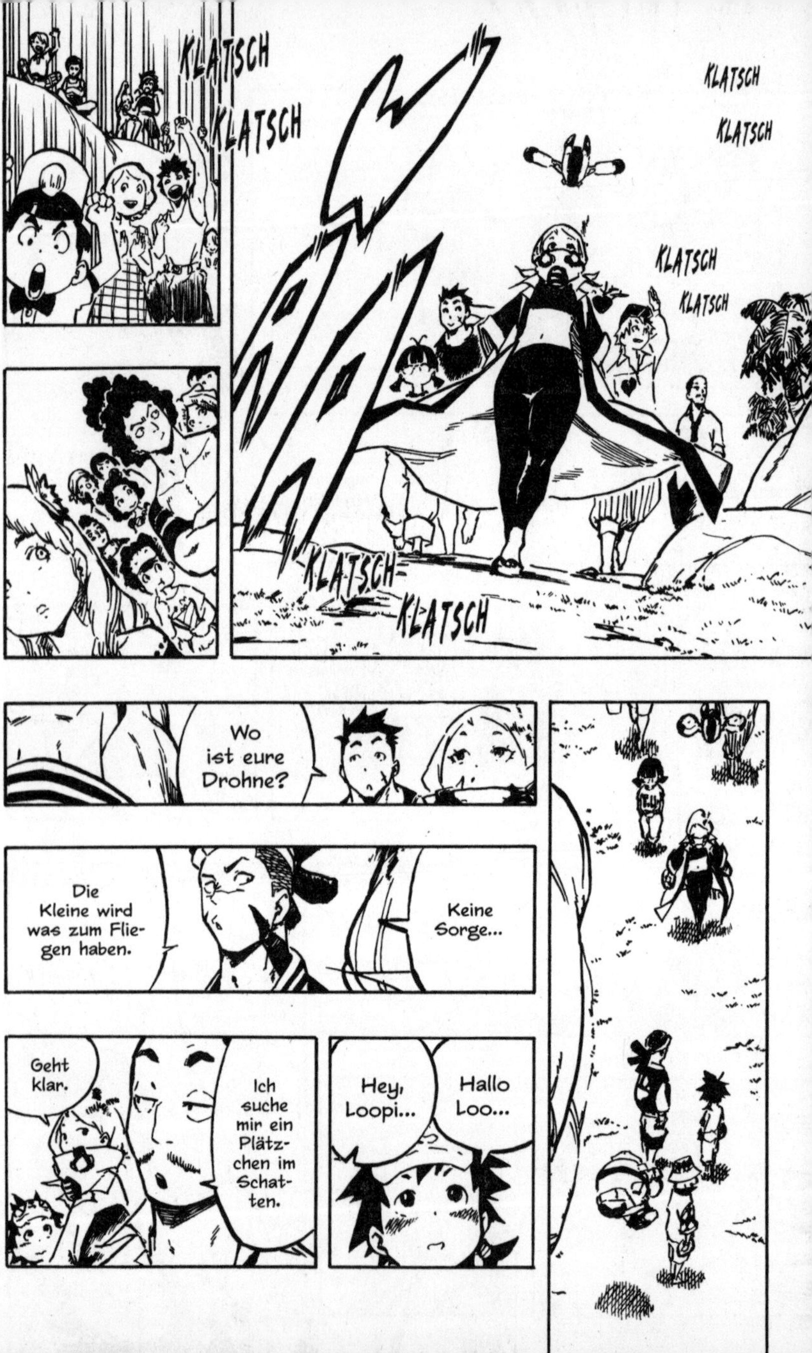
KLATSCH
KLATSCH
KLATSCH
KLATSCH
KLATSCH
KLATSCH
KLATSCH
KLATSCH
Wo ist eure Drohne?
Keine Sorge...
Die Kleine wird was zum Fliegen haben.
Hallo Loo...
Hey, Loopi...
Ich suche mir ein Plätzchen im Schatten.
Geht klar.

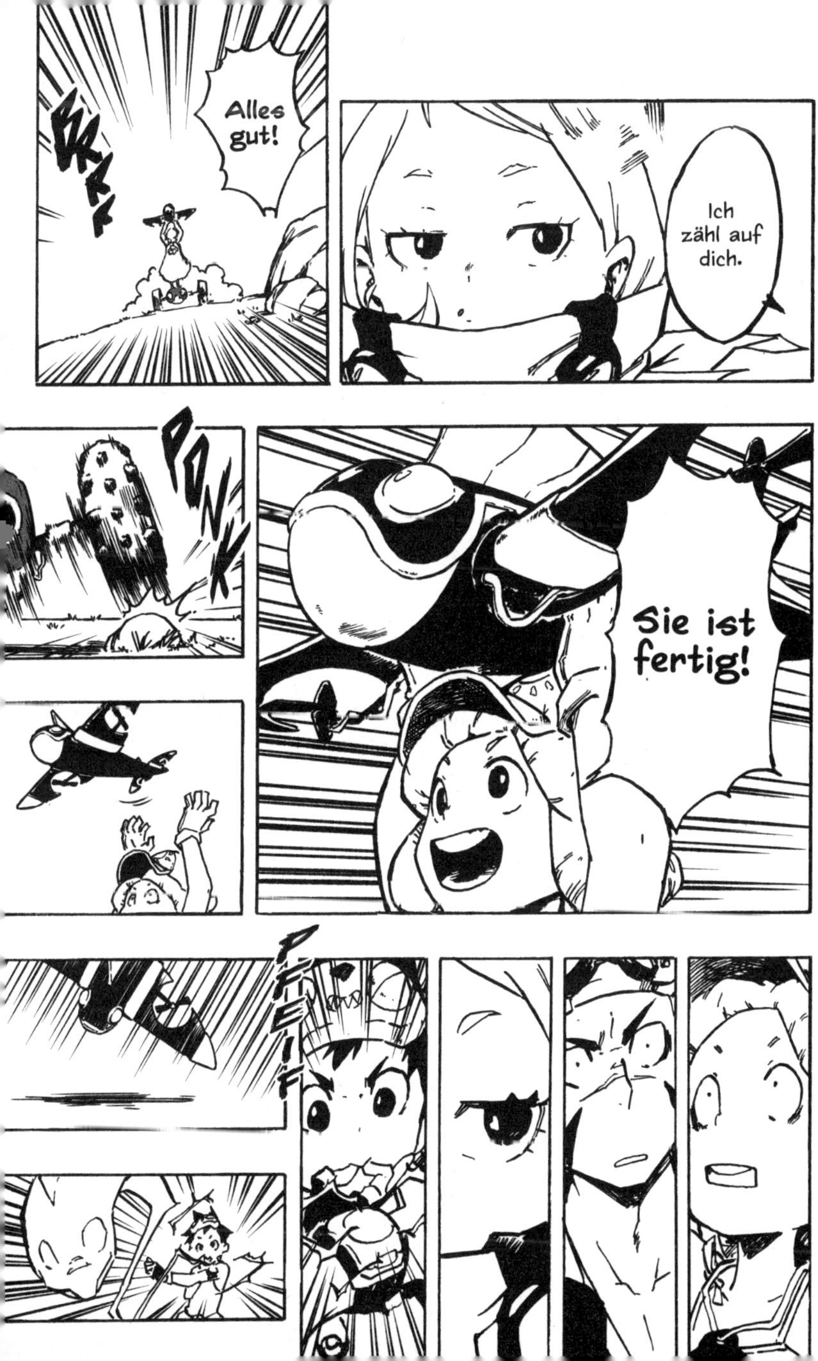
Ich zähl auf dich.
Alles gut!
PONK
Sie ist fertig!
PFEIF

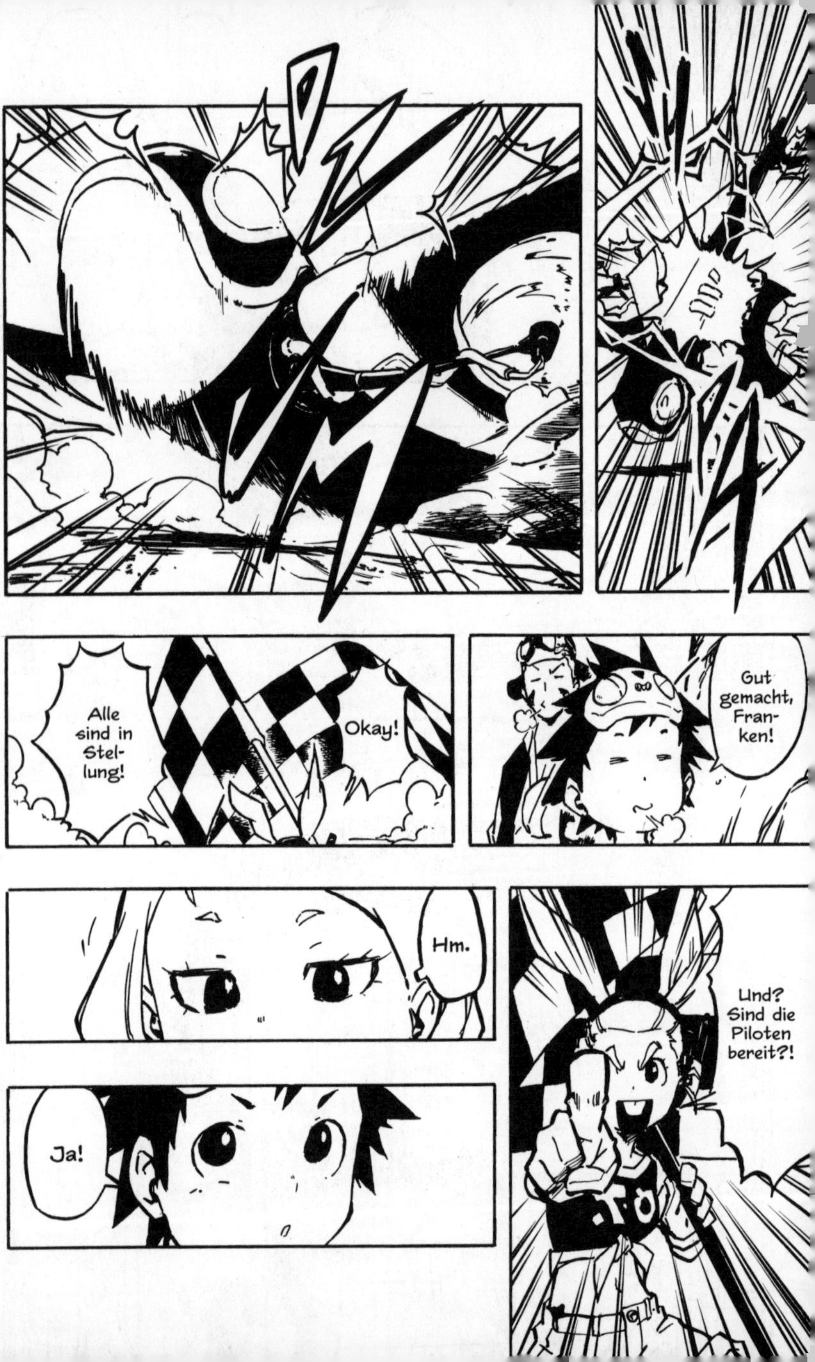

Gut gemacht, Franken!
Alle sind in Stellung!
Okay!
Und? Sind die Piloten bereit?!
Hm.
Ja!

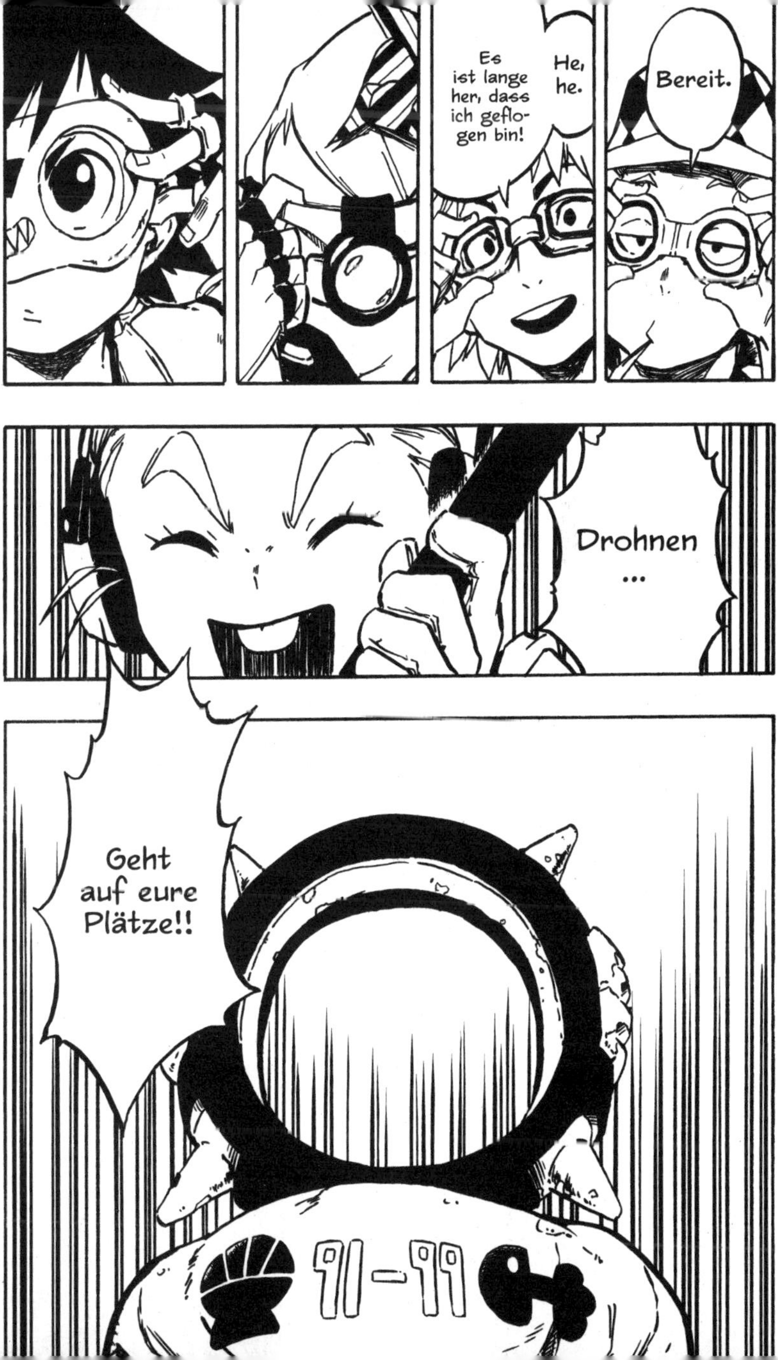
Bereit.
He, he.
Es ist lange her, dass ich geflogen bin!
Drohnen ...
Geht auf eure Plätze!!
91-99

DRONERS NEITHA

SPEZIAL-STECKBRIEF

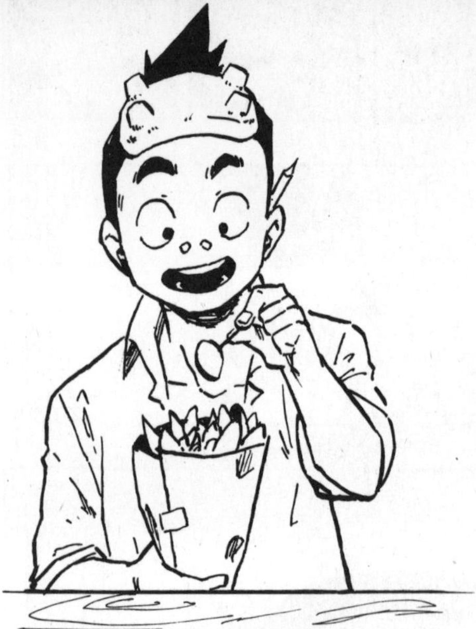

Alter: 20 Jahre

Vorlieben:
Pokerabende, alles,

was mit Technologie zu tun hat

Abneigungen:
Er hat Angst vor Hunden.
Er ist der Lehrling eines renommierten Ingenieurs des Ruto-Clans.

Nicolas: Er hat eine verborgene Seite. Allerdings nicht so verborgen, wie man jetzt meinen könnte.

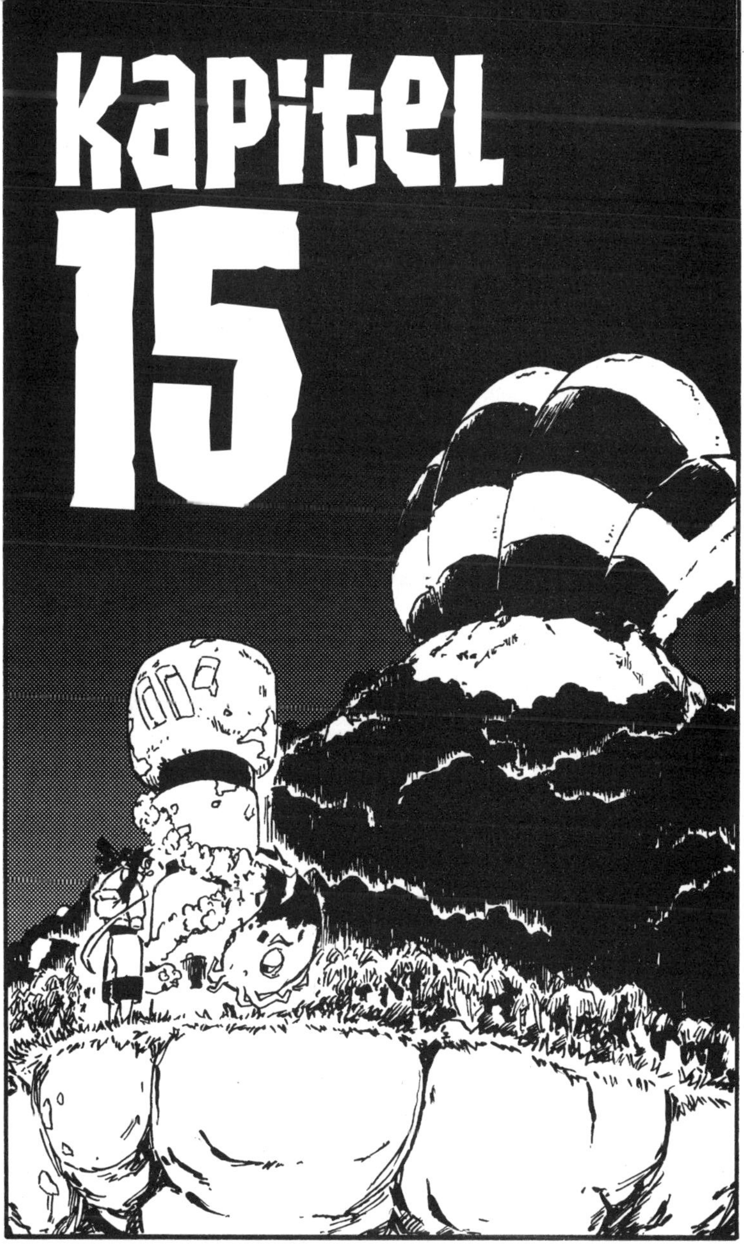
Kapitel
15

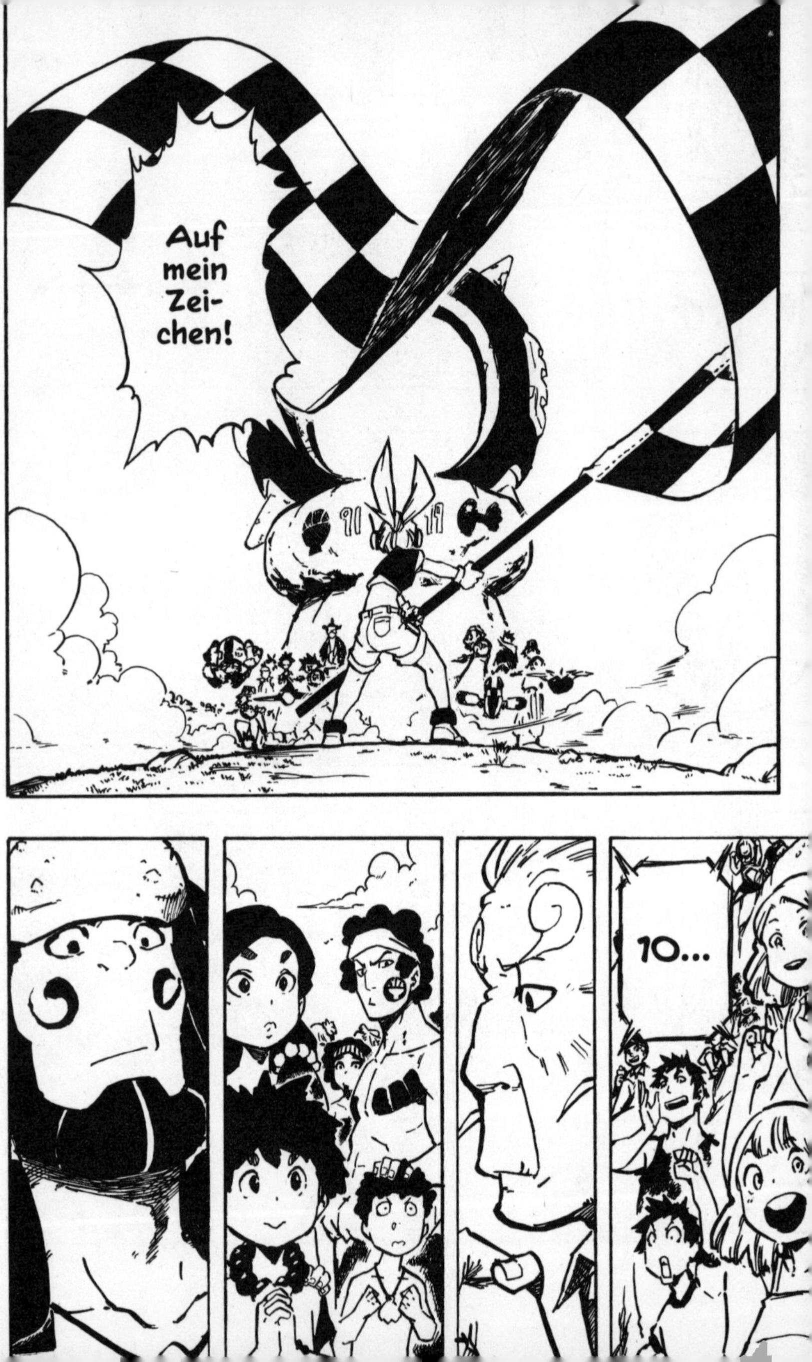
Auf mein Zei-chen!
10...

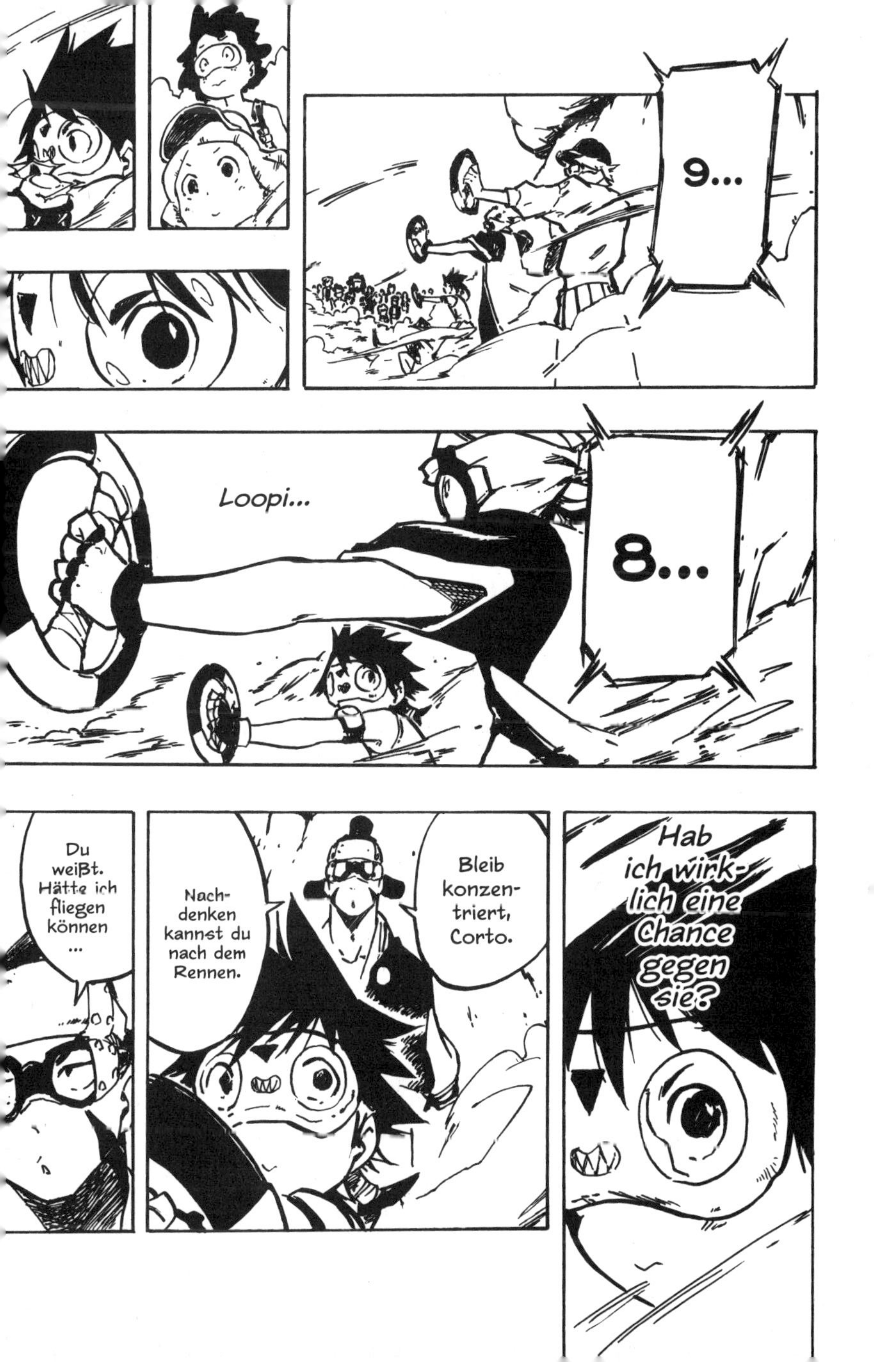
9...
Loopi...
8...
Hab ich wirklich eine Chance gegen sie?
Bleib konzentriert, Corto.
Nachdenken kannst du nach dem Rennen.
Du weißt. Hätte ich fliegen können ...

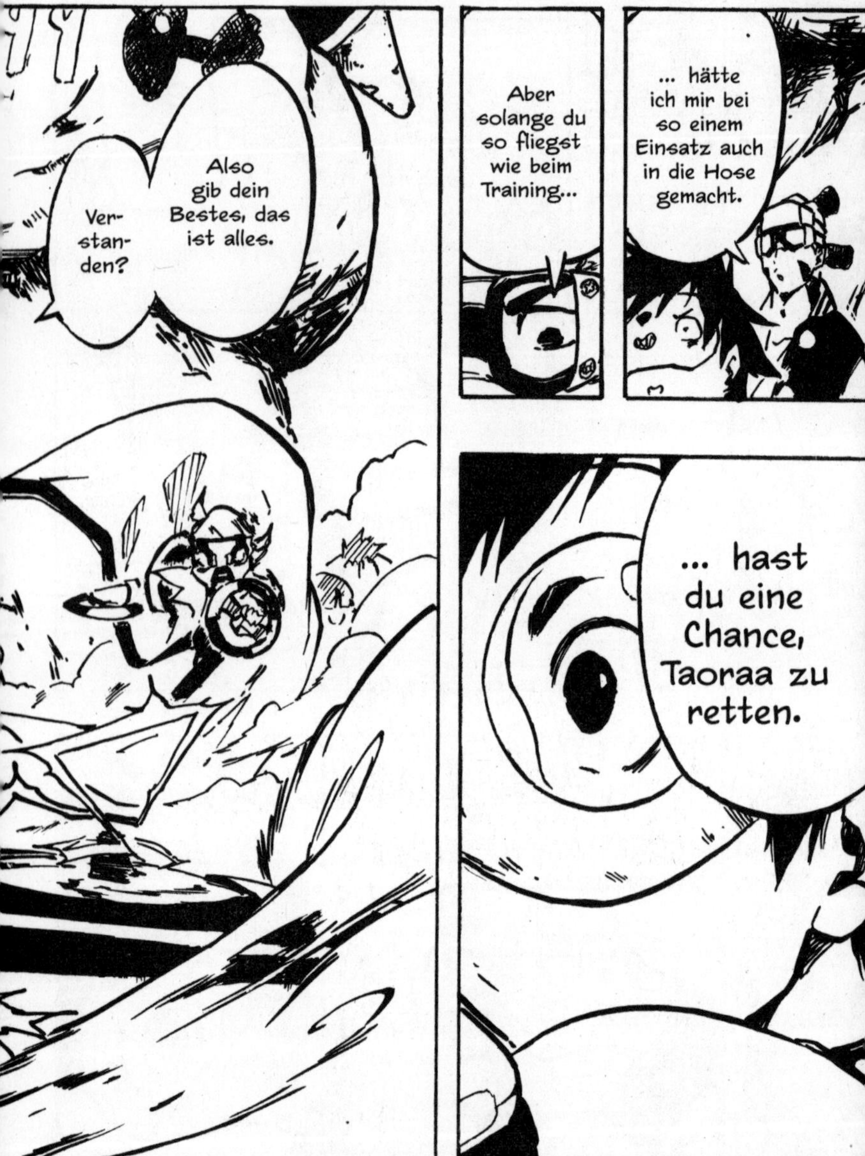
... hätte ich mir bei so einem Einsatz auch in die Hose gemacht.
Aber solange du so fliegst wie beim Training...
... hast du eine Chance, Taoraa zu retten.
Also gib dein Bestes, das ist alles.
Verstanden?

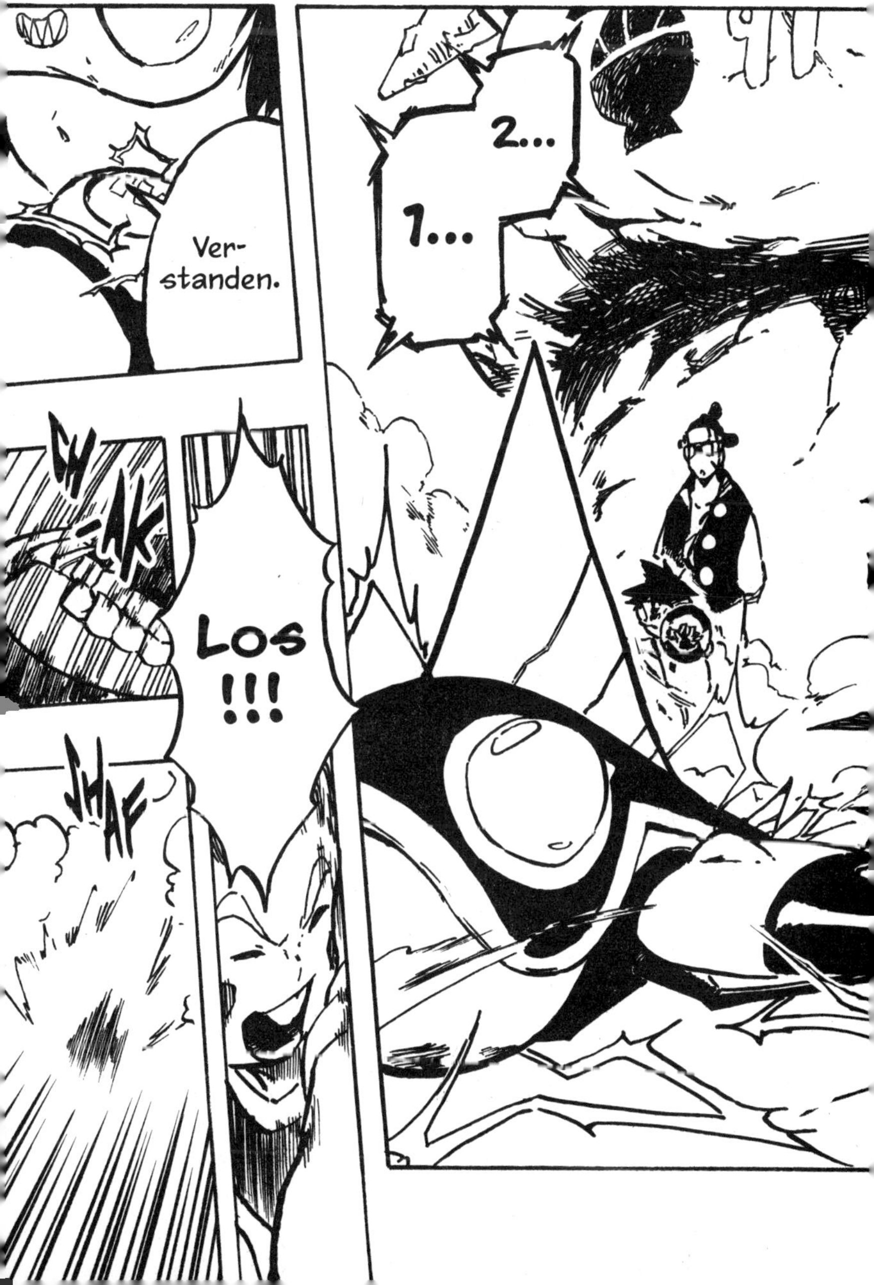

2...
1...
Verstanden.
CH-AK
LOS!!!
SHAF

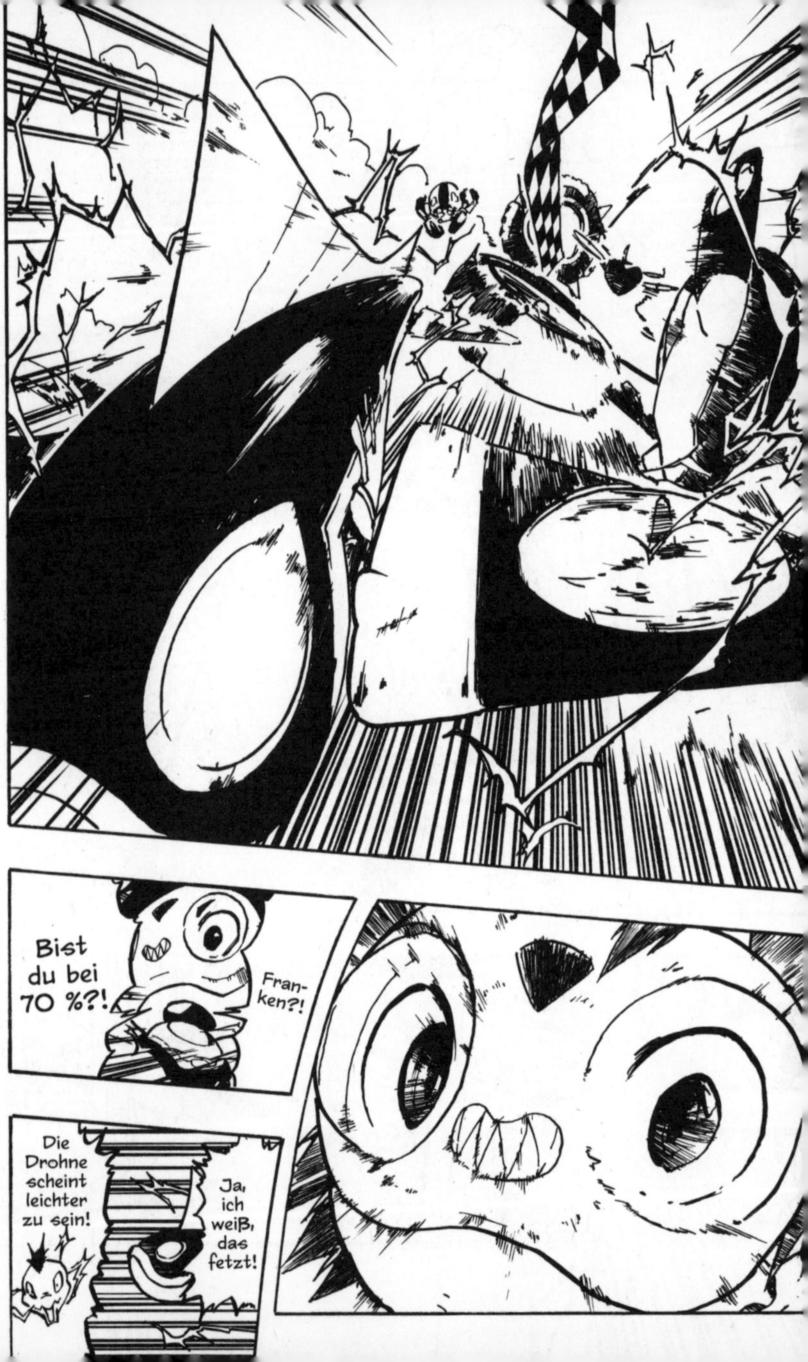
Franken?!
Bist du bei 70 %?!
Ja, ich weiß, das fetzt!
Die Drohne scheint leichter zu sein!

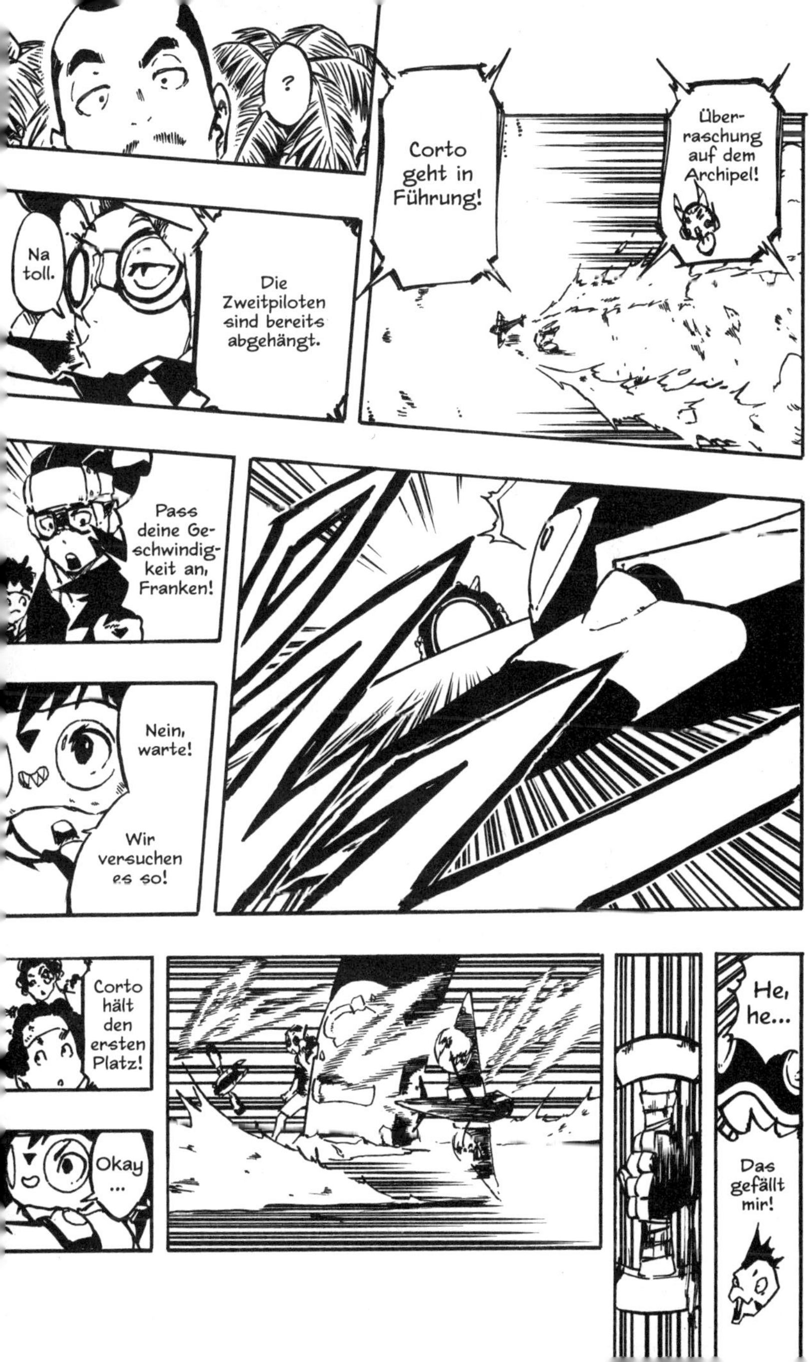
?
Corto geht in Führung!
Überraschung auf dem Archipel!
Na toll.
Die Zweitpiloten sind bereits abgehängt.
Pass deine Geschwindigkeit an, Franken!
Nein, warte!
Wir versuchen es so!
Corto hält den ersten Platz!
Okay ...
He, he...
Das gefällt mir!

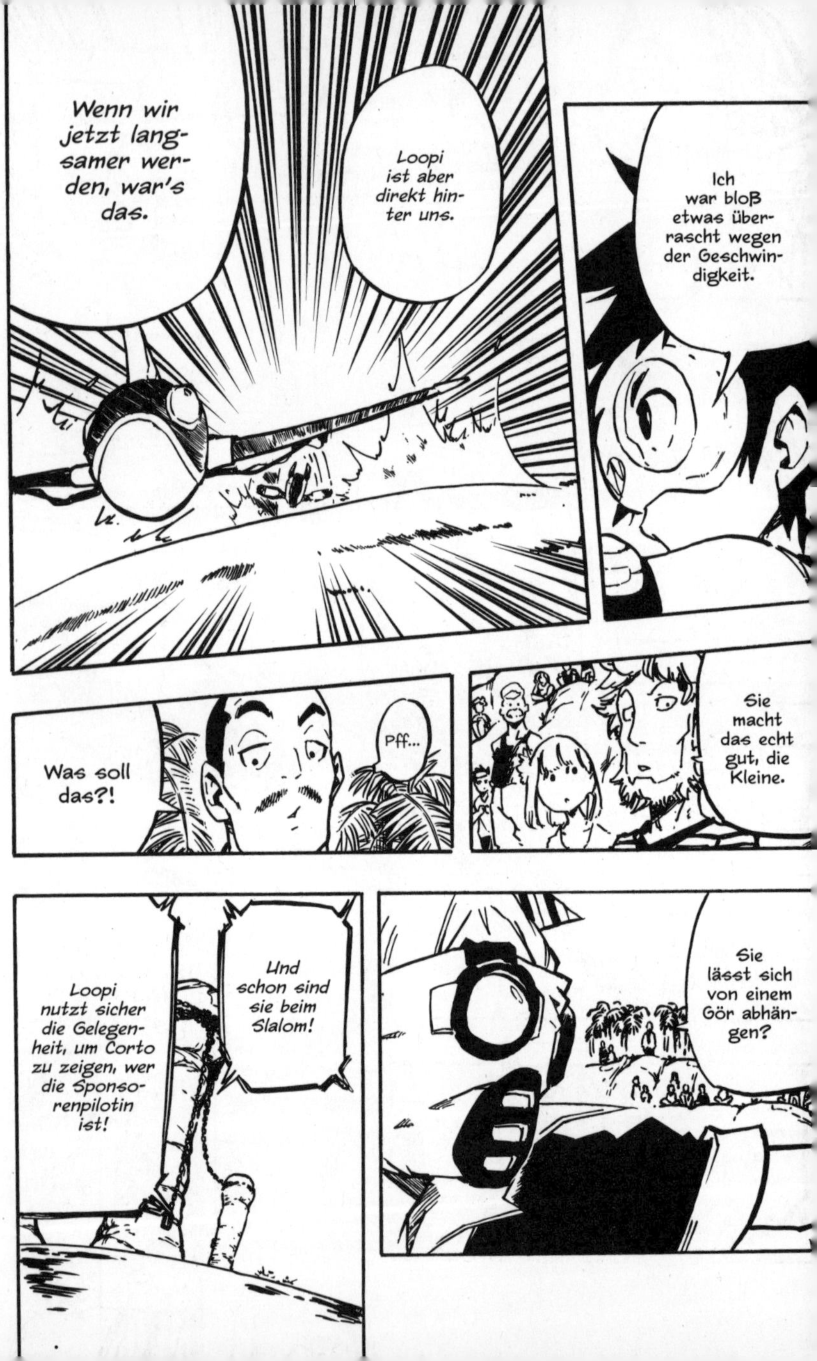
Ich war bloß etwas überrascht wegen der Geschwindigkeit.
Loopi ist aber direkt hinter uns.
Wenn wir jetzt langsamer werden, war's das.
Sie macht das echt gut, die Kleine.
Pff...
Was soll das?!
Sie lässt sich von einem Gör abhängen?
Und schon sind sie beim Slalom!
Loopi nutzt sicher die Gelegenheit, um Corto zu zeigen, wer die Sponsorenpilotin ist!

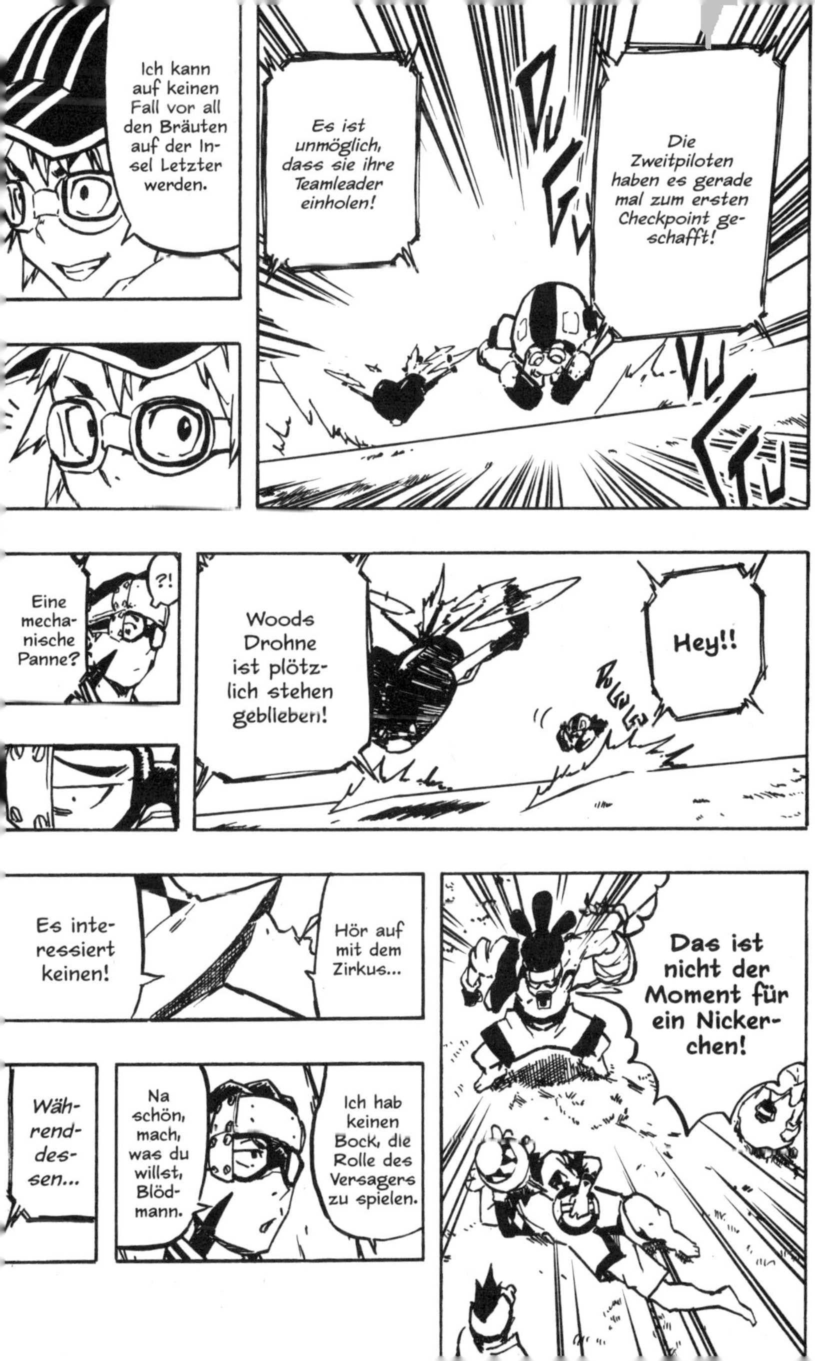
Die Zweitpiloten haben es gerade mal zum ersten Checkpoint geschafft!
Es ist unmöglich, dass sie ihre Teamleader einholen!
Ich kann auf keinen Fall vor all den Bräuten auf der Insel Letzter werden.
Hey!!
Woods Drohne ist plötzlich stehen geblieben!
?!
Eine mechanische Panne?
Das ist nicht der Moment für ein Nickerchen!
Hör auf mit dem Zirkus...
Es interessiert keinen!
Ich hab keinen Bock, die Rolle des Versagers zu spielen.
Na schön, mach, was du willst, Blödmann.
Währenddessen...

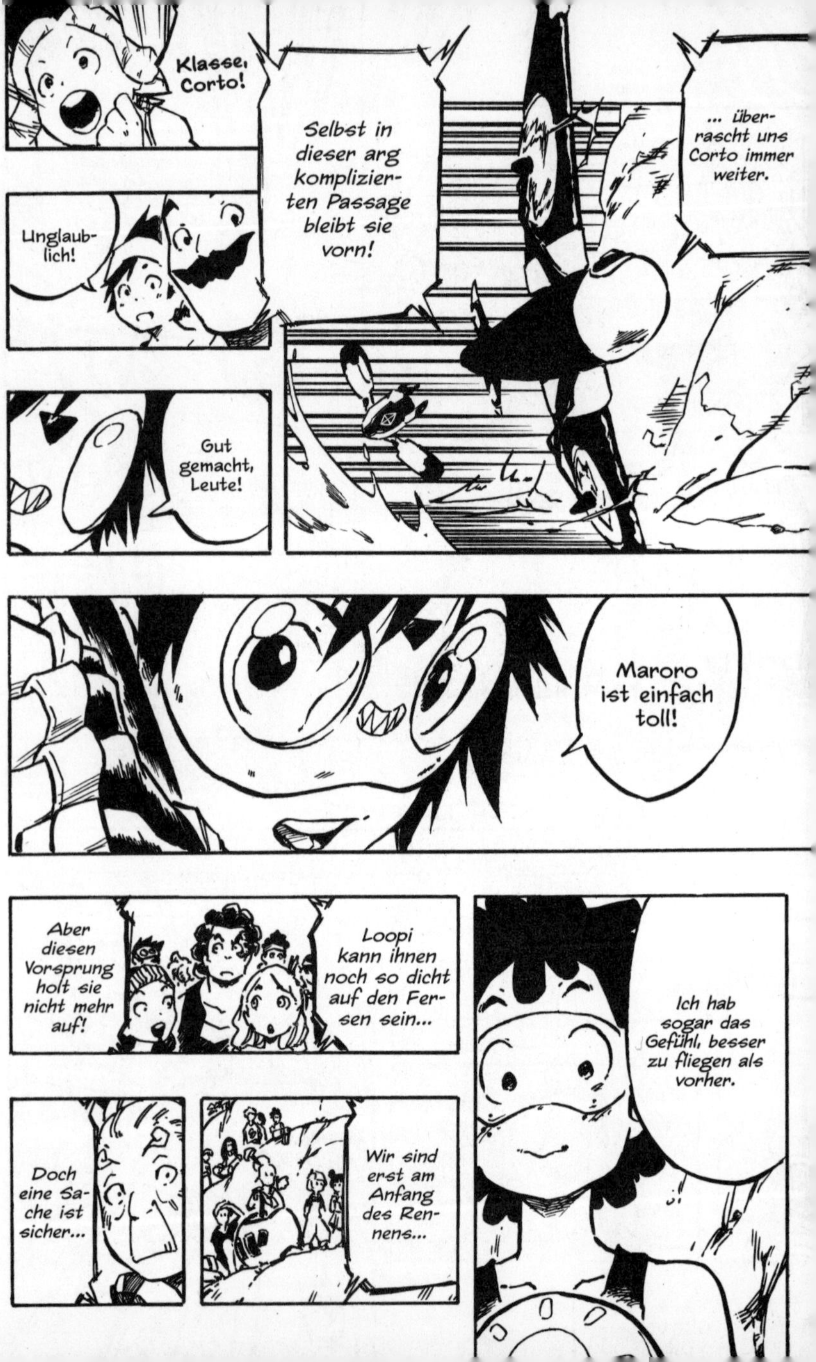
Selbst in dieser arg komplizierten Passage bleibt sie vorn!
... überrascht uns Corto immer weiter.
Klasse, Corto!
Unglaublich!
Gut gemacht, Leute!
Maroro ist einfach toll!
Ich hab sogar das Gefühl, besser zu fliegen als vorher.
Loopi kann ihnen noch so dicht auf den Fersen sein...
Aber diesen Vorsprung holt sie nicht mehr auf!
Wir sind erst am Anfang des Rennens...
Doch eine Sache ist sicher...

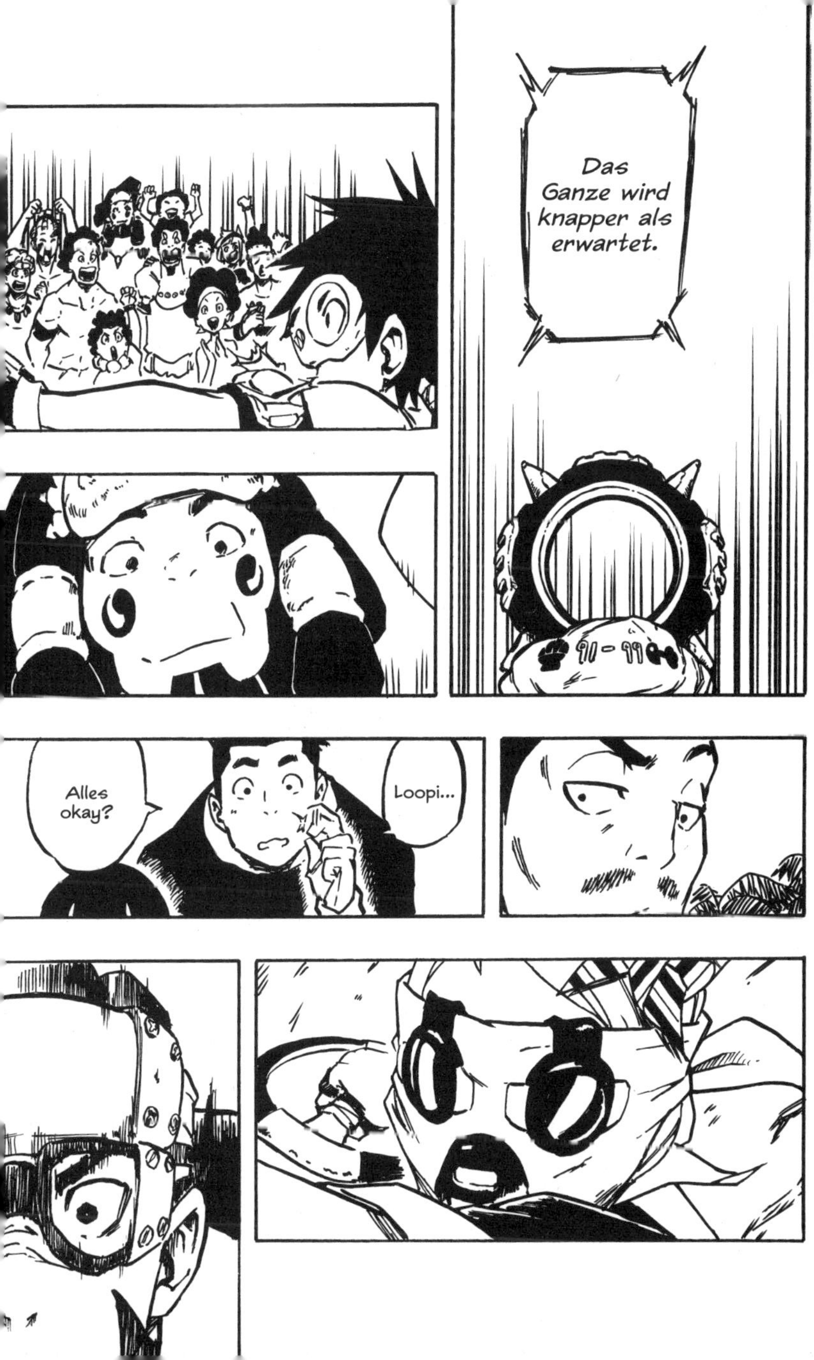
Das Ganze wird knapper als erwartet.
Loopi...
Alles okay?

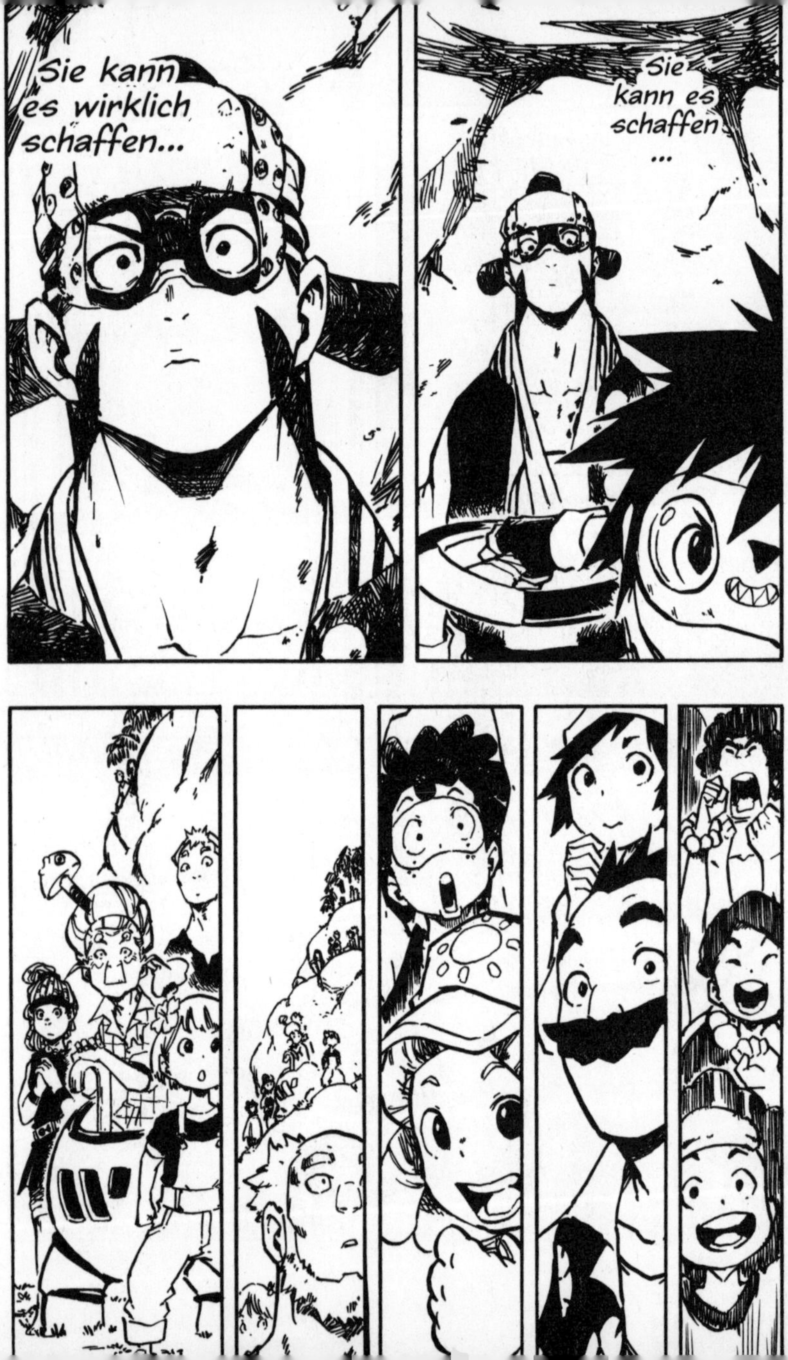
Sie kann es schaffen ...
Sie kann es wirklich schaffen...

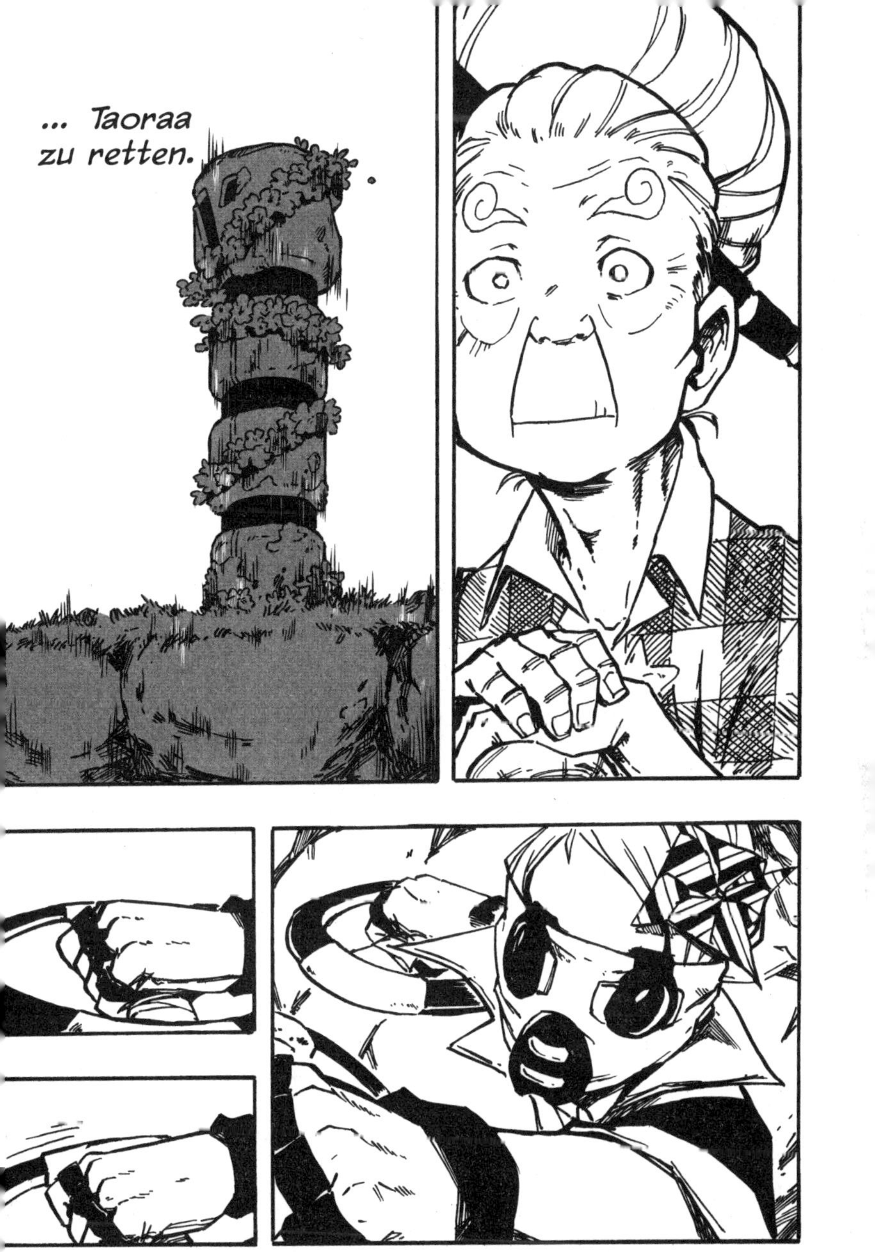
... Taoraa zu retten.

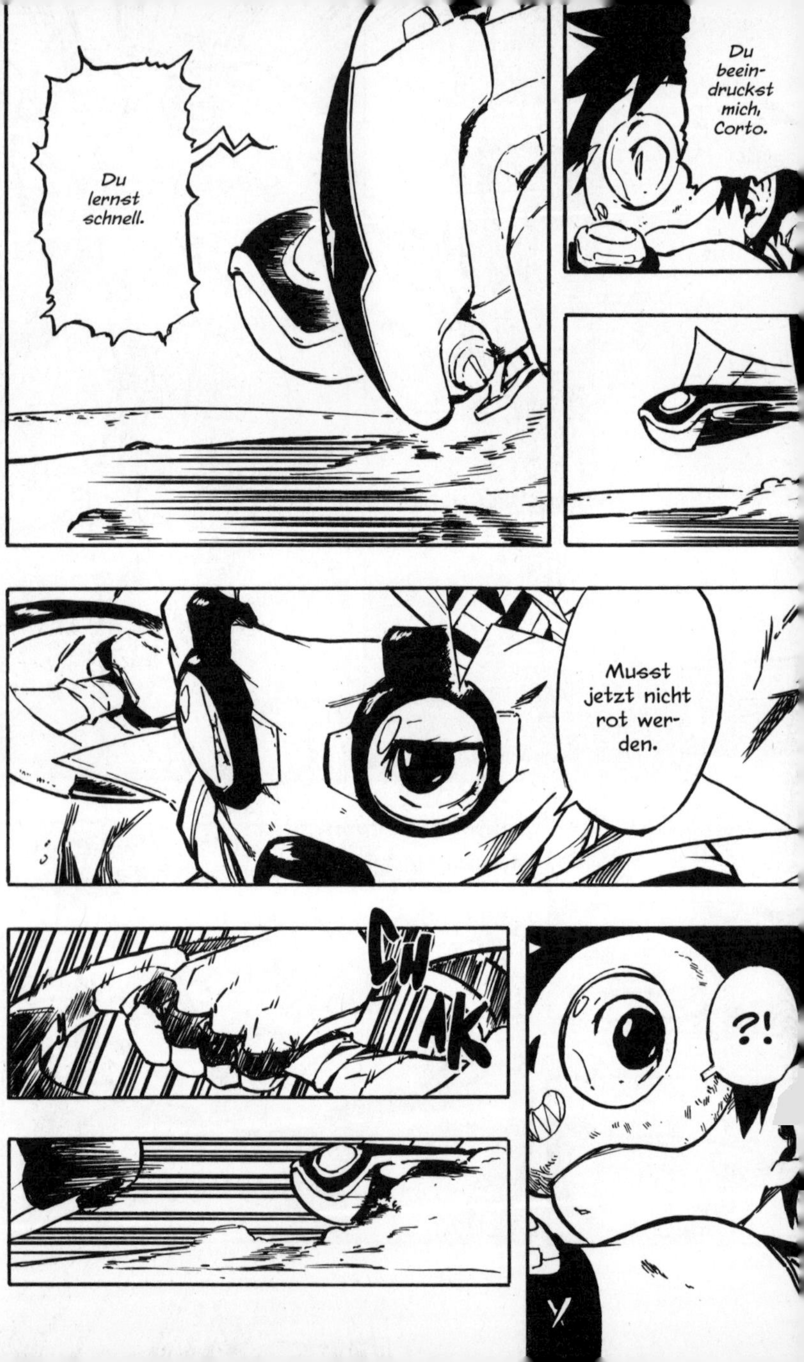
Du beein-druckst mich, Corto.
Du lernst schnell.
Musst jetzt nicht rot wer-den.
CHUNK
?!

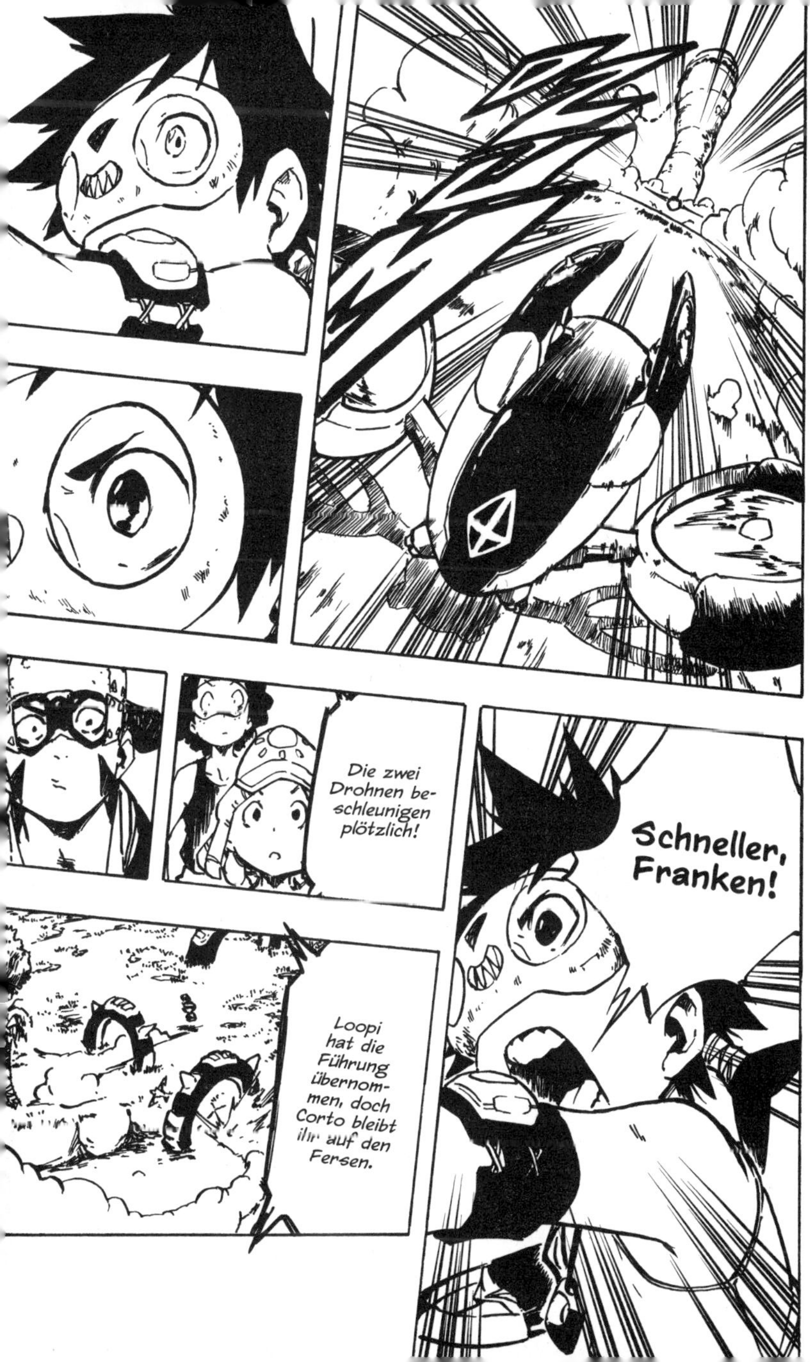
Die zwei Drohnen beschleunigen plötzlich!
Schneller, Franken!
Loopi hat die Führung übernommen, doch Corto bleibt ihr auf den Fersen.

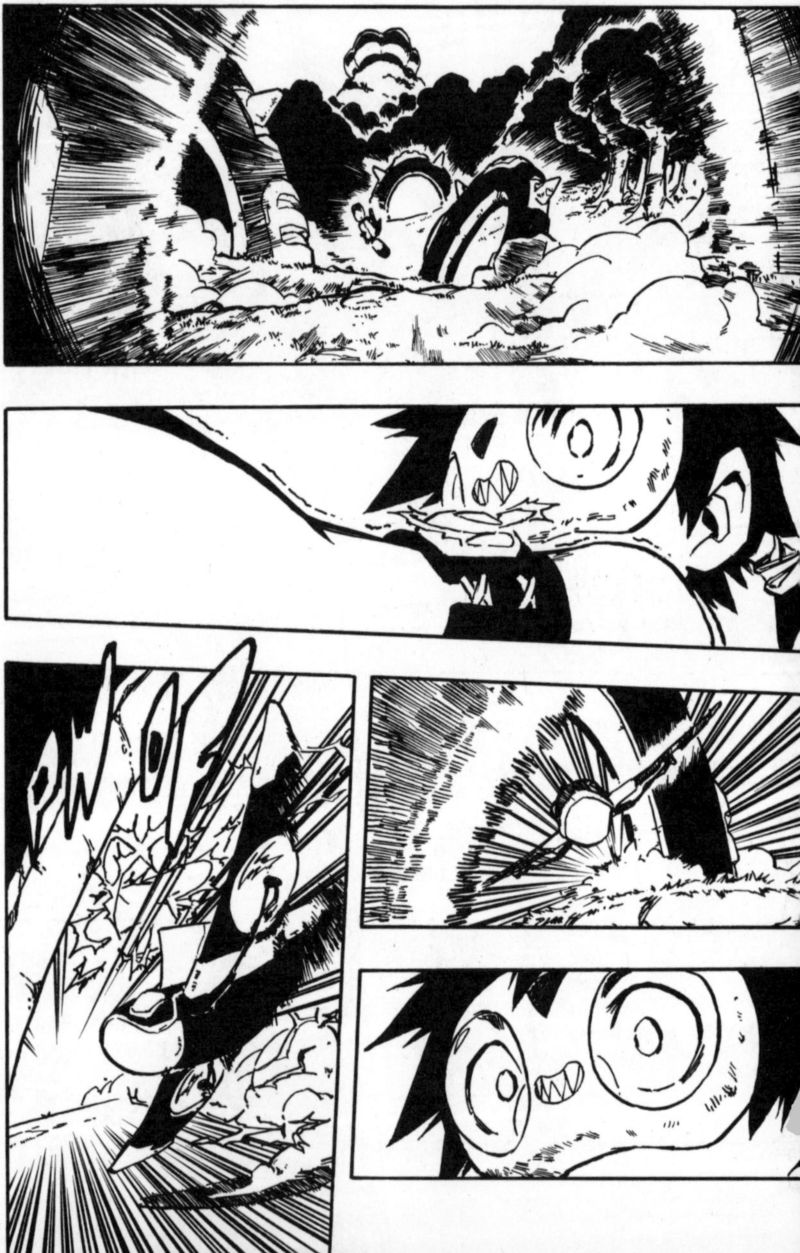
PWOF

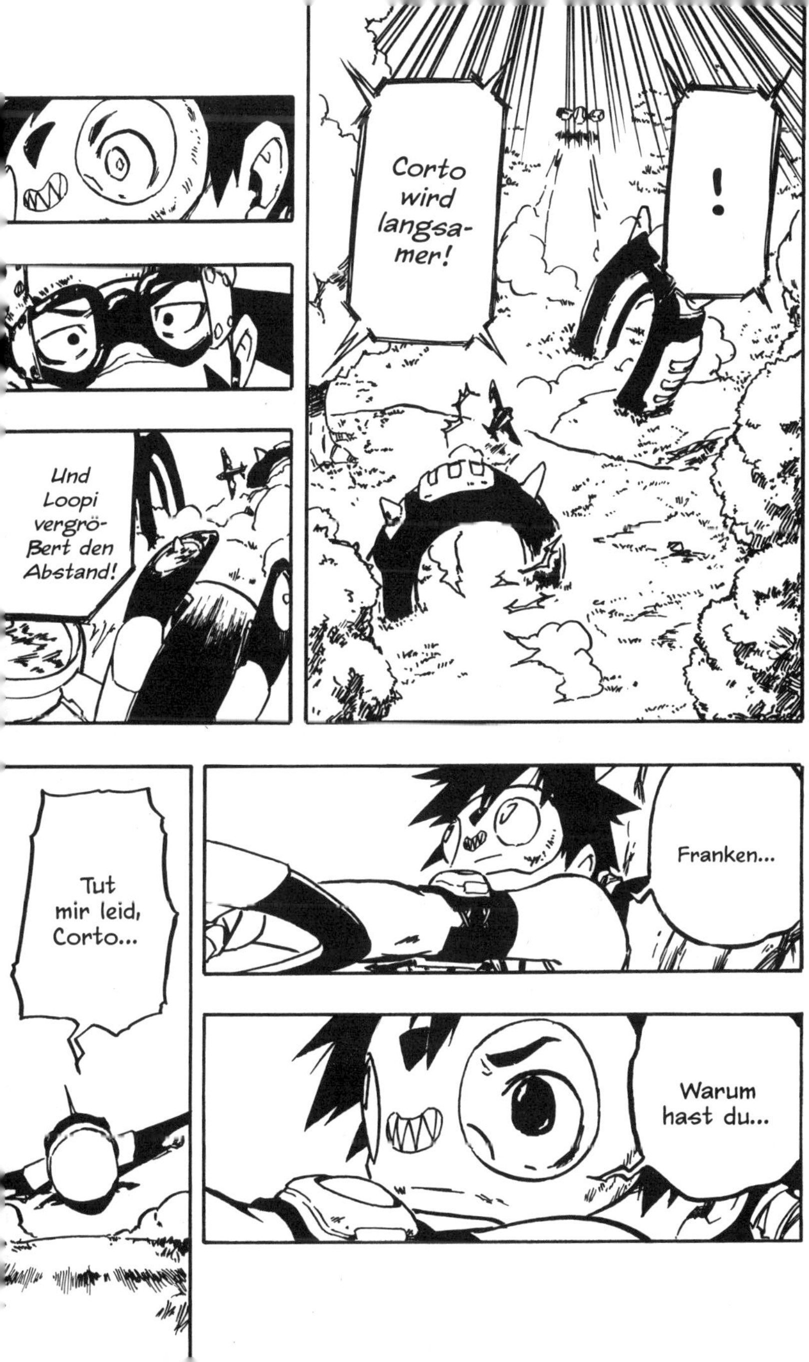
!
Corto wird langsamer!
Und Loopi vergrö-ßert den Abstand!
Franken...
Warum hast du...
Tut mir leid, Corto...

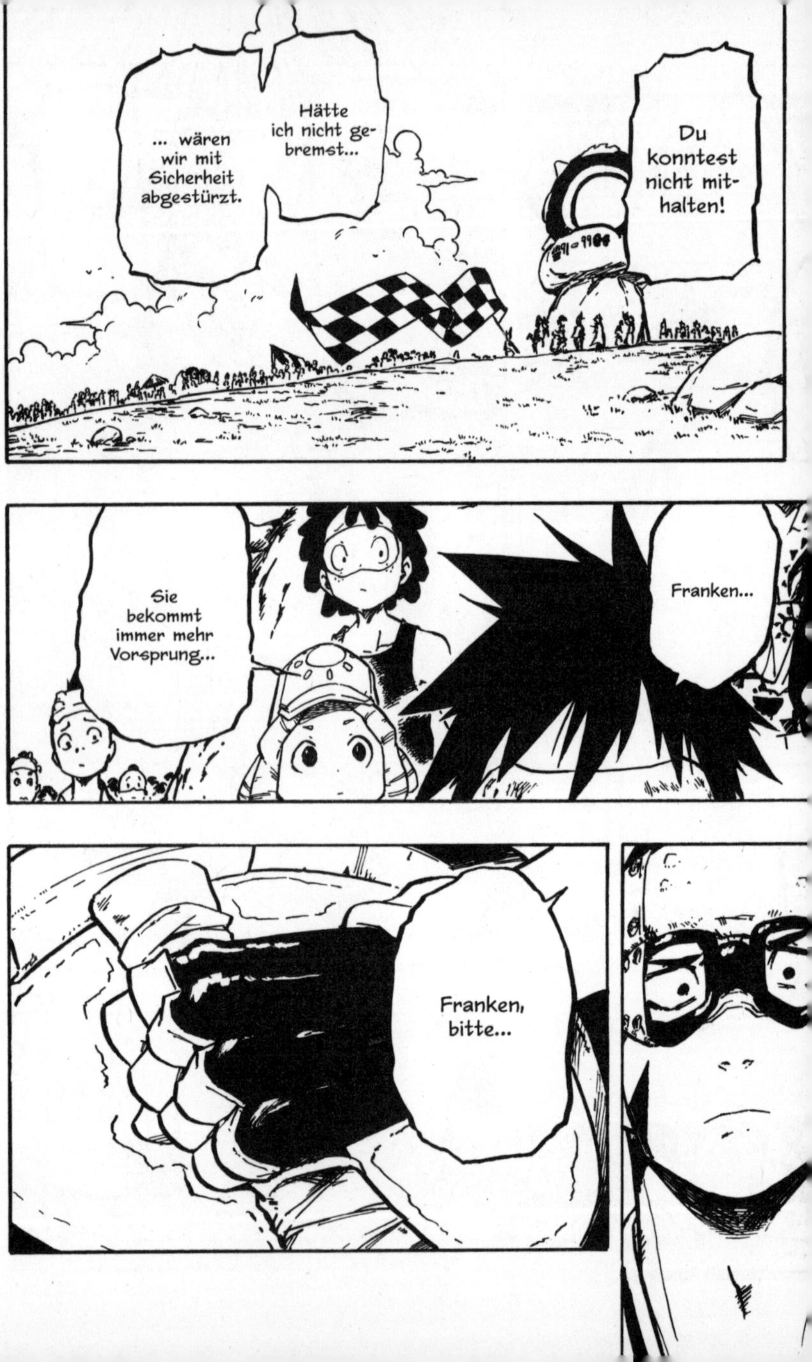
Du konntest nicht mithalten!
Hätte ich nicht gebremst...
... wären wir mit Sicherheit abgestürzt.
Franken...
Sie bekommt immer mehr Vorsprung...
Franken, bitte...

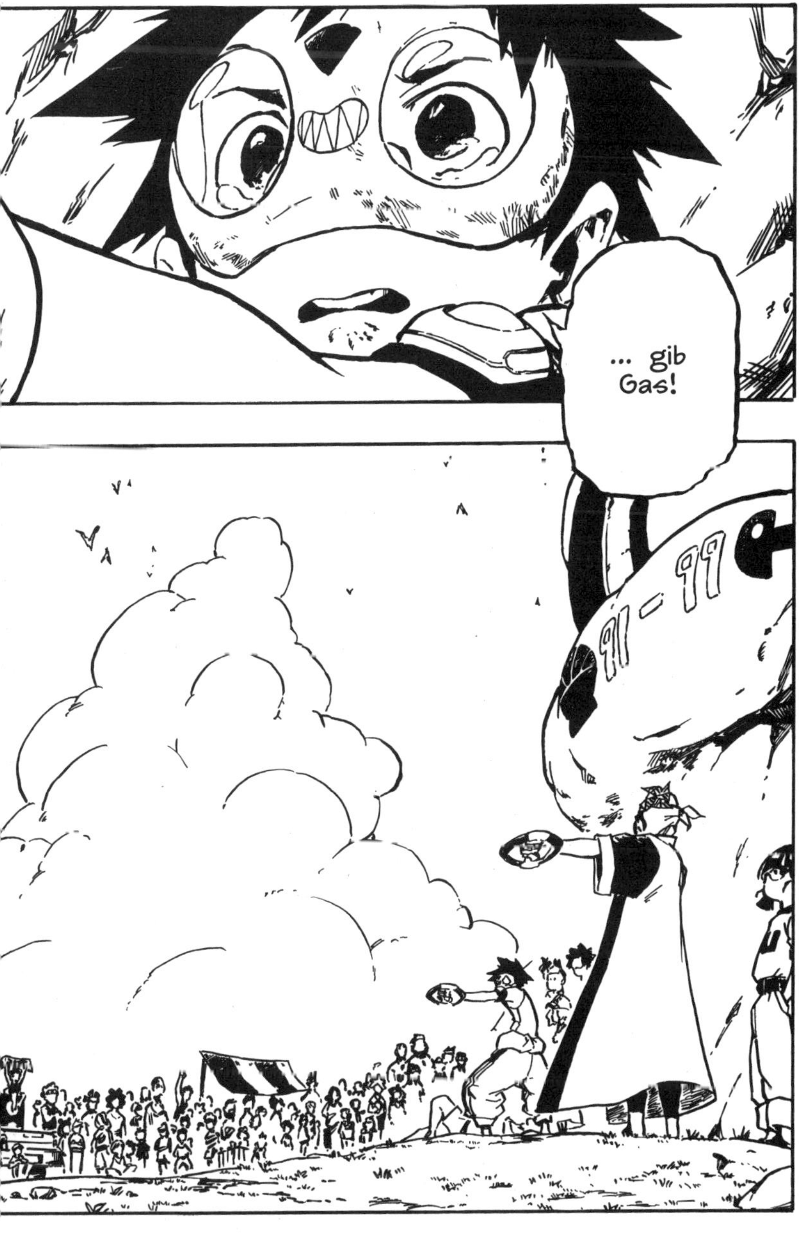
... gib Gas!
91-99

DRONERS WOOD

SPEZIAL-STECKBRIEF

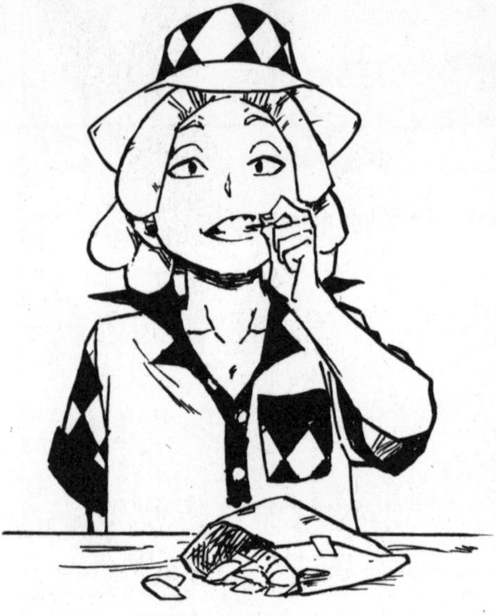

Alter: 19 Jahre

Vorlieben:
Seine Muscheln,
seine Clique

Abneigungen:
Pokerabende

Vago war sein großer Rivale, bis Loopi begann, einen Sieg nach dem anderen einzufahren. Um die Ehre der Uferkratzer zu verteidigen, hat er sich bereit erklärt, die Rolle des Zweitpiloten zu übernehmen... aber er vermisst diese Rivalität.

Nicolas: Er ist seltsamerweise die Nebenfigur, nach der ich bei Widmungen am häufigsten gefragt werde. Die Leser scheinen in ihm einen guten Kern entdeckt zu haben, der mir entgangen war!

Bei »Meckaz« war es das Gleiche, obwohl sie nur auf wenigen Seiten auftauchte.

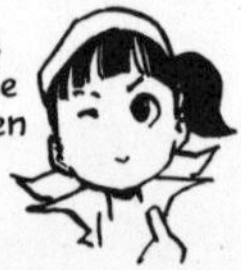

Kapitel 16

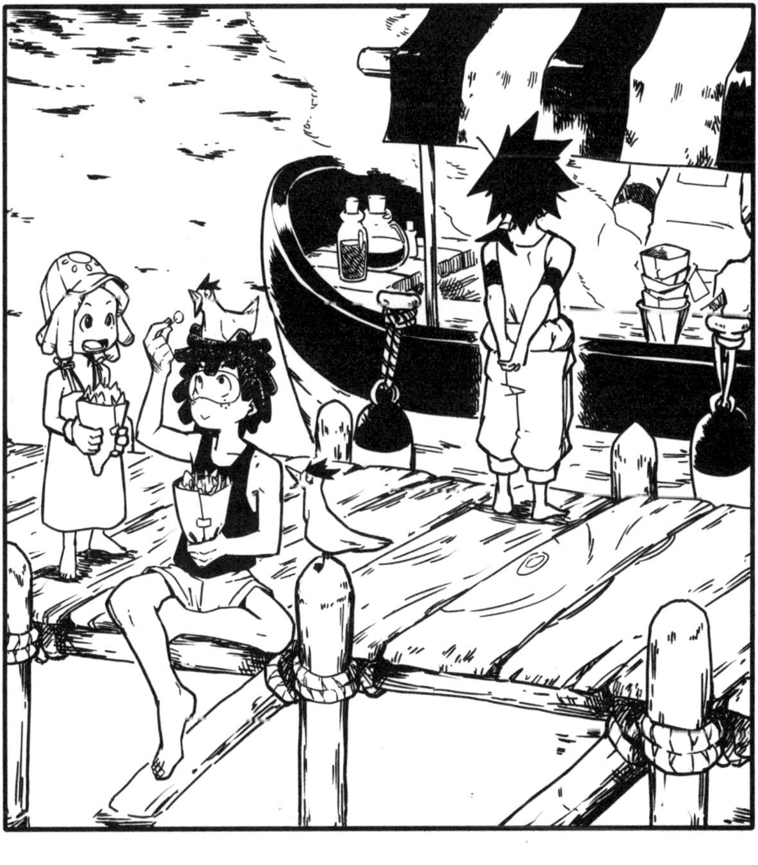

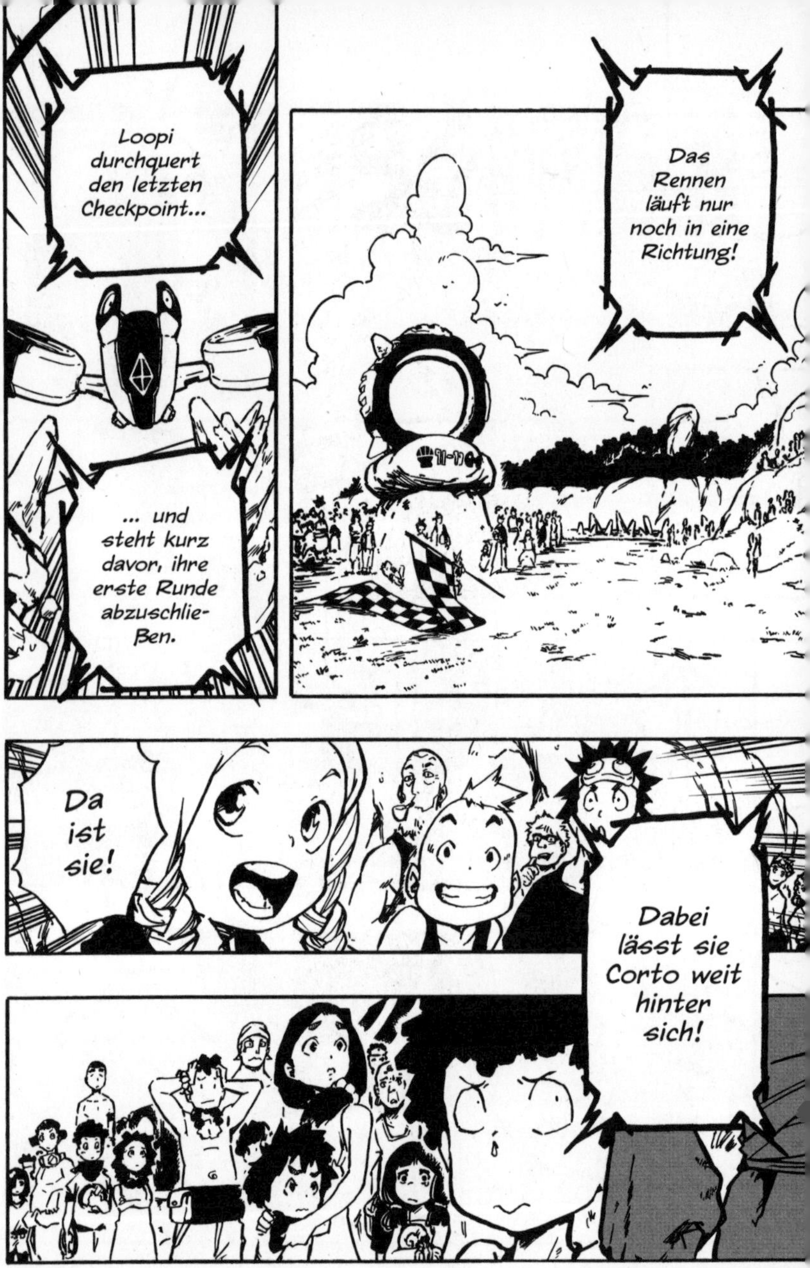

Loopi durchquert den letzten Checkpoint...
... und steht kurz davor, ihre erste Runde abzuschlie-ßen.
Das Rennen läuft nur noch in eine Richtung!
Da ist sie!
Dabei lässt sie Corto weit hinter sich!

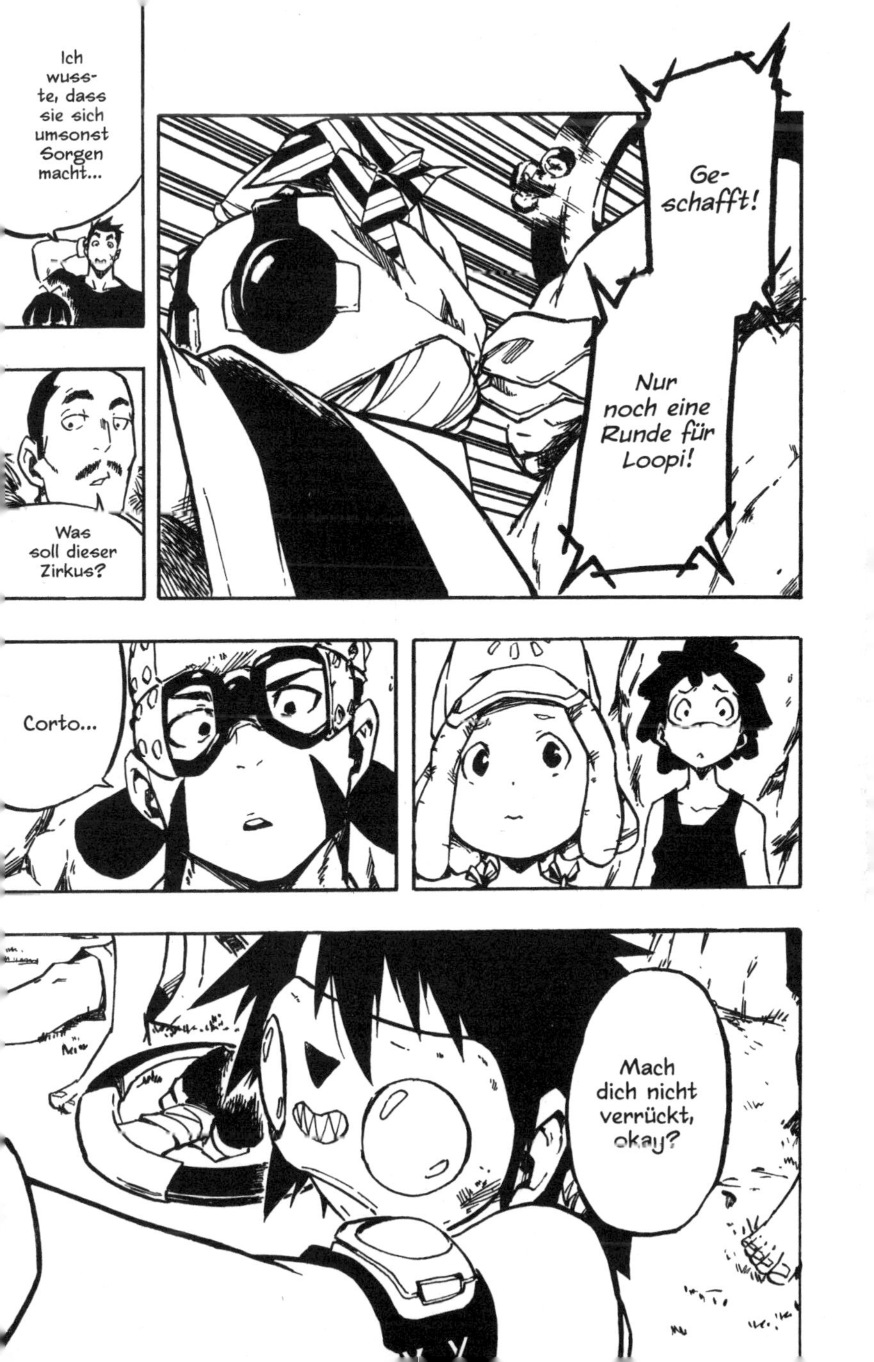
Ge-
schafft!
Nur noch eine Runde für Loopi!
Ich wusste, dass sie sich umsonst Sorgen macht...
Was soll dieser Zirkus?
Corto...
Mach dich nicht verrückt, okay?

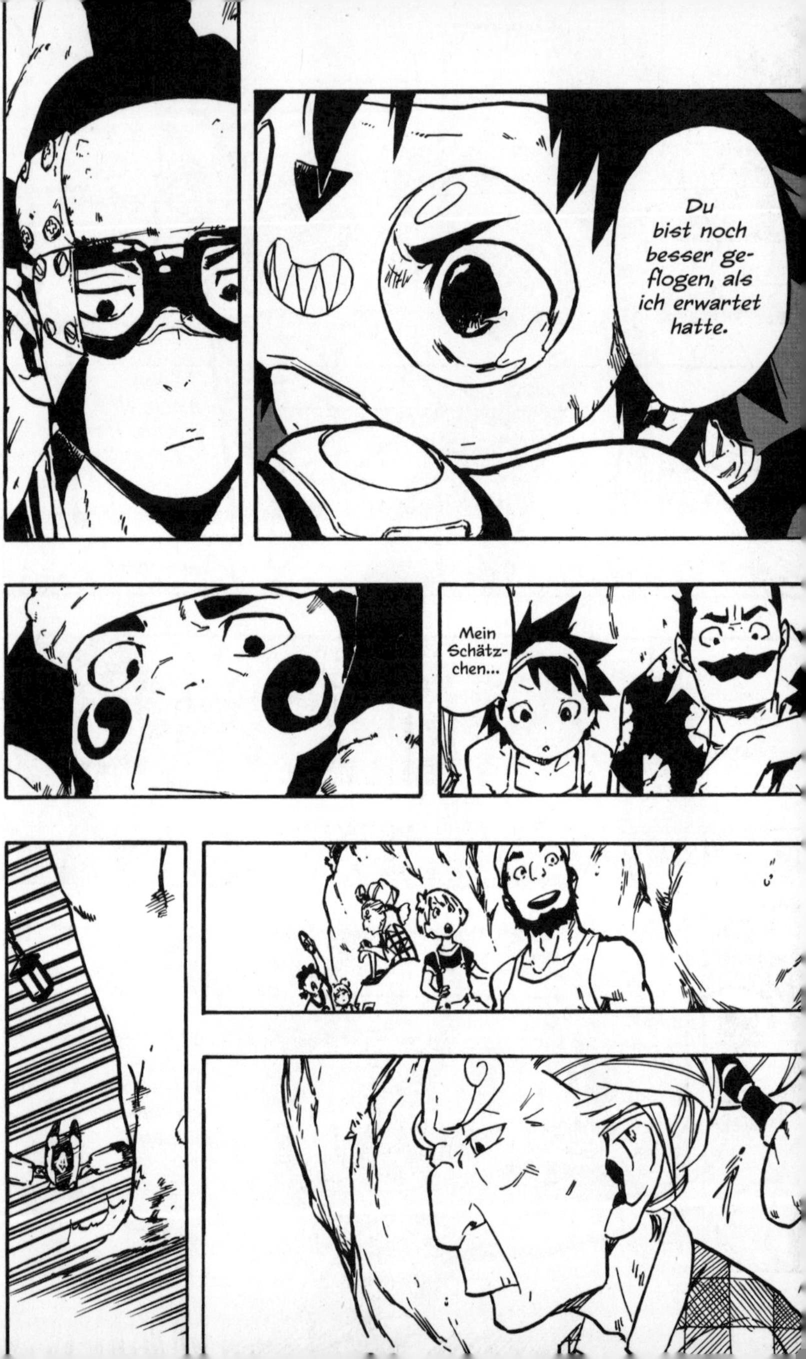
Du bist noch besser ge- flogen, als ich erwartet hatte.
Mein Schätz- chen...

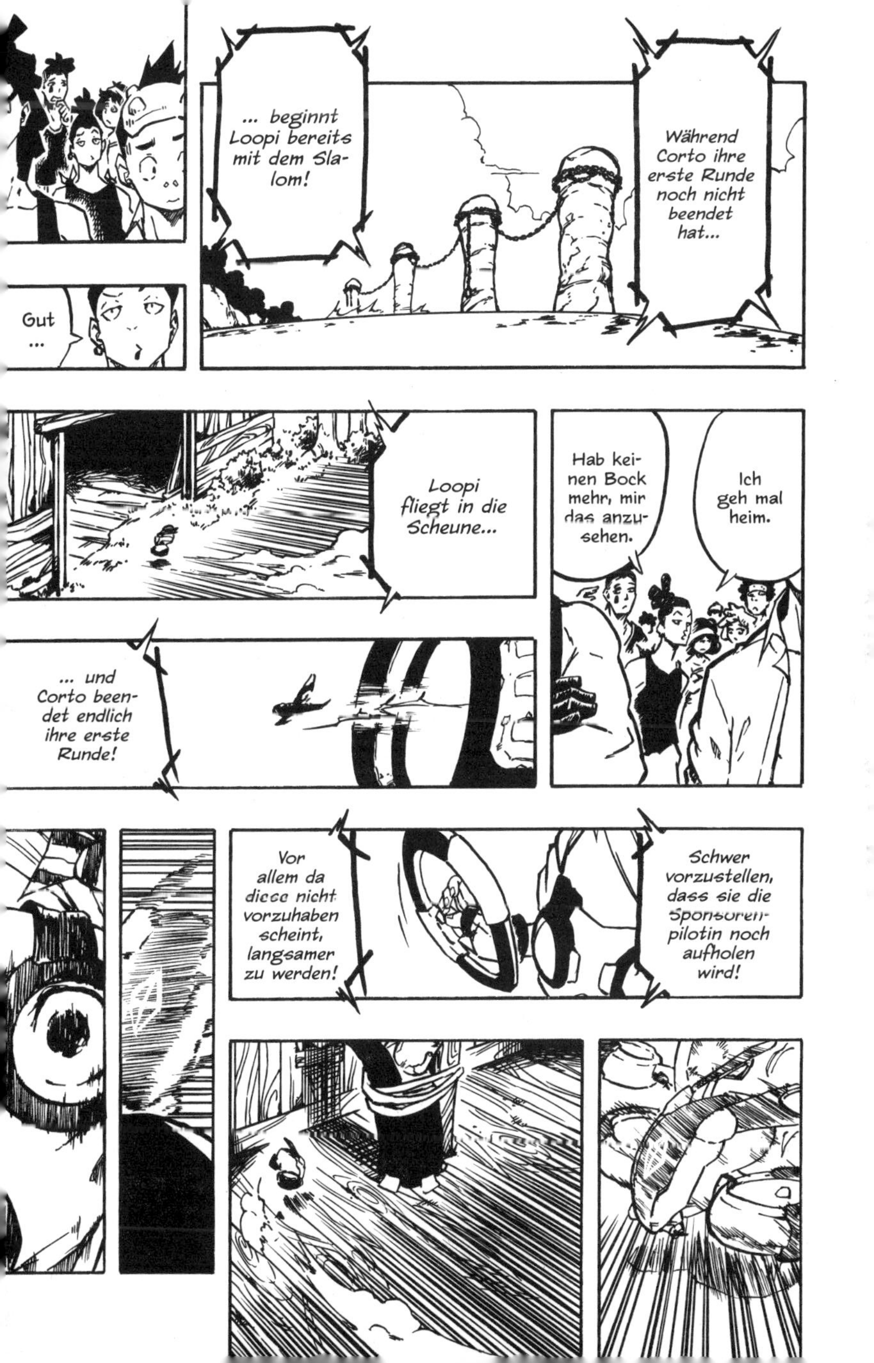
Während Corto ihre erste Runde noch nicht beendet hat...
... beginnt Loopi bereits mit dem Slalom!
Gut ...
Ich geh mal heim.
Hab keinen Bock mehr, mir das anzusehen.
Loopi fliegt in die Scheune...
... und Corto beendet endlich ihre erste Runde!
Schwer vorzustellen, dass sie die Sponsorenpilotin noch aufholen wird!
Vor allem da diese nicht vorzuhaben scheint, langsamer zu werden!

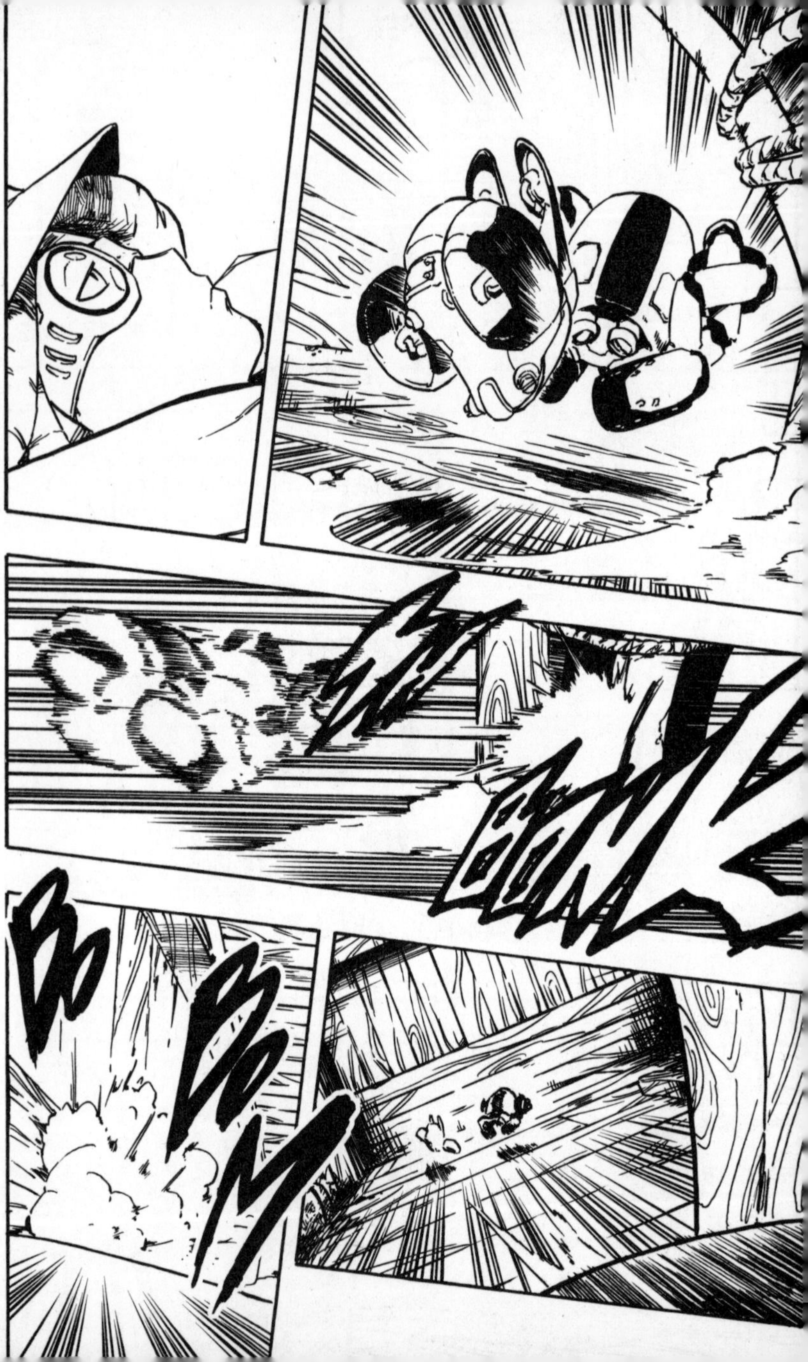
BOOM
BOOM

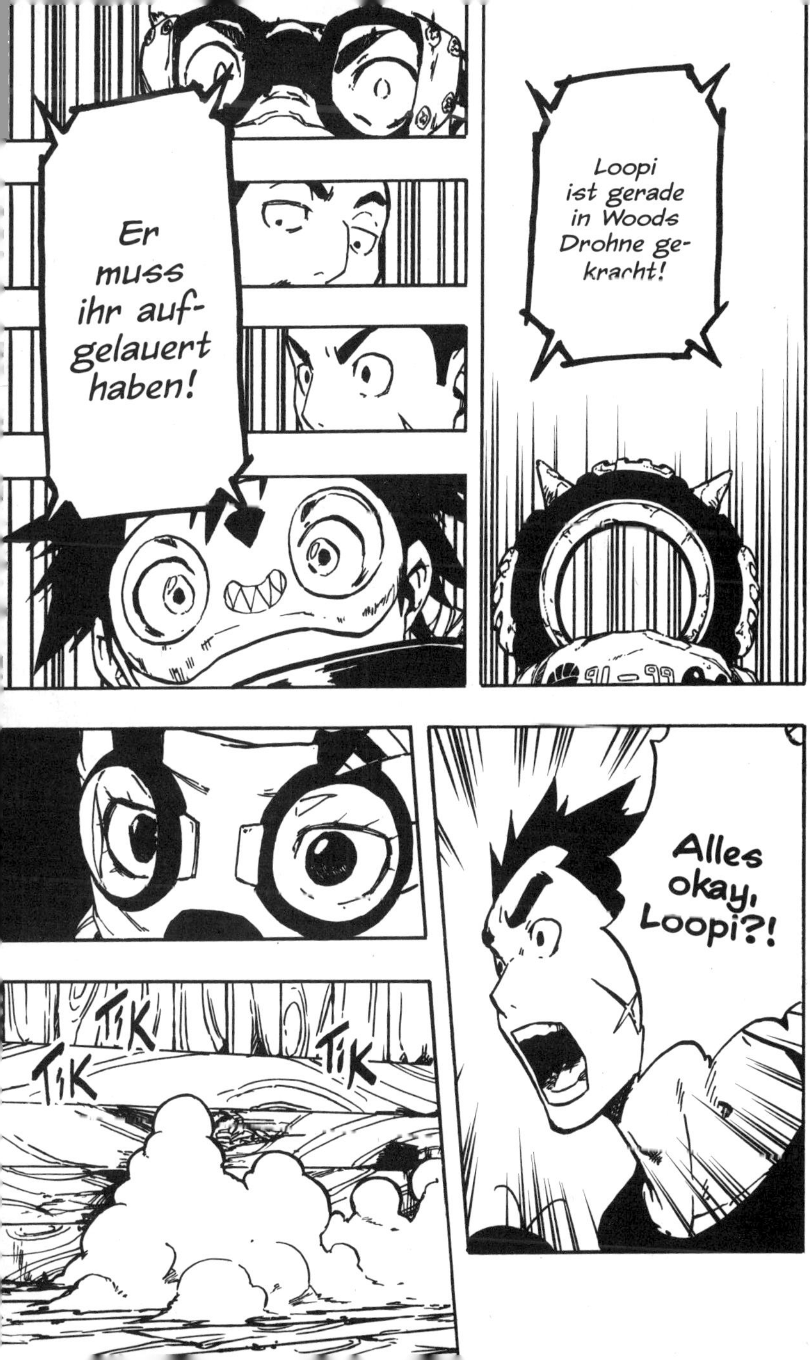
Loopi ist gerade in Woods Drohne gekracht!
Er muss ihr aufgelauert haben!
Alles okay, Loopi?!
TIK TIK TIK

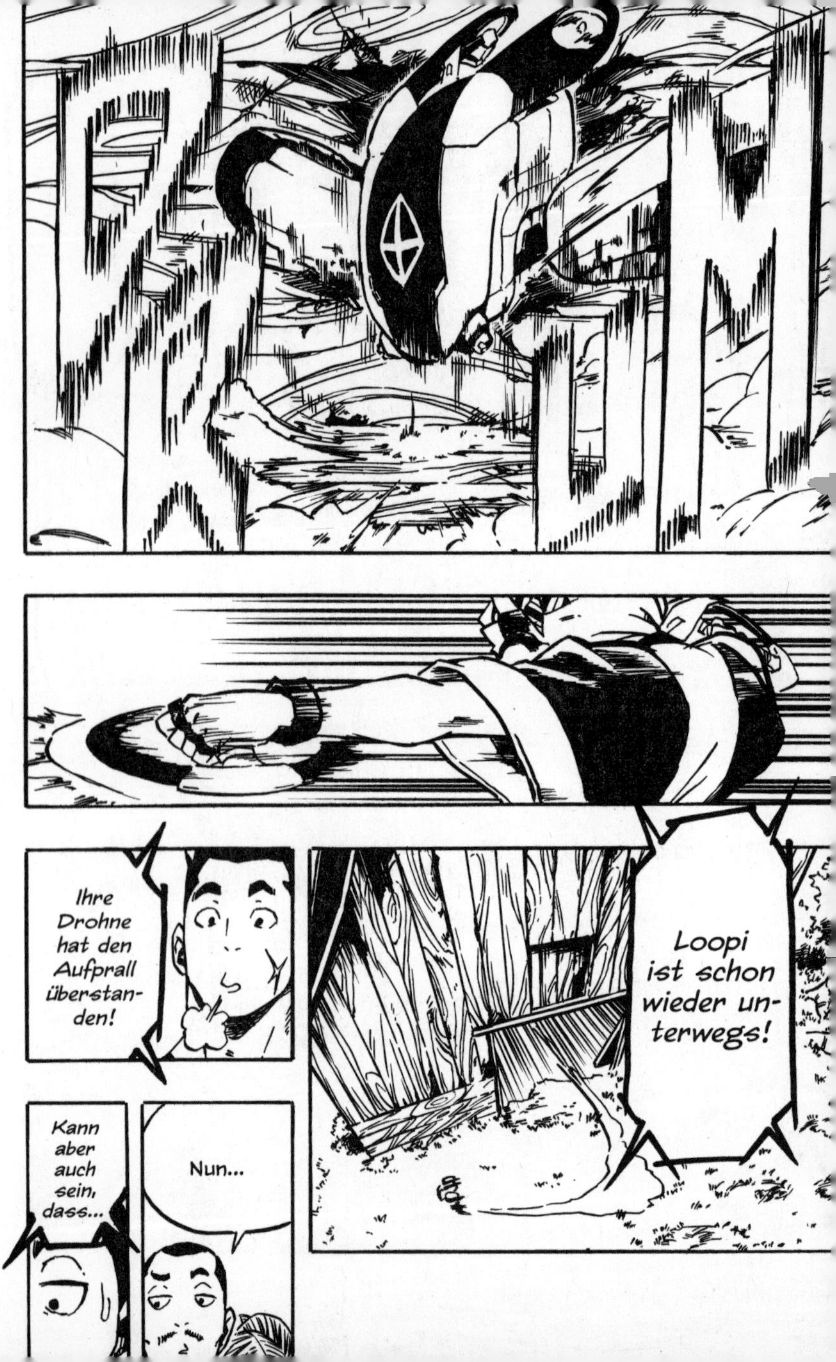
Loopi ist schon wieder unterwegs!
Ihre Drohne hat den Aufprall überstanden!
Nun...
Kann aber auch sein, dass...

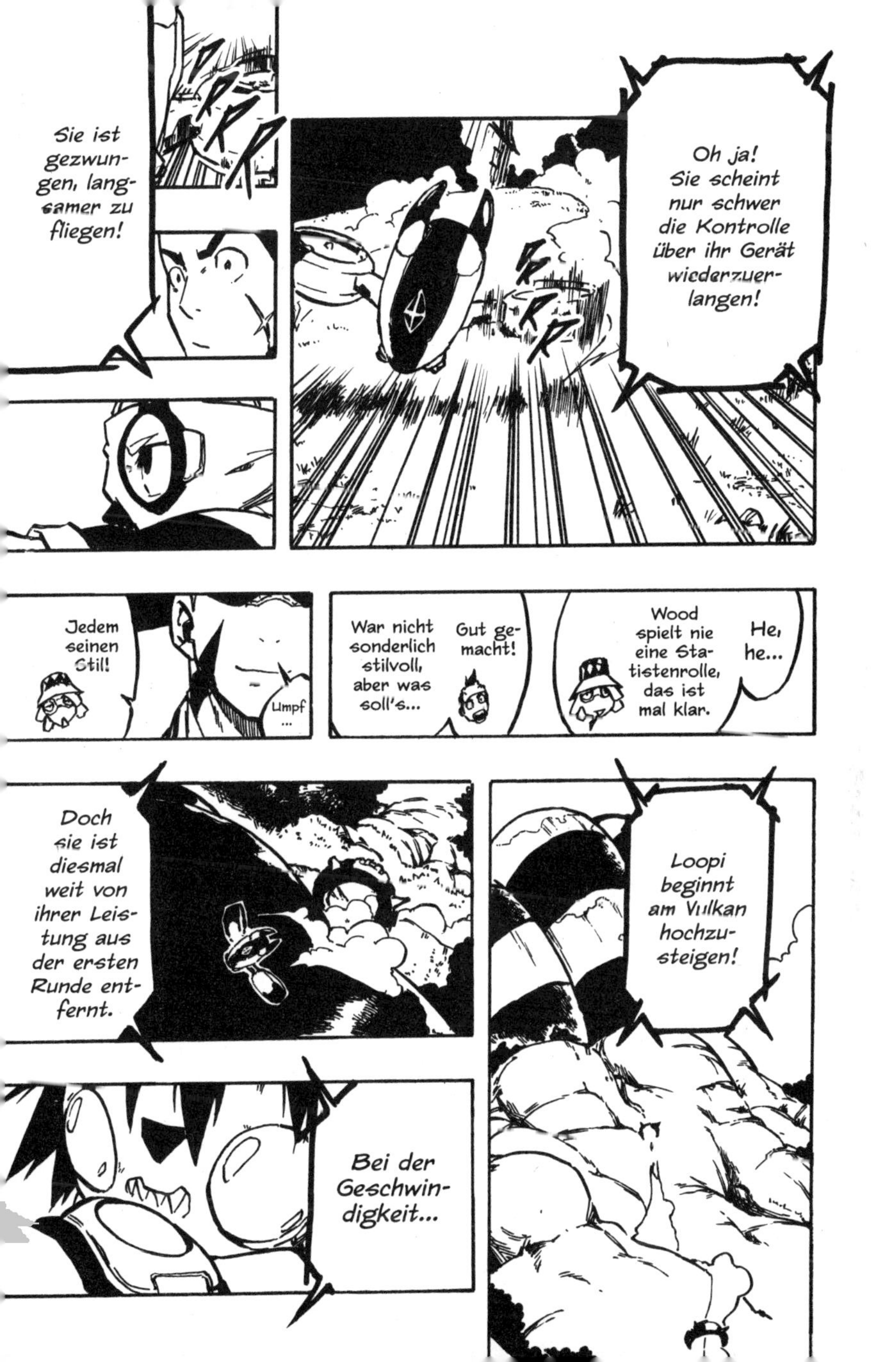
Oh ja! Sie scheint nur schwer die Kontrolle über ihr Gerät wiederzuerlangen!
RRRR
Sie ist gezwungen, langsamer zu fliegen!
RRR
He, he...
Wood spielt nie eine Statistenrolle, das ist mal klar.
Gut gemacht!
War nicht sonderlich stilvoll, aber was soll's...
Umpf...
Jedem seinen Stil!
Loopi beginnt am Vulkan hochzusteigen!
Doch sie ist diesmal weit von ihrer Leistung aus der ersten Runde entfernt.
Bei der Geschwindigkeit...

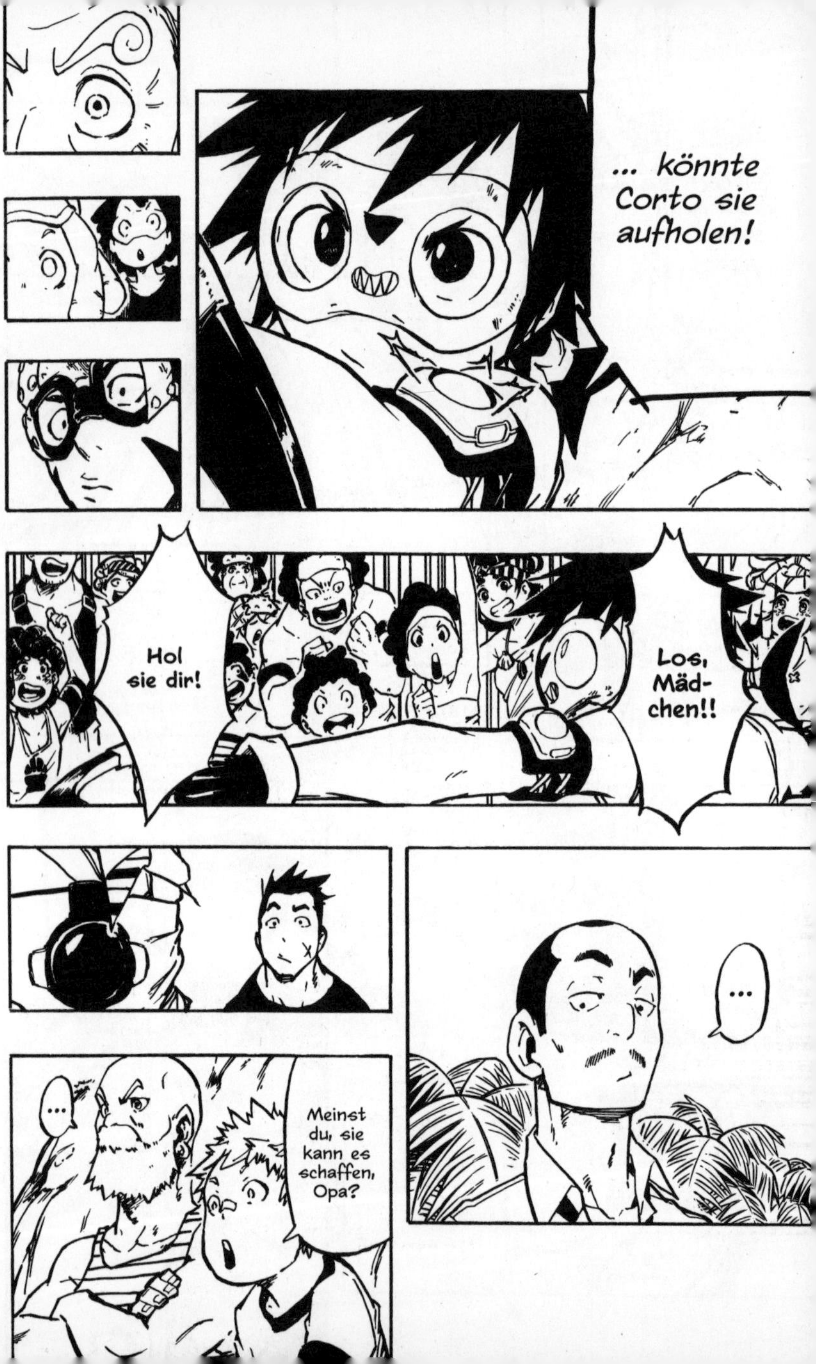

... könnte Corto sie aufholen!
Los, Mäd-chen!!
Hol sie dir!
...
Meinst du, sie kann es schaffen, Opa?
...

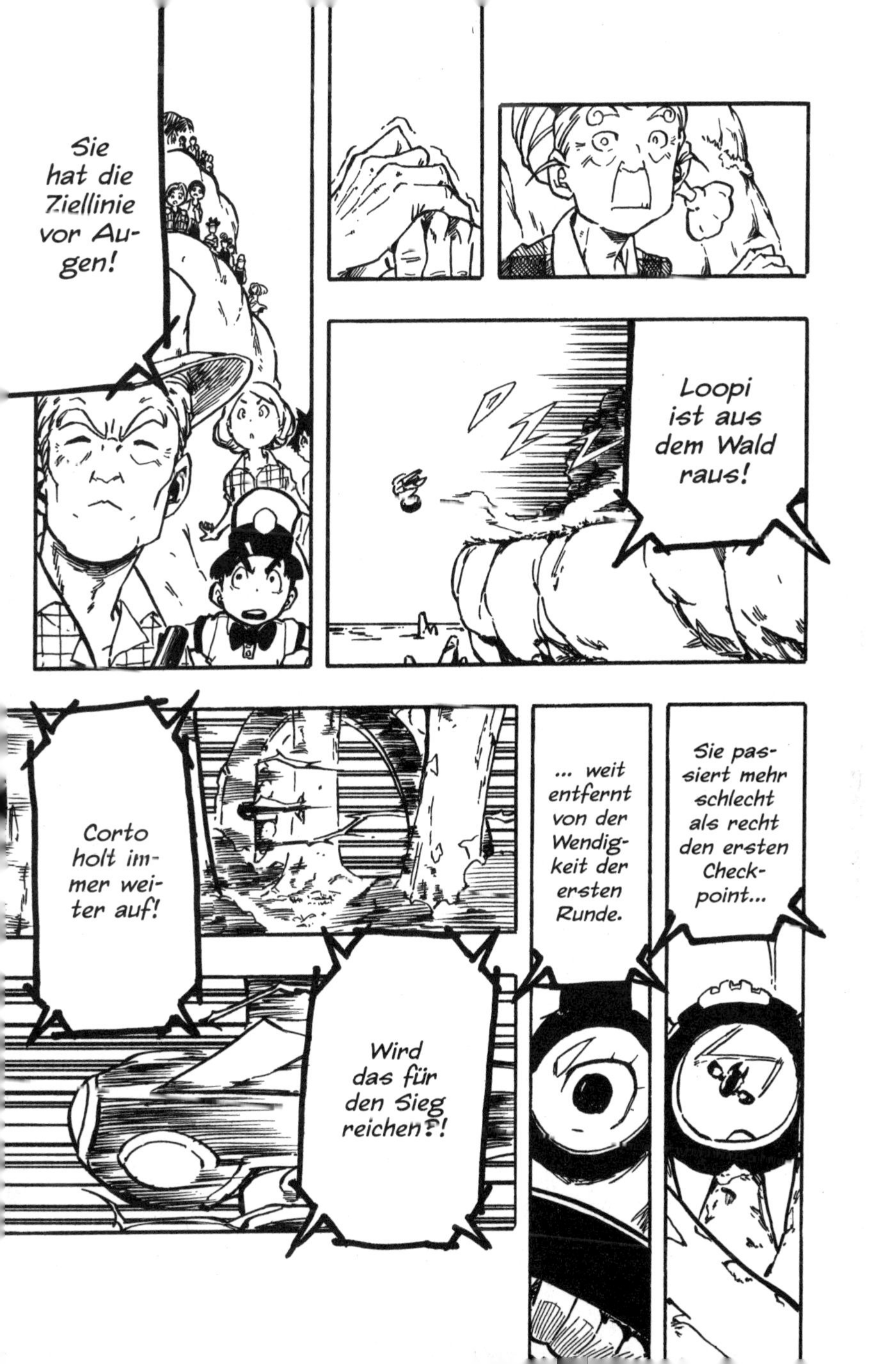
Loopi ist aus dem Wald raus!
Sie hat die Ziellinie vor Augen!
Sie passiert mehr schlecht als recht den ersten Checkpoint...
... weit entfernt von der Wendigkeit der ersten Runde.
Corto holt immer weiter auf!
Wird das für den Sieg reichen?!

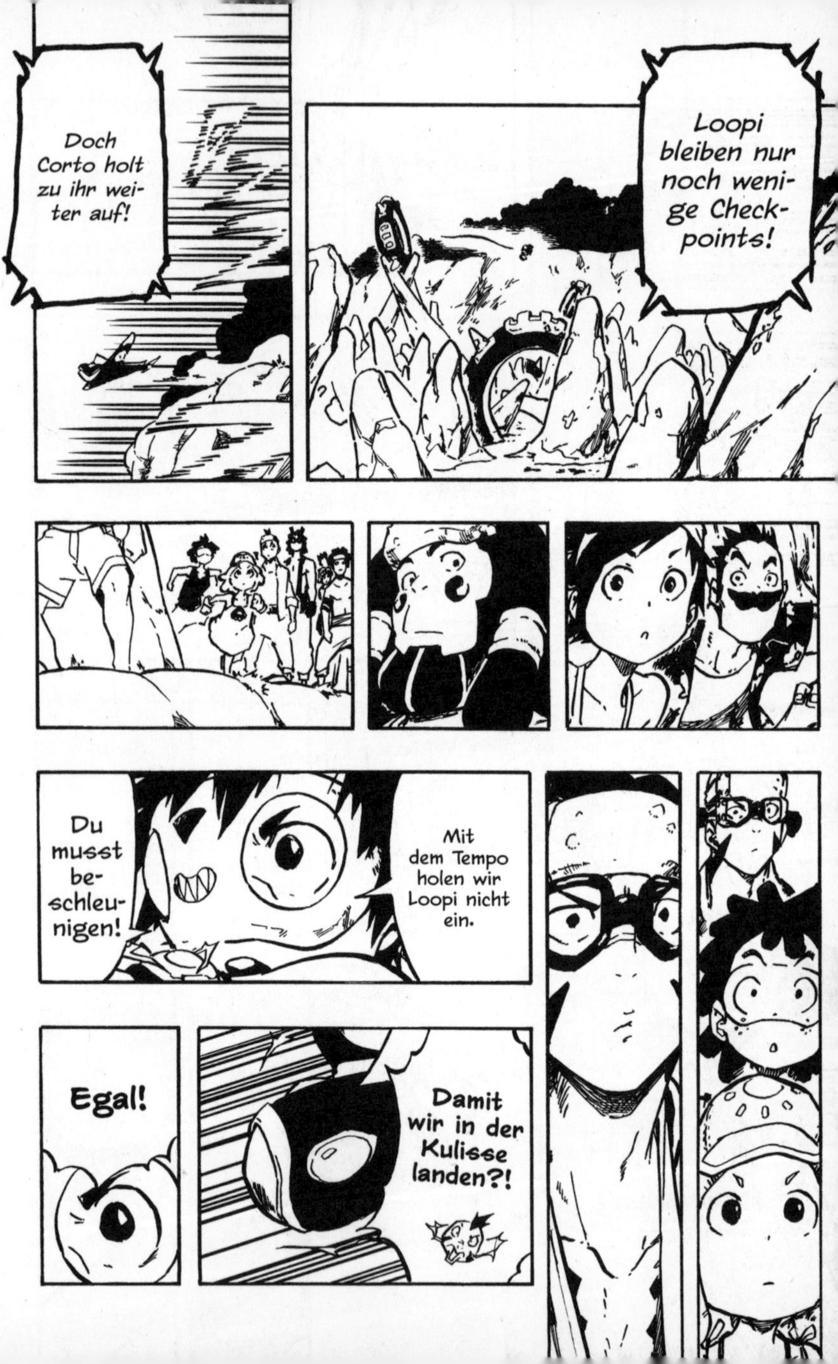
Loopi bleiben nur noch wenige Checkpoints!
Doch Corto holt zu ihr weiter auf!
Mit dem Tempo holen wir Loopi nicht ein.
Du musst beschleunigen!
Damit wir in der Kulisse landen?!
Egal!

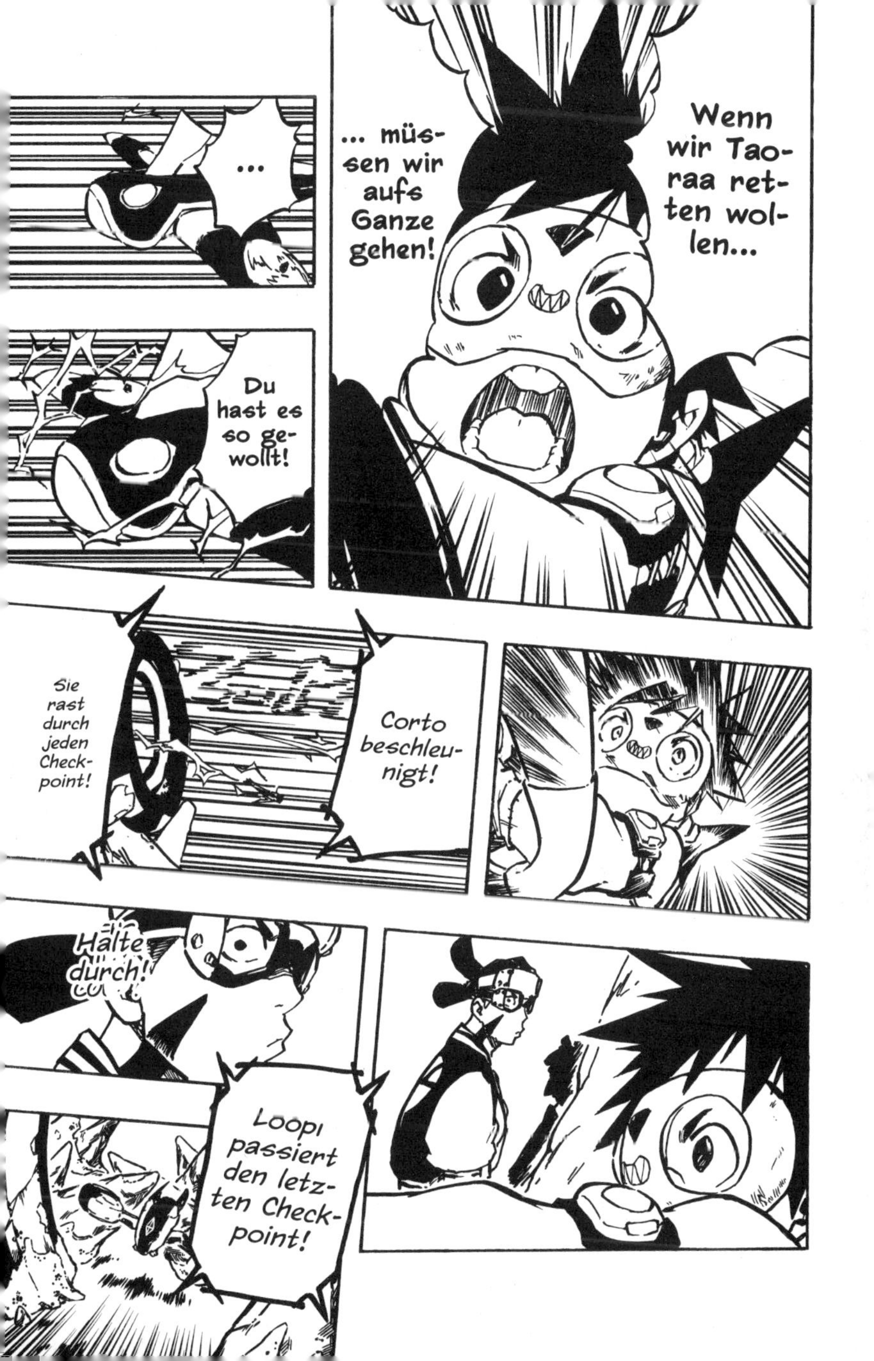
Wenn wir Tao-raa ret-ten wol-len...
... müs-sen wir aufs Ganze gehen!
...
Du hast es so ge-wollt!
Corto beschleu-nigt!
Sie rast durch jeden Check-point!
Halte durch!
Loopi passiert den letz-ten Check-point!

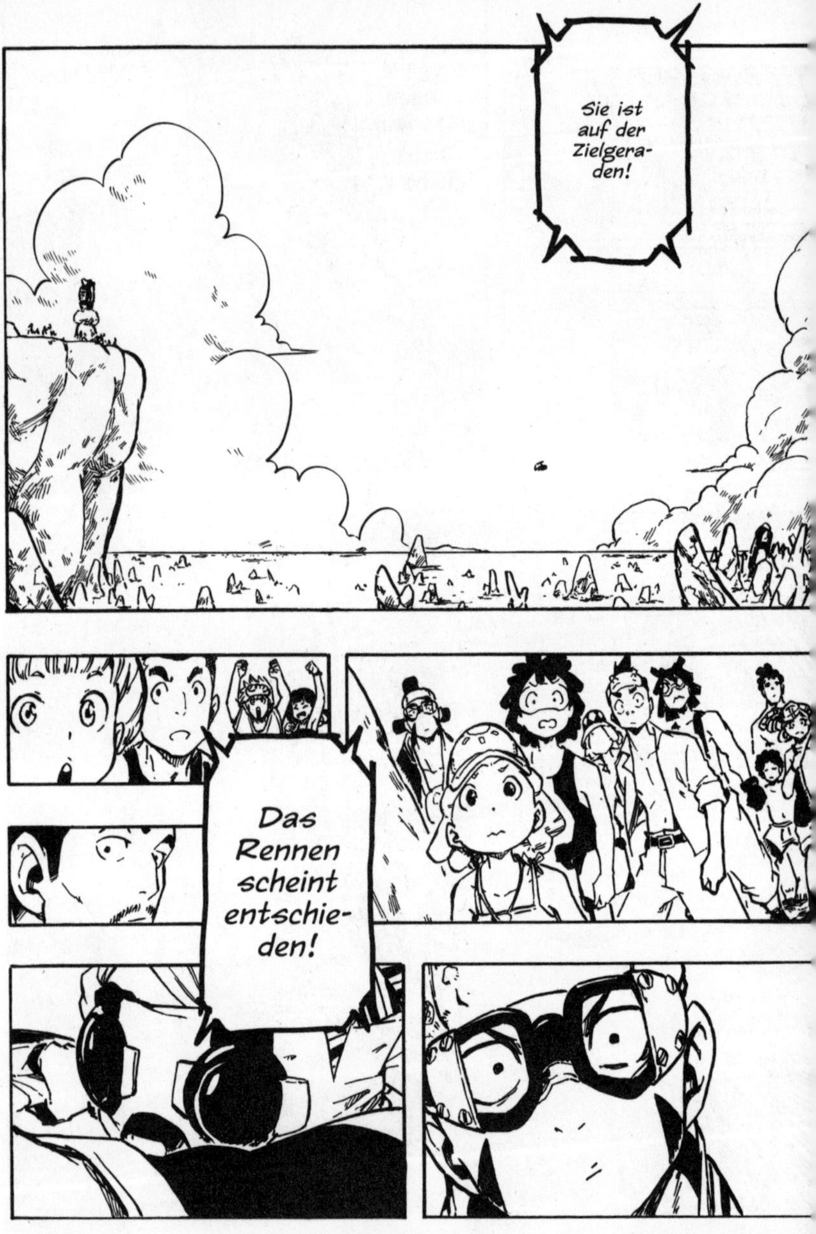
Sie ist auf der Zielgeraden!
Das Rennen scheint entschieden!

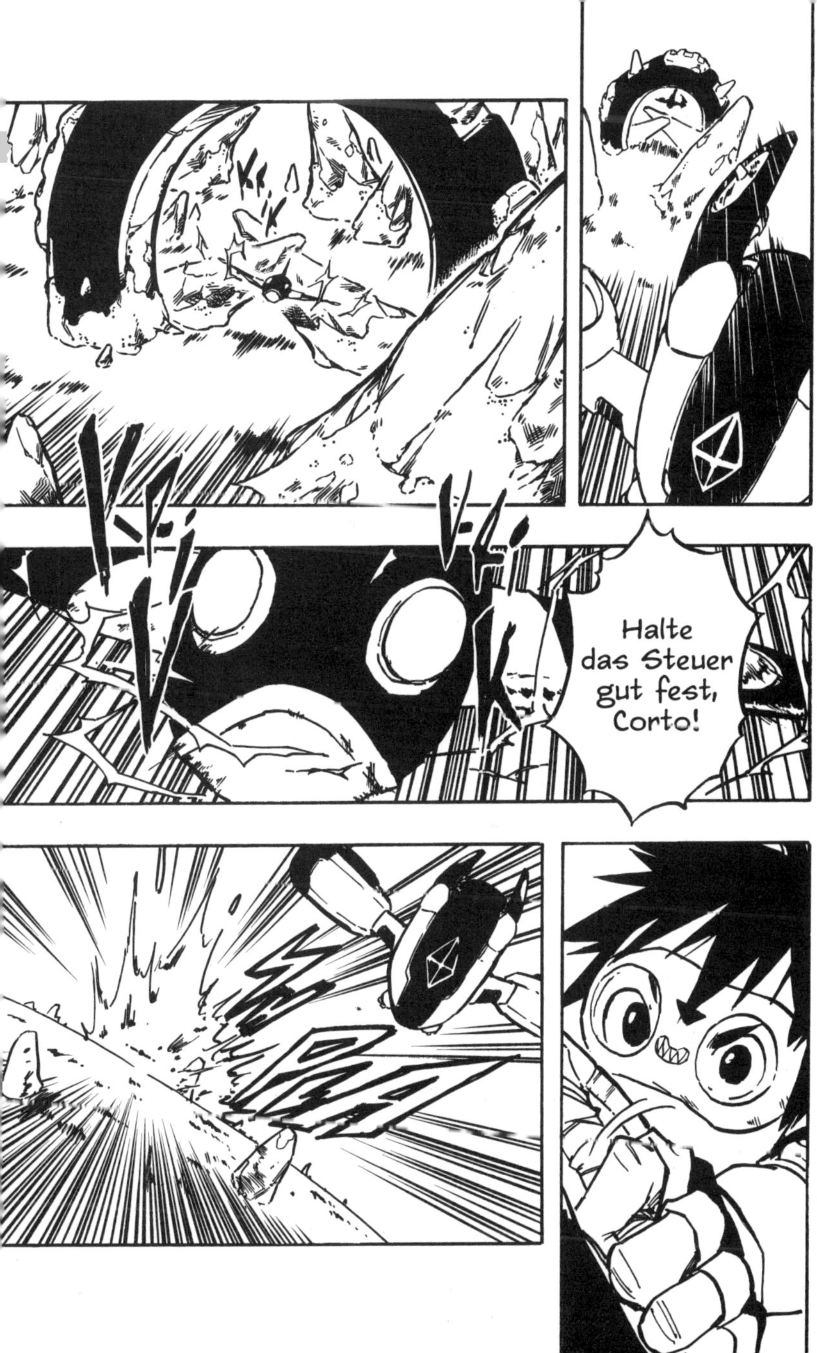
Halte das Steuer gut fest, Corto!

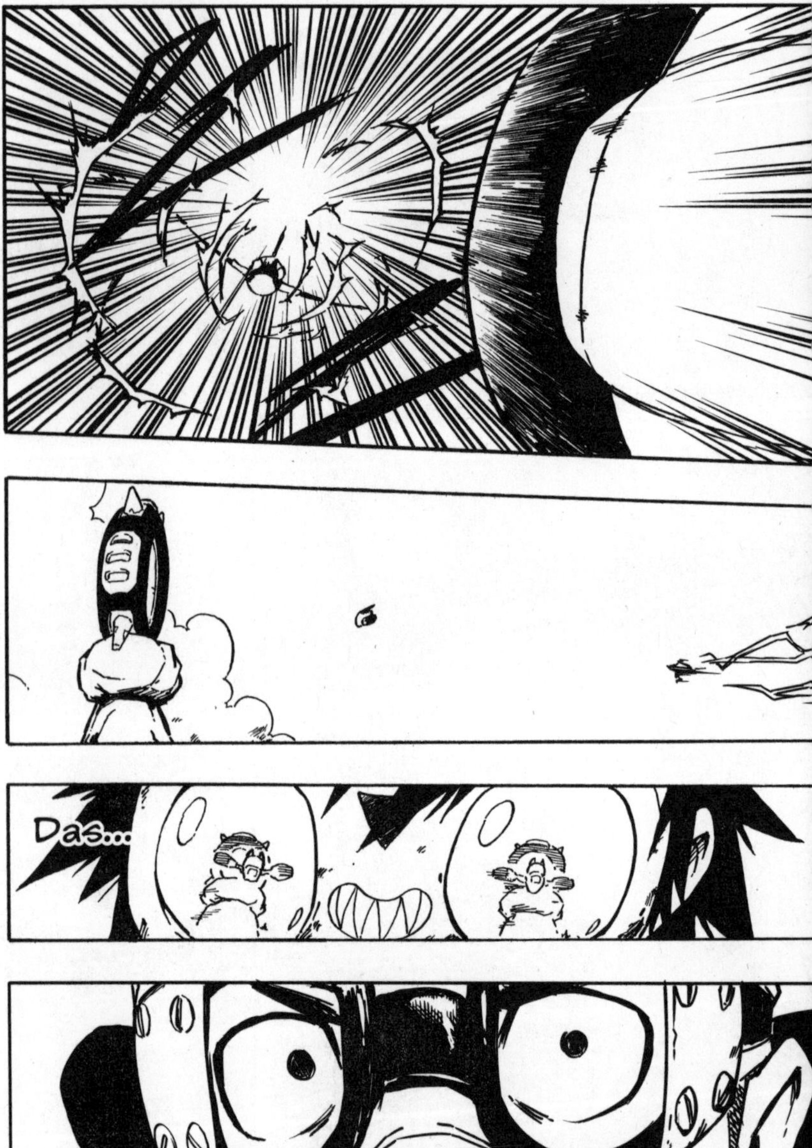
Das...

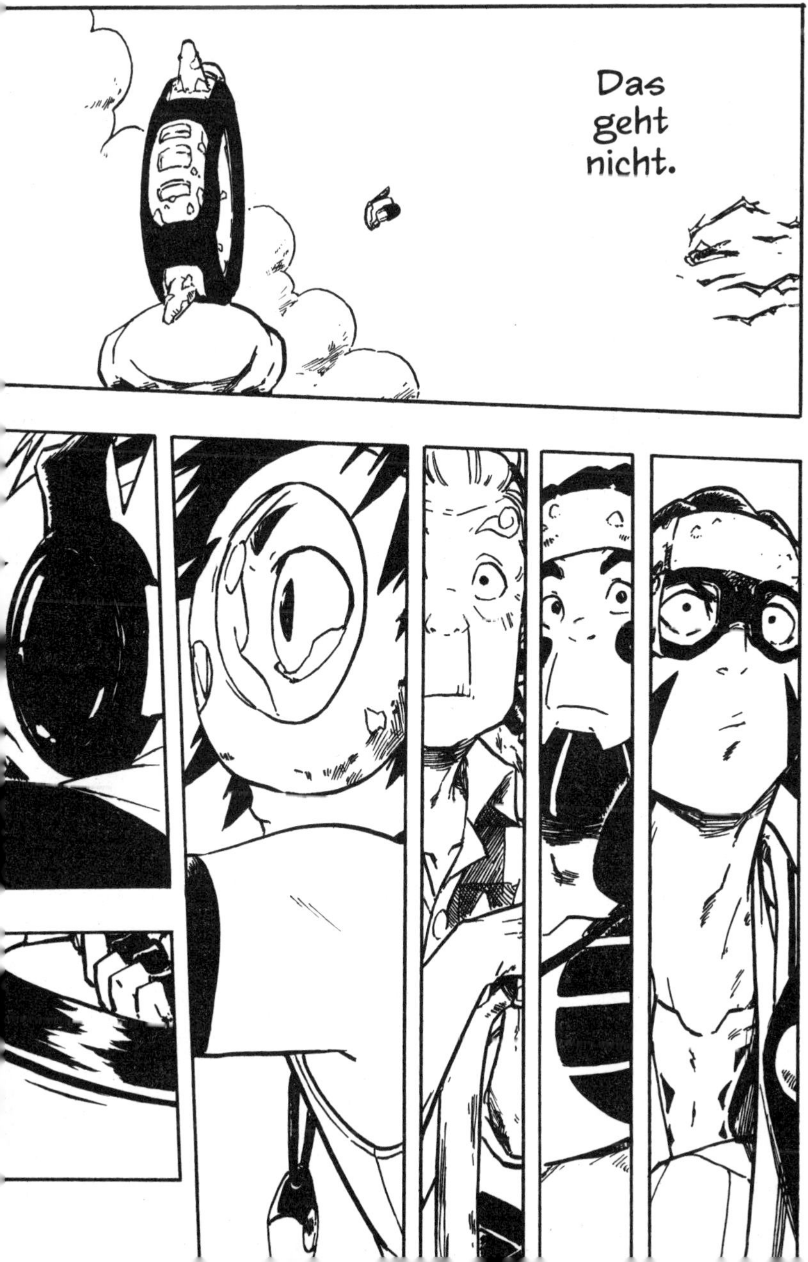
Das geht nicht.

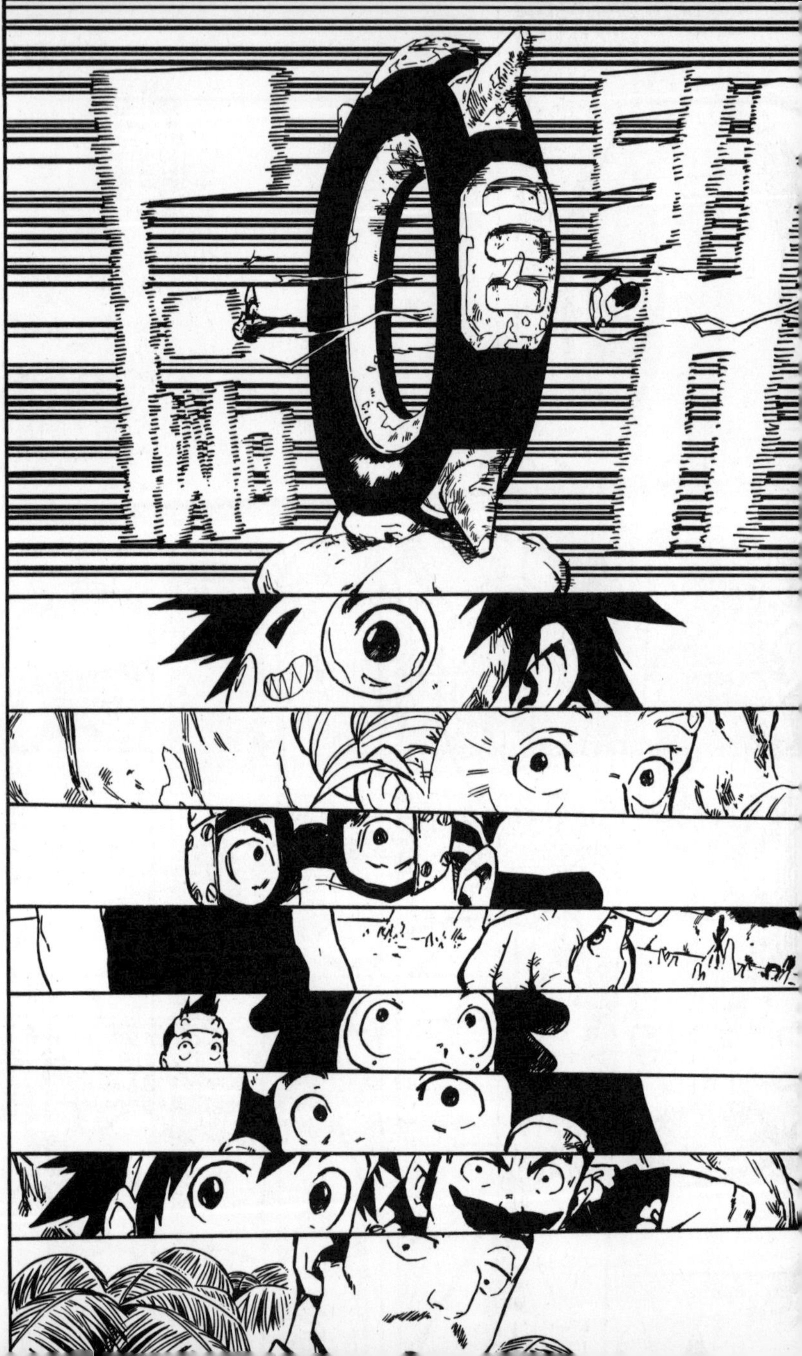

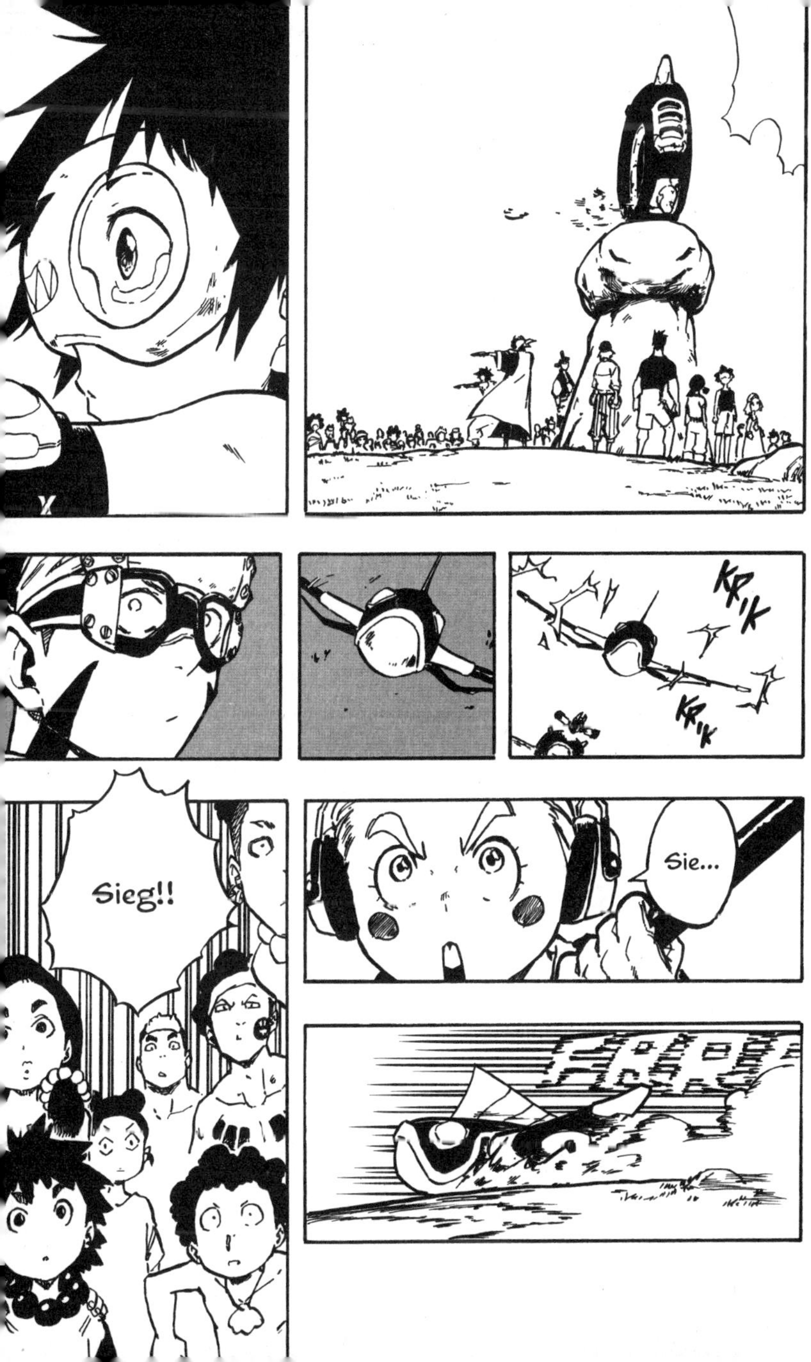
KRIK
KRIK
Sie...
Sieg!!

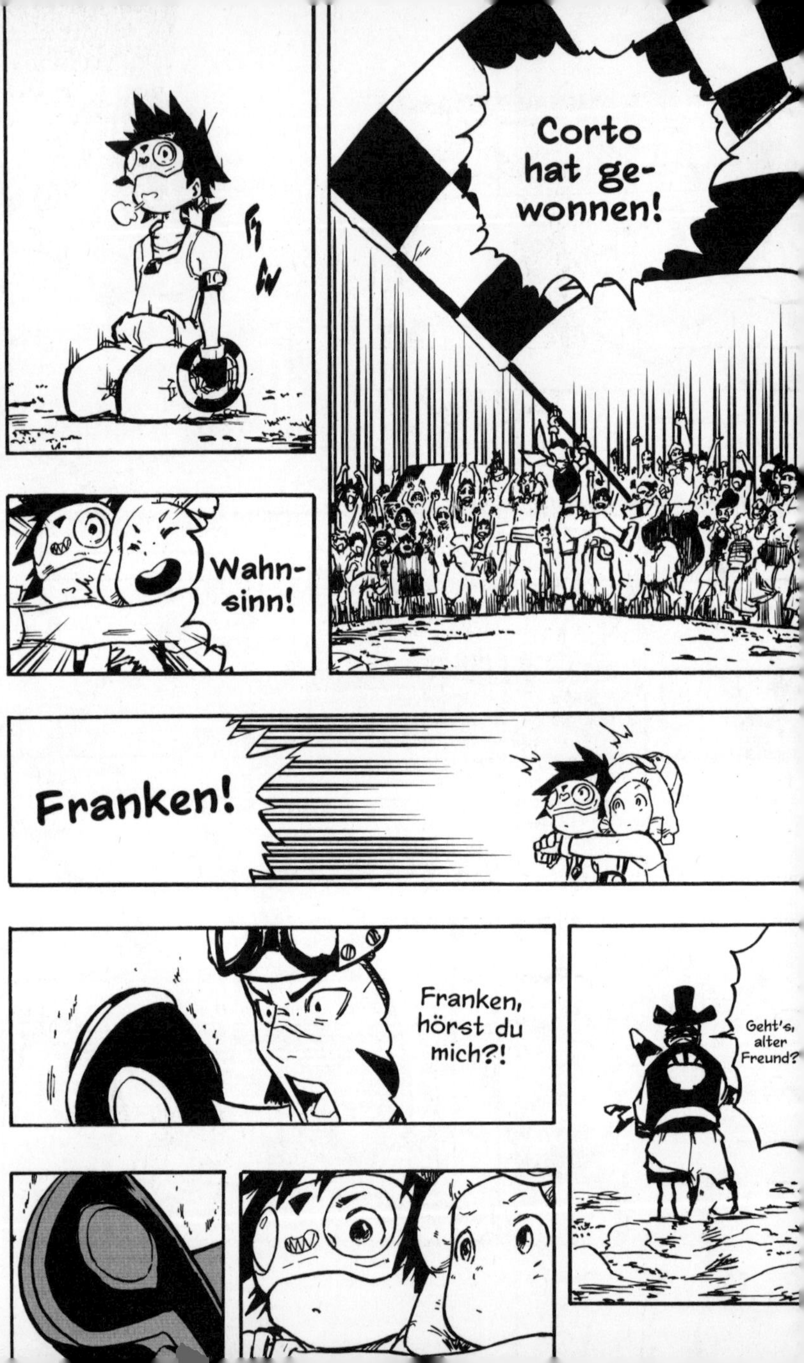

Corto hat gewonnen!
Wahnsinn!
Franken!
Geht's, alter Freund?
Franken, hörst du mich?!

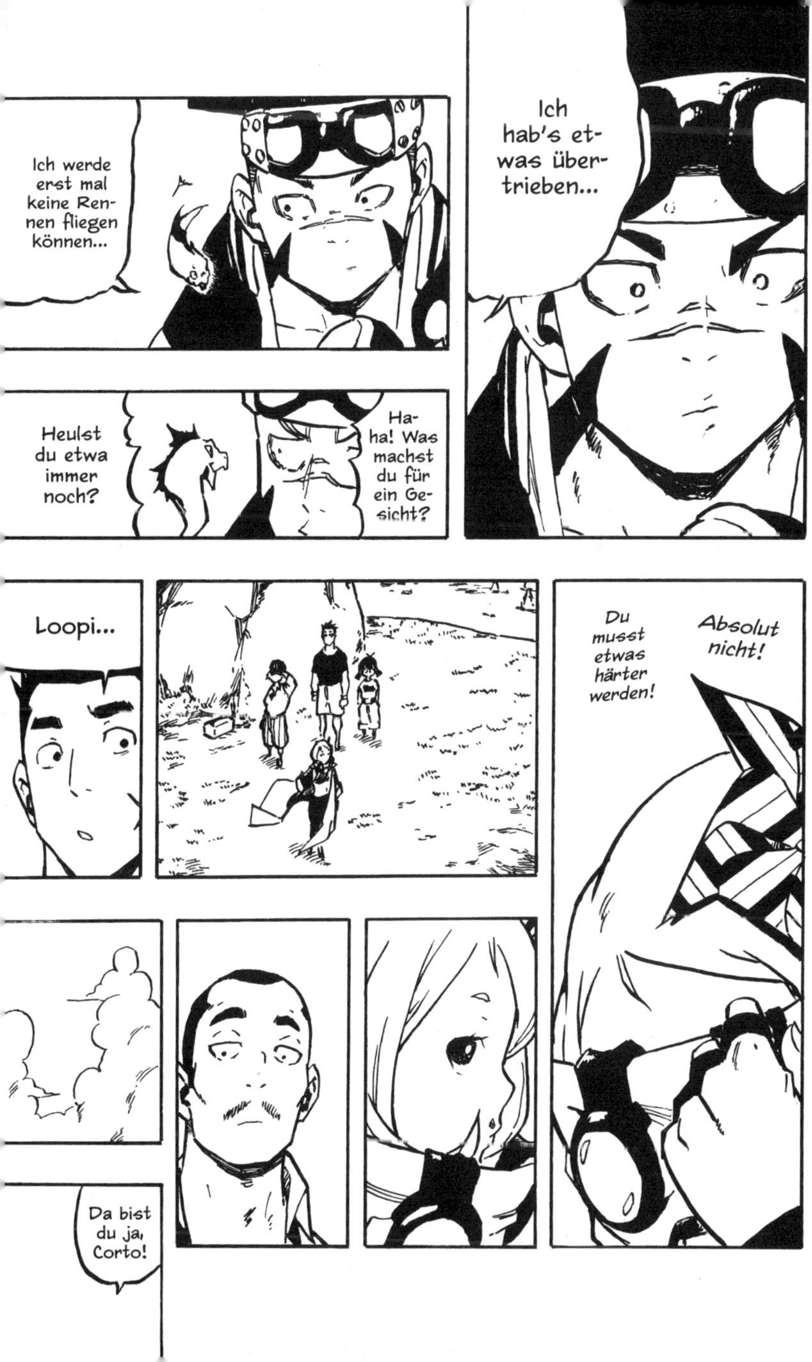

Ich werde erst mal keine Rennen fliegen können...
Ich hab's etwas übertrieben...
Heulst du etwa immer noch?
Haha! Was machst du für ein Gesicht?
Loopi...
Du musst etwas härter werden!
Absolut nicht!
Da bist du ja, Corto!

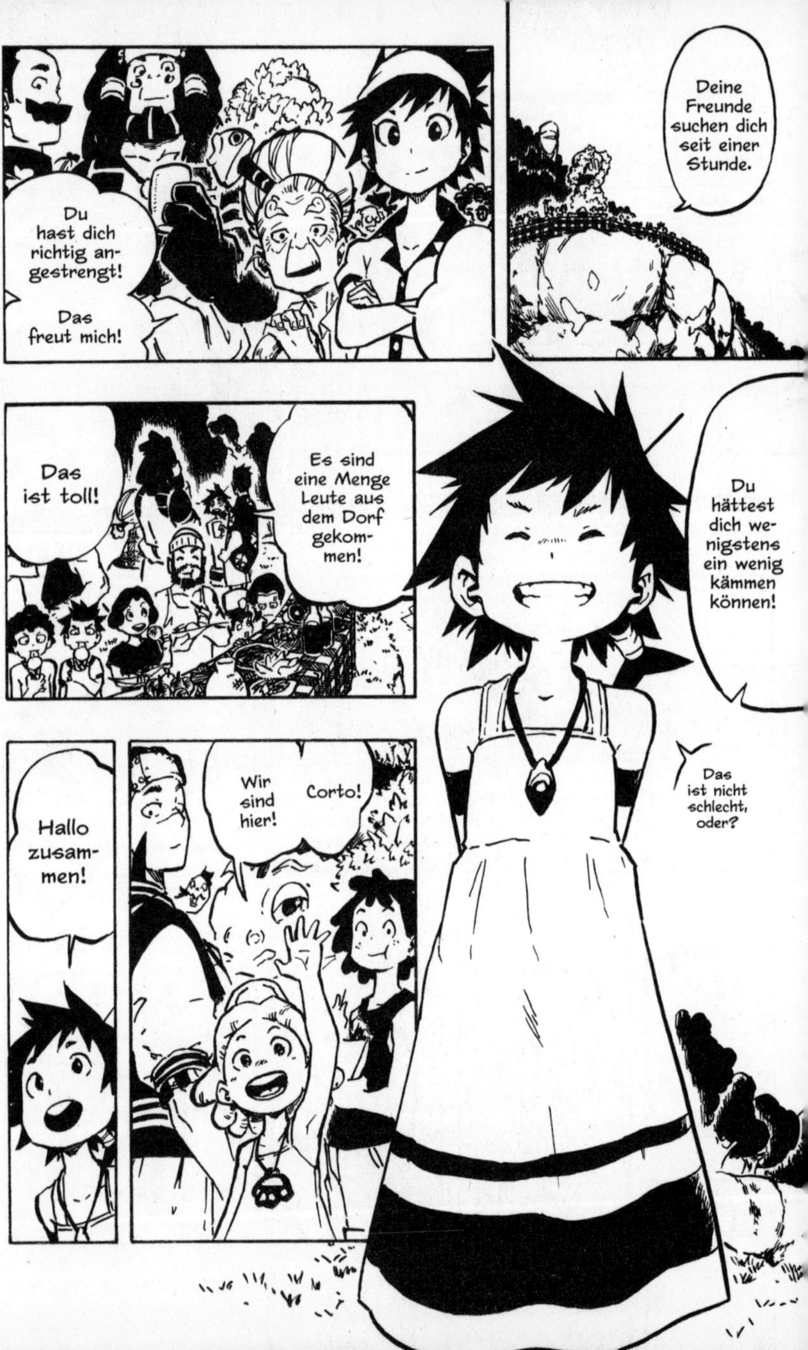
Deine Freunde suchen dich seit einer Stunde.
Du hast dich richtig angestrengt!
Das freut mich!
Du hättest dich wenigstens ein wenig kämmen können!
Das ist nicht schlecht, oder?
Es sind eine Menge Leute aus dem Dorf gekommen!
Das ist toll!
Corto!
Wir sind hier!
Hallo zusammen!

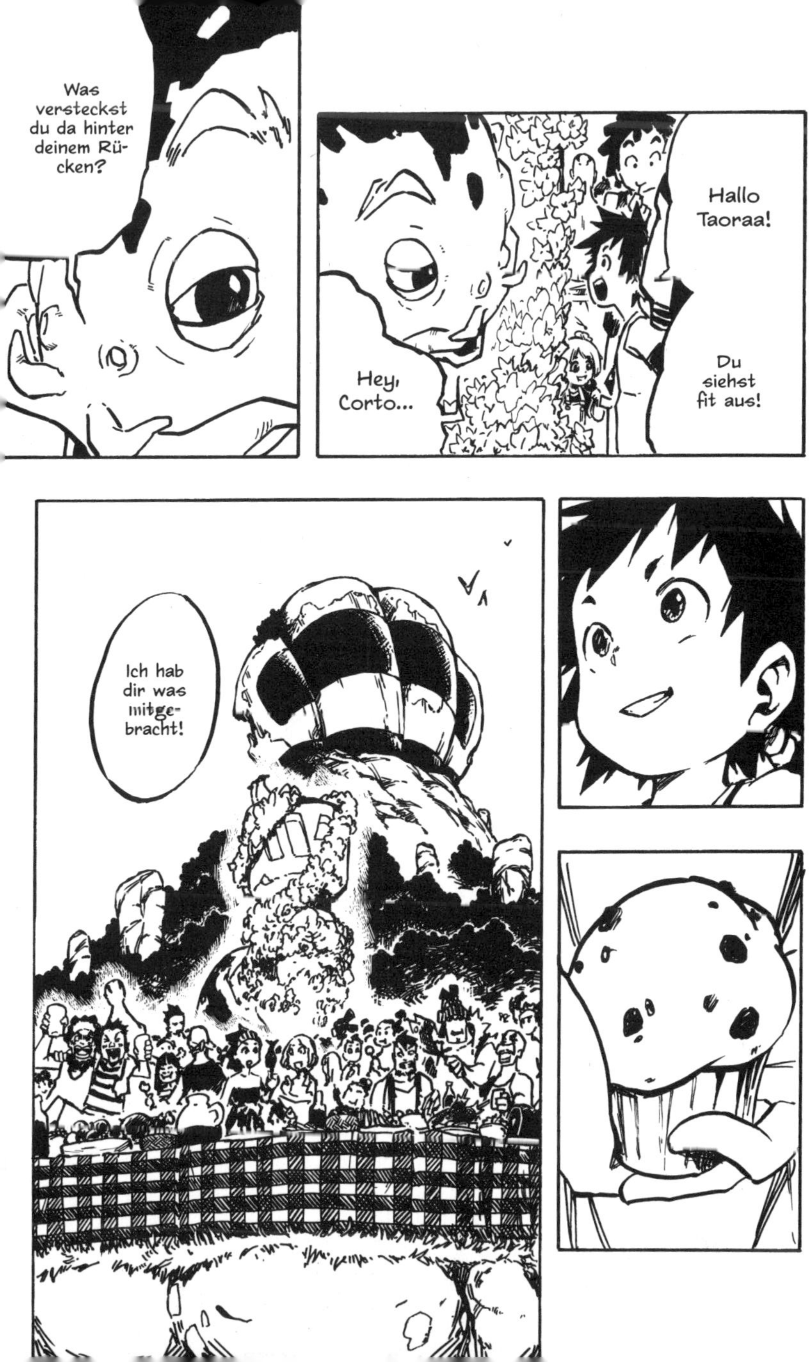
Hallo Taoraa!
Du siehst fit aus!
Hey, Corto...
Was versteckst du da hinter deinem Rücken?
Ich hab dir was mitgebracht!

DRONERS CLOE

SPEZIAL-STECKBRIEF

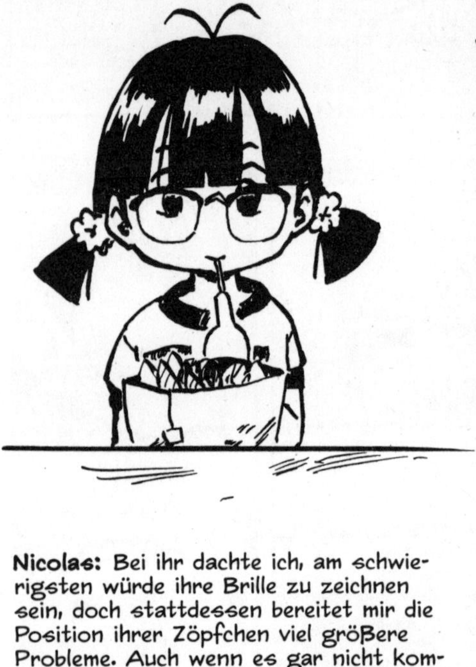

Alter: 23 Jahre

Vorlieben:
Sahnegebäck, Schokolade, Meeresfrüchte

Abneigungen:
Sie mag es nicht, nicht die Klassenbeste zu sein.
Sie studiert Ingenieurwesen an der Universität von Oirahi, übrigens die einzige Uni auf Tuamotu.
Sie konnte die vielen Maschinen der Universität nutzen, um die Teile von Loopis Drohne zusammenzubauen.
Das hat der Drohne ihr professionelles Aussehen geschenkt.

Nicolas: Bei ihr dachte ich, am schwierigsten würde ihre Brille zu zeichnen sein, doch stattdessen bereitet mir die Position ihrer Zöpfchen viel größere Probleme. Auch wenn es gar nicht kompliziert aussieht, das muss ich zugeben!

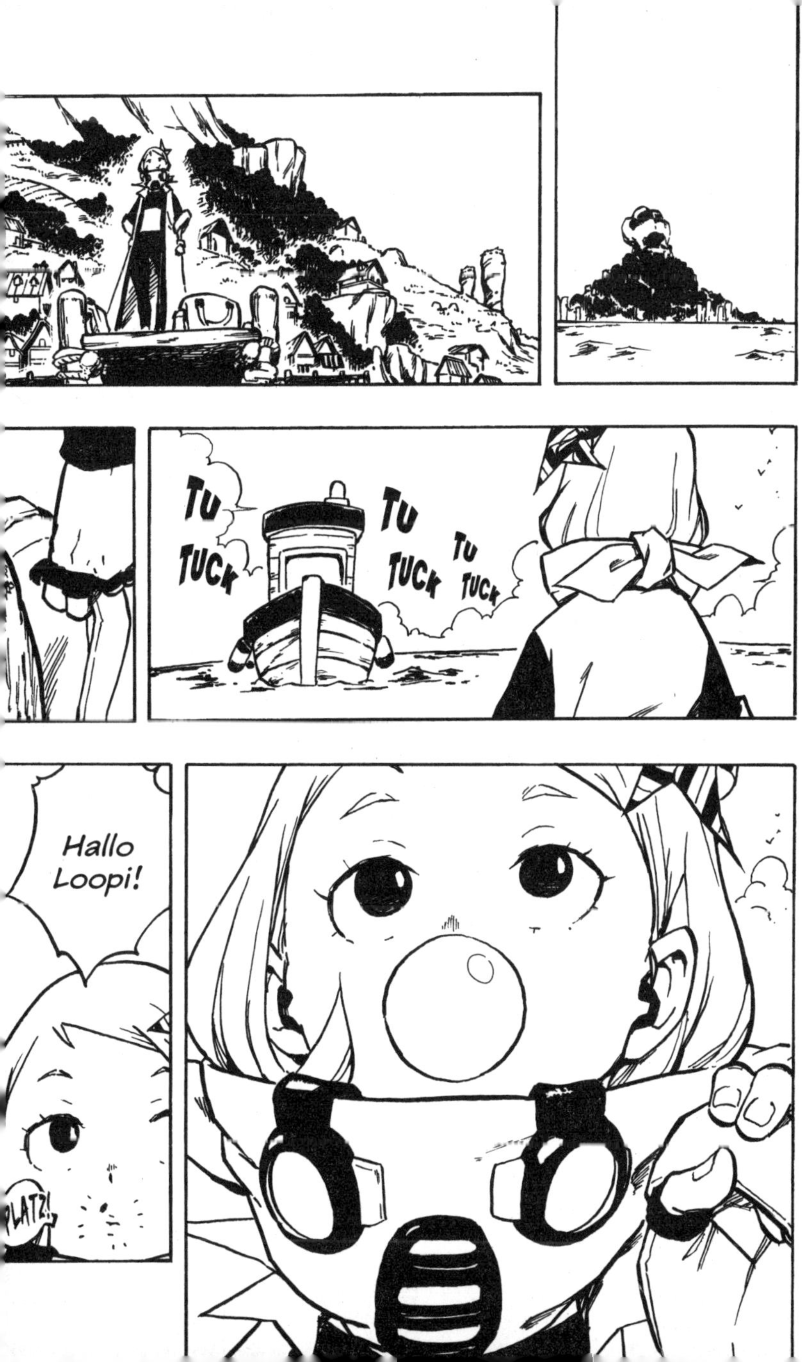
TU TUCK
TU TUCK
TU TUCK
Hallo Loopi!
PLATZ!

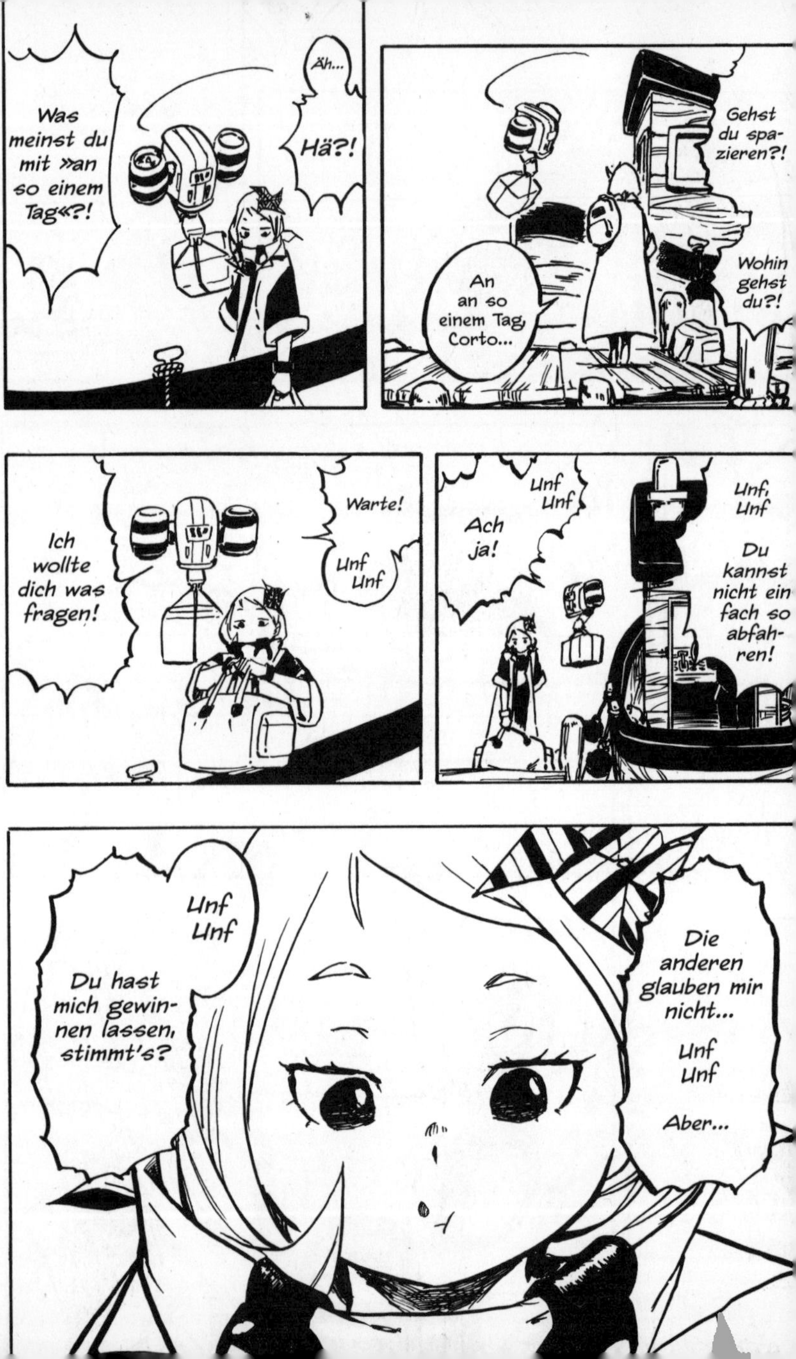
Gehst du spazieren?!
Wohin gehst du?!
An an so einem Tag, Corto...
Äh...
Hä?!
Was meinst du mit »an so einem Tag«?!
Unf, Unf
Du kannst nicht ein fach so abfahren!
Unf Unf
Ach ja!
Warte!
Unf Unf
Ich wollte dich was fragen!
Die anderen glauben mir nicht...
Unf Unf
Aber...
Unf Unf
Du hast mich gewinnen lassen, stimmt's?

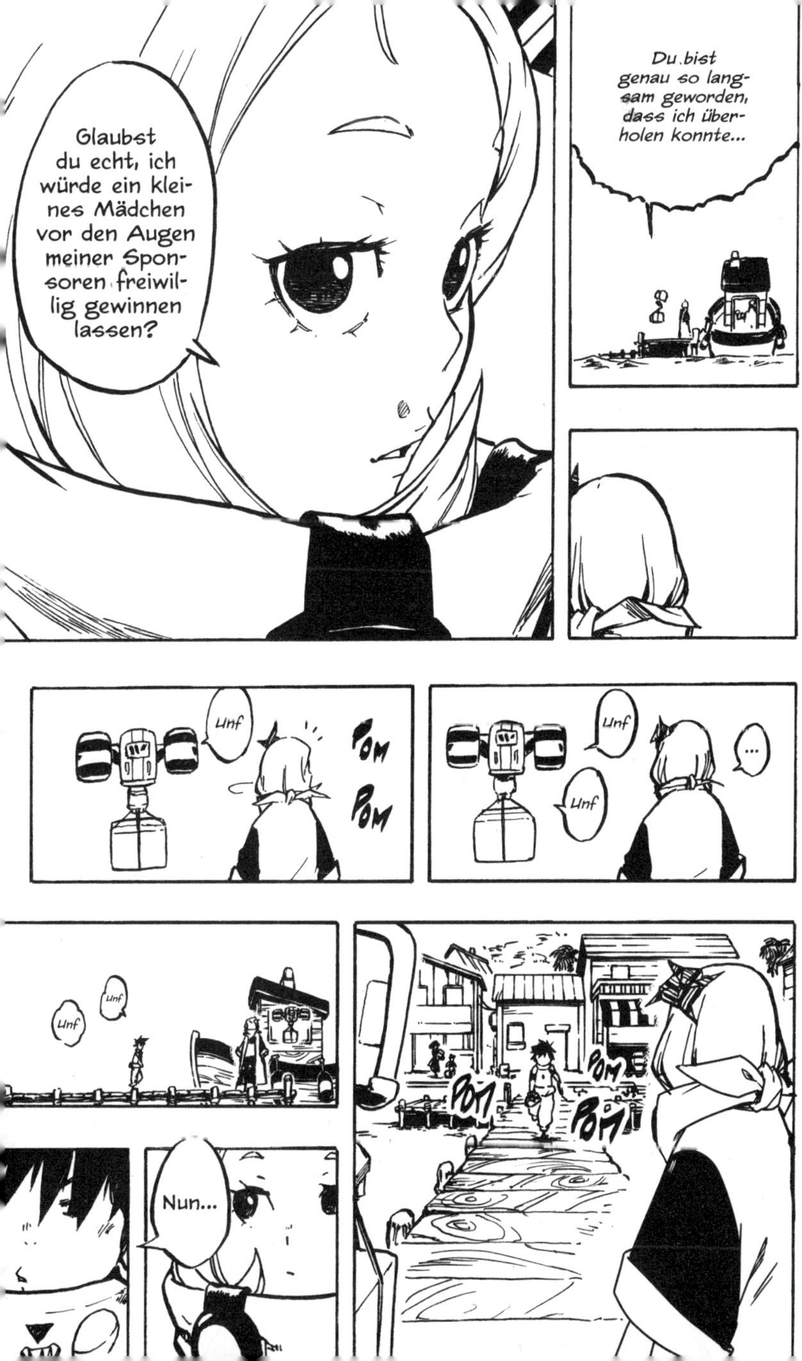
Du bist genau so langsam geworden, dass ich überholen konnte...
Glaubst du echt, ich würde ein kleines Mädchen vor den Augen meiner Sponsoren freiwillig gewinnen lassen?
...
Unf
Unf
Unf
POM
POM
Unf
Unf
POM
POM
POM
Nun...

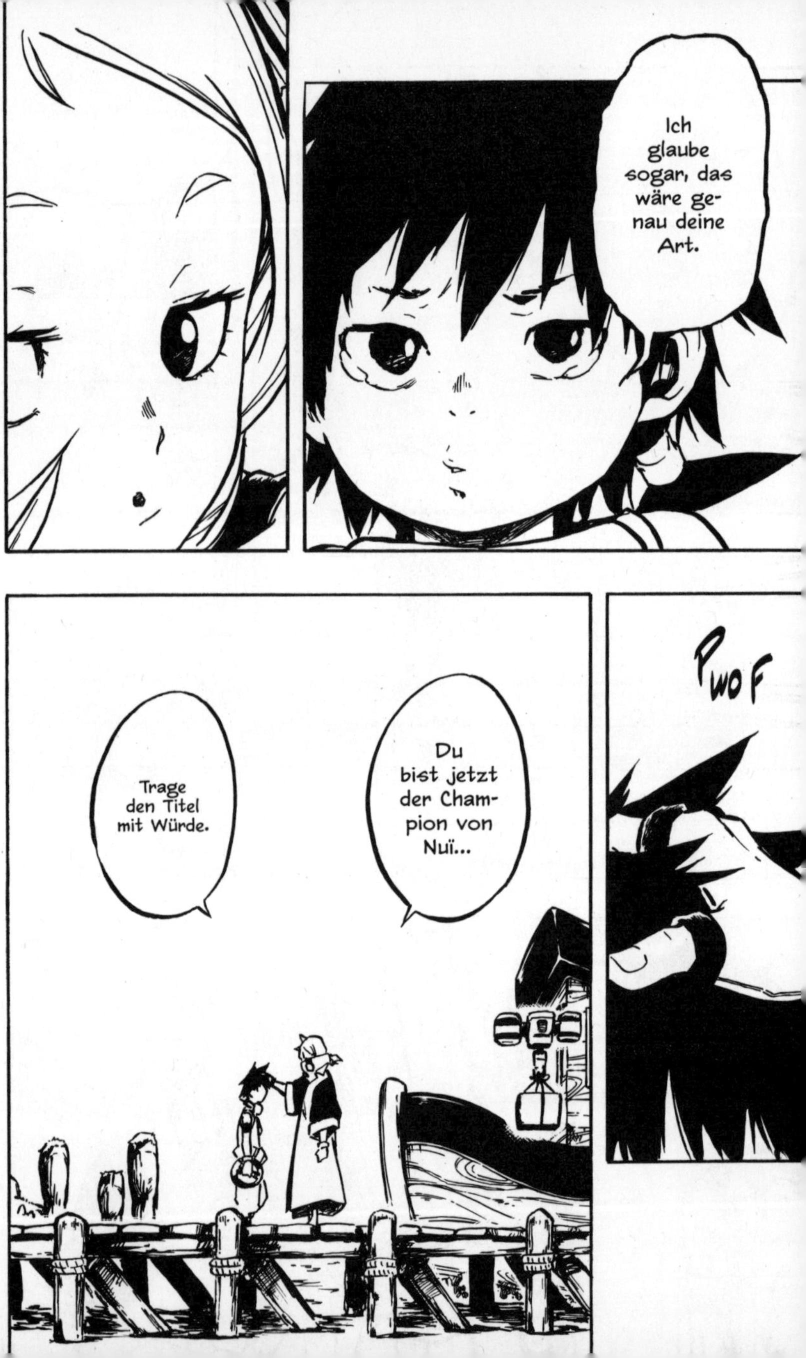
Ich glaube sogar, das wäre genau deine Art.
PWOF
Du bist jetzt der Champion von Nuï...
Trage den Titel mit Würde.

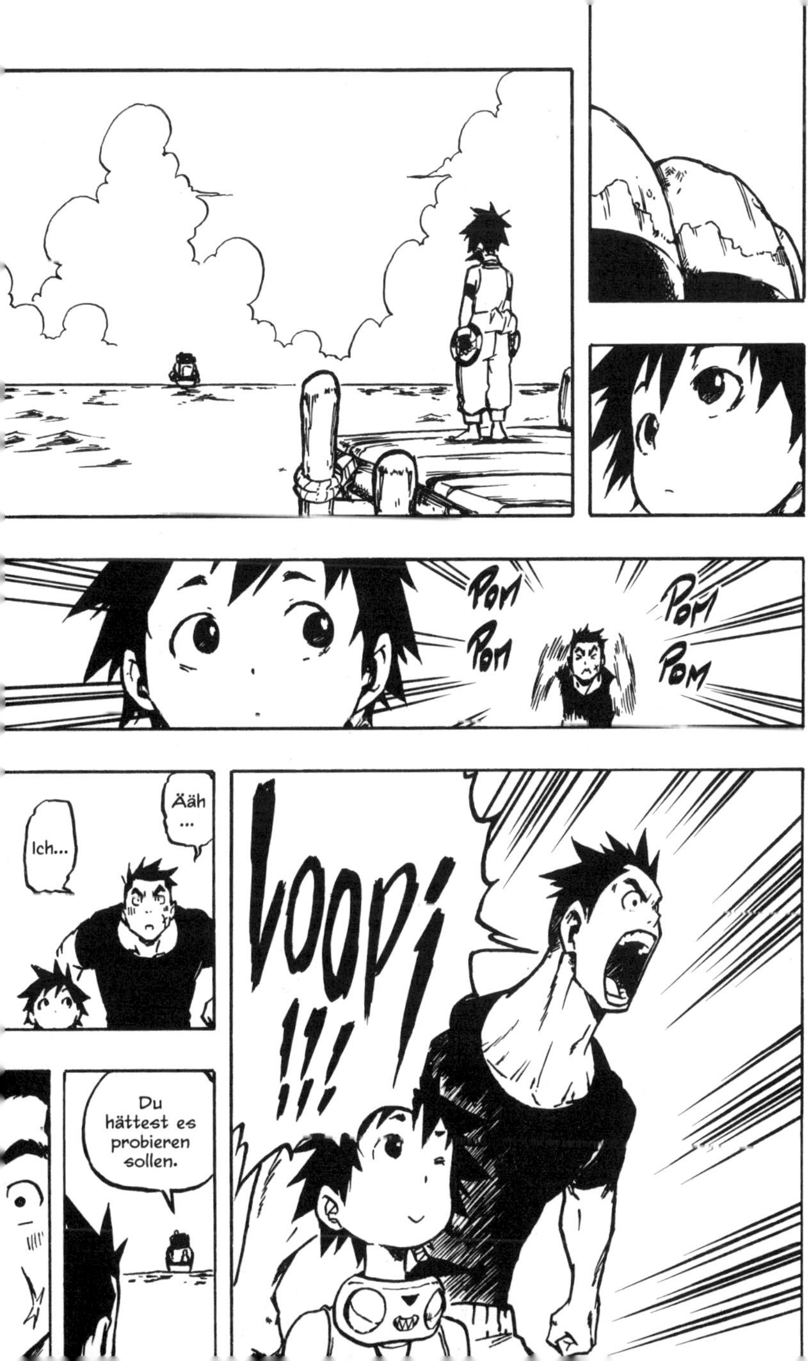
Pom
Pom
Pom
Pom
Voopi!!!
Ääh ...
Ich...
Du hättest es probieren sollen.

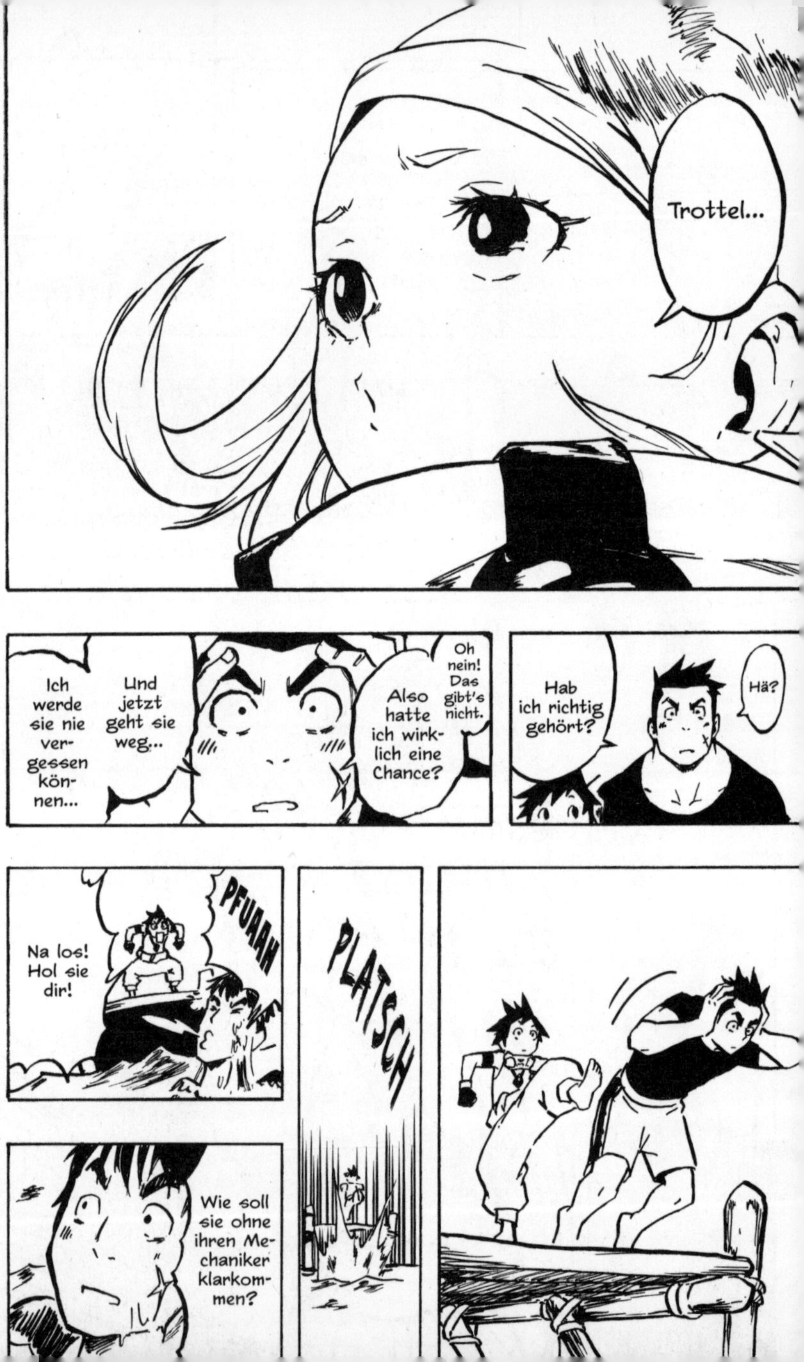

Trottel...
Hä?
Hab ich richtig gehört?
Oh nein! Das gibt's nicht.
Also hatte ich wirklich eine Chance?
Und jetzt geht sie weg...
Ich werde sie nie vergessen können...
PLATSCH
PFUAAH
Na los! Hol sie dir!
Wie soll sie ohne ihren Mechaniker klarkommen?

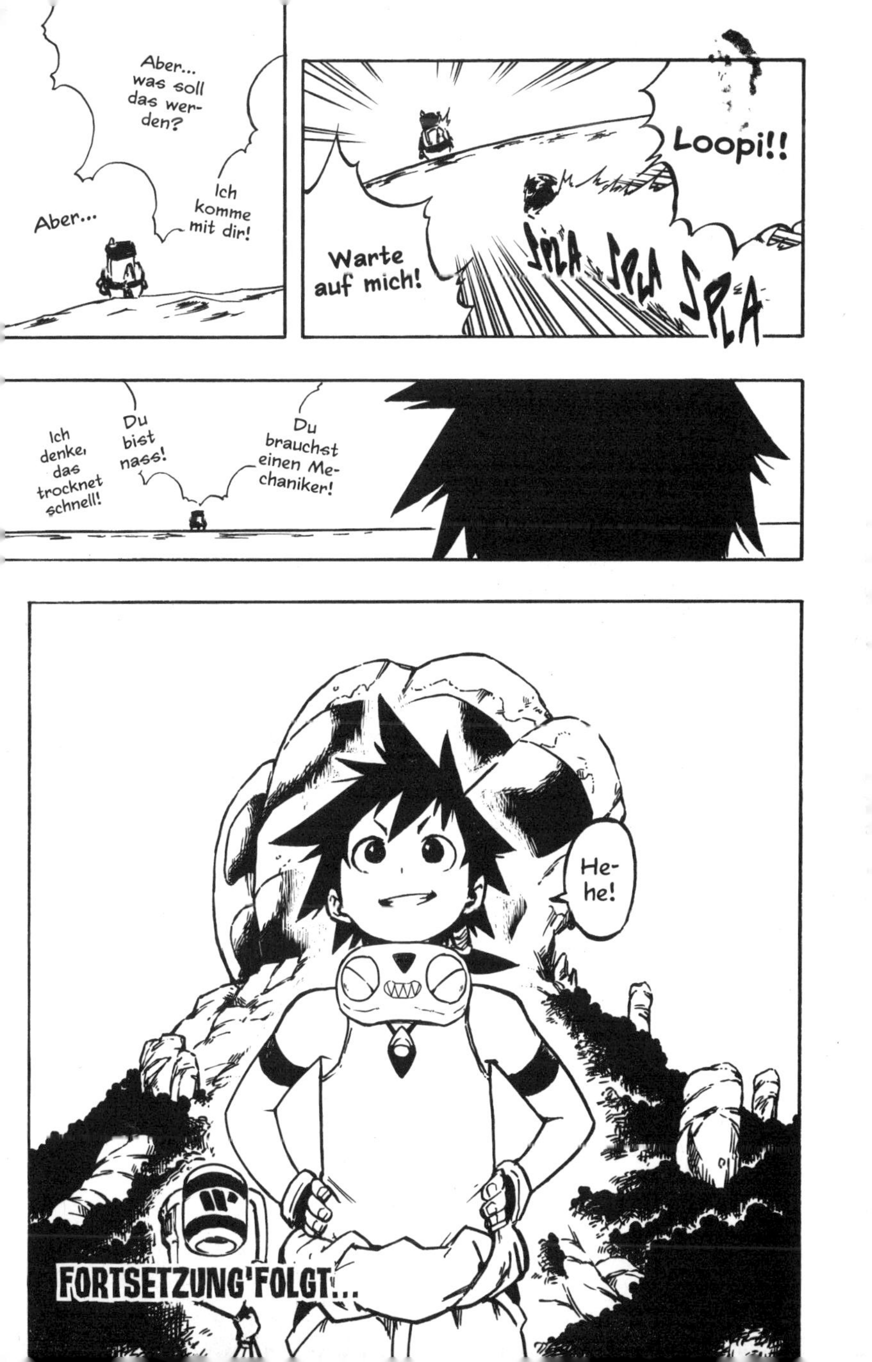
Aber...
Aber... was soll das werden?
Ich komme mit dir!
Loopi!!
Warte auf mich!
SPLA SPLA SPLA
Du brauchst einen Mechaniker!
Du bist nass!
Ich denke, das trocknet schnell!
He-he!
FORTSETZUNG FOLGT...

DRONERS DIE FORTSETZUNG

SPEZIAL-
STECKBRIEF

Hallo, Nicolas hier! Hier wären wir nun am Ende von Band 2... oder fast...

Von Anfang an wollte Kana* mindestens drei Bände von Droners machen. Da ich aber auch eigene Projekte im Kopf hatte, wollte ich mich nur für zwei Bände verpflichten...
Unser Verlagsleiter Timothée hatte die Idee jemanden zu finden, der zunächst mein Assistent sein und dann die Serie übernehmen sollte, nachdem er sich in sie eingearbeitet hätte.

So kam Thibaud zu unserem Projekt.
Neben den etwas undankbaren Aufgaben des Jobs, wie zum Beispiel, sich um Volltonfarben und Geschwindigkeitslinien zu kümmern, fertigte er auch enorm viele Hintergründe an.

Er ist ein fleißiger Arbeiter und hat in diesen beiden Bänden immense Fortschritte gemacht. Ich bin sicher, dass sein Band 3 diesem hier in nichts nachstehen wird.
Und um den Fortschritt zu verfolgen, besucht ihn am besten auf seinem Insta-Profil:
@usernametibo

Jetzt ist es an der Zeit, ihm mit dieser Geschichte, die er umgesetzt hat, den Staffelstab zu übergeben, während ich damit beschäftigt war, ihm Arbeit zu schicken... dōzo!

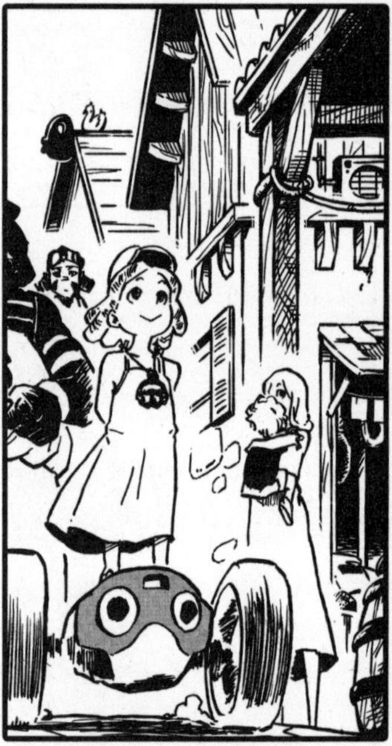

Einer der vielen Hintergründe, die Thibaud geschaffen hat!

* der französische Original-Verlag

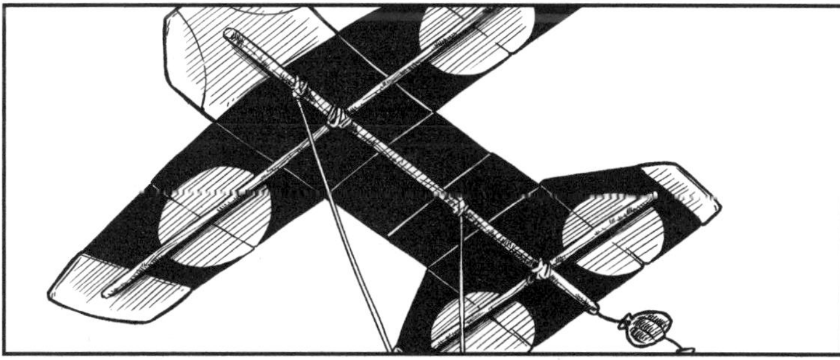

DRONERS: IM WINDSCHATTEN

TIBO

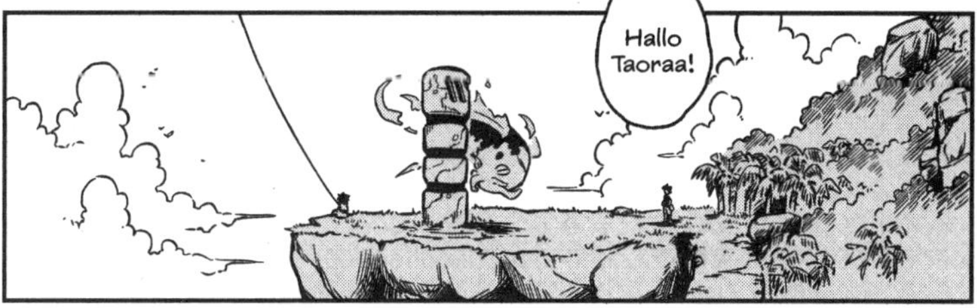

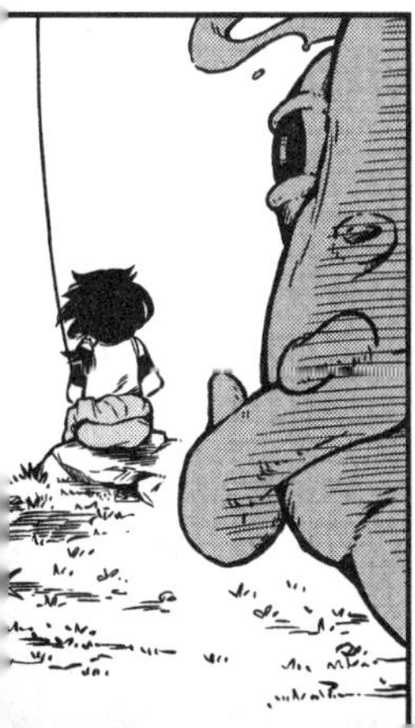

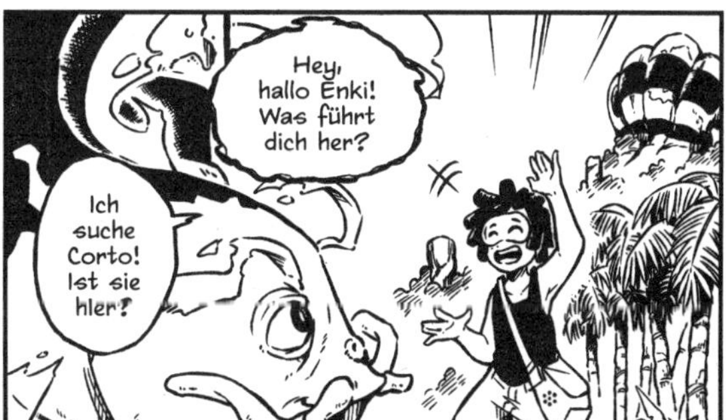

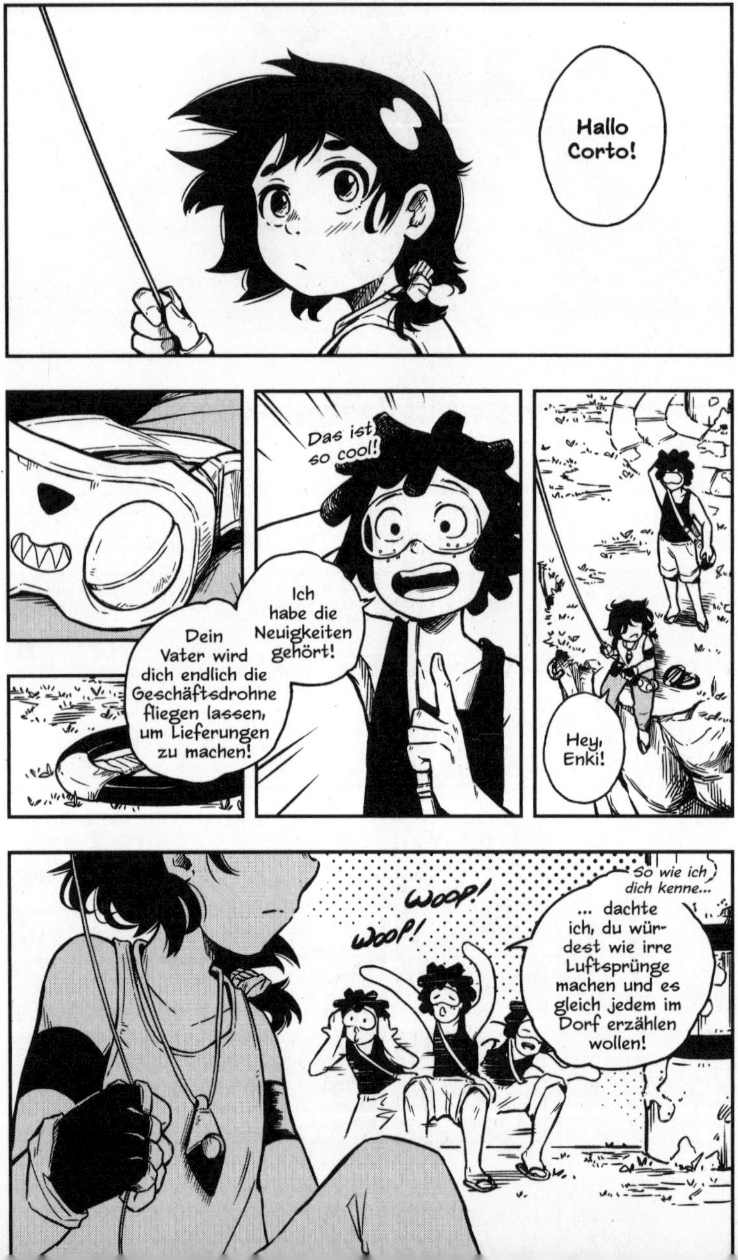
Hallo Corto!
Das ist so cool!
Ich habe die Neuigkeiten gehört!
Dein Vater wird dich endlich die Geschäftsdrohne fliegen lassen, um Lieferungen zu machen!
Hey, Enki!
So wie ich dich kenne...
... dachte ich, du würdest wie irre Luftsprünge machen und es gleich jedem im Dorf erzählen wollen!
WOOP!
WOOP!

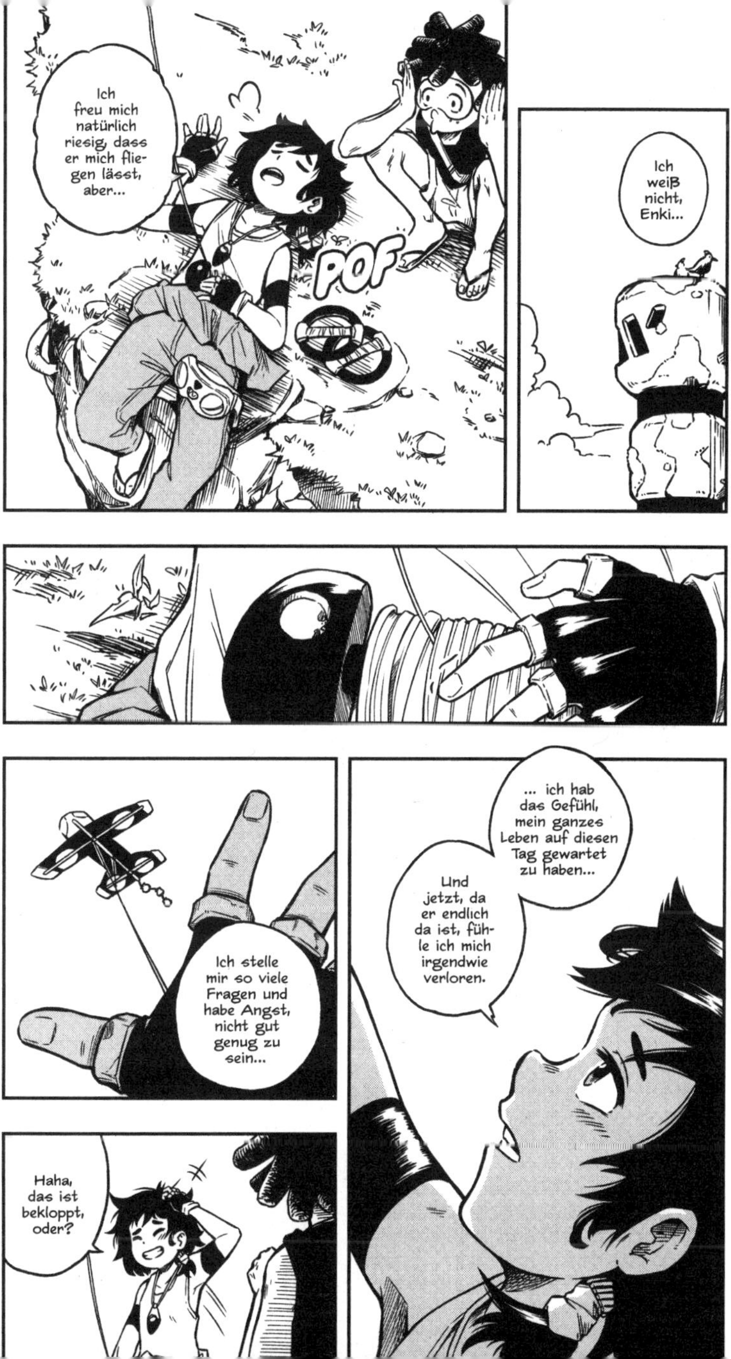
Ich freu mich natürlich riesig, dass er mich fliegen lässt, aber...
POF
Ich weiß nicht, Enki...
... ich hab das Gefühl, mein ganzes Leben auf diesen Tag gewartet zu haben...
Und jetzt, da er endlich da ist, fühle ich mich irgendwie verloren.
Ich stelle mir so viele Fragen und habe Angst, nicht gut genug zu sein...
Haha, das ist bekloppt, oder?

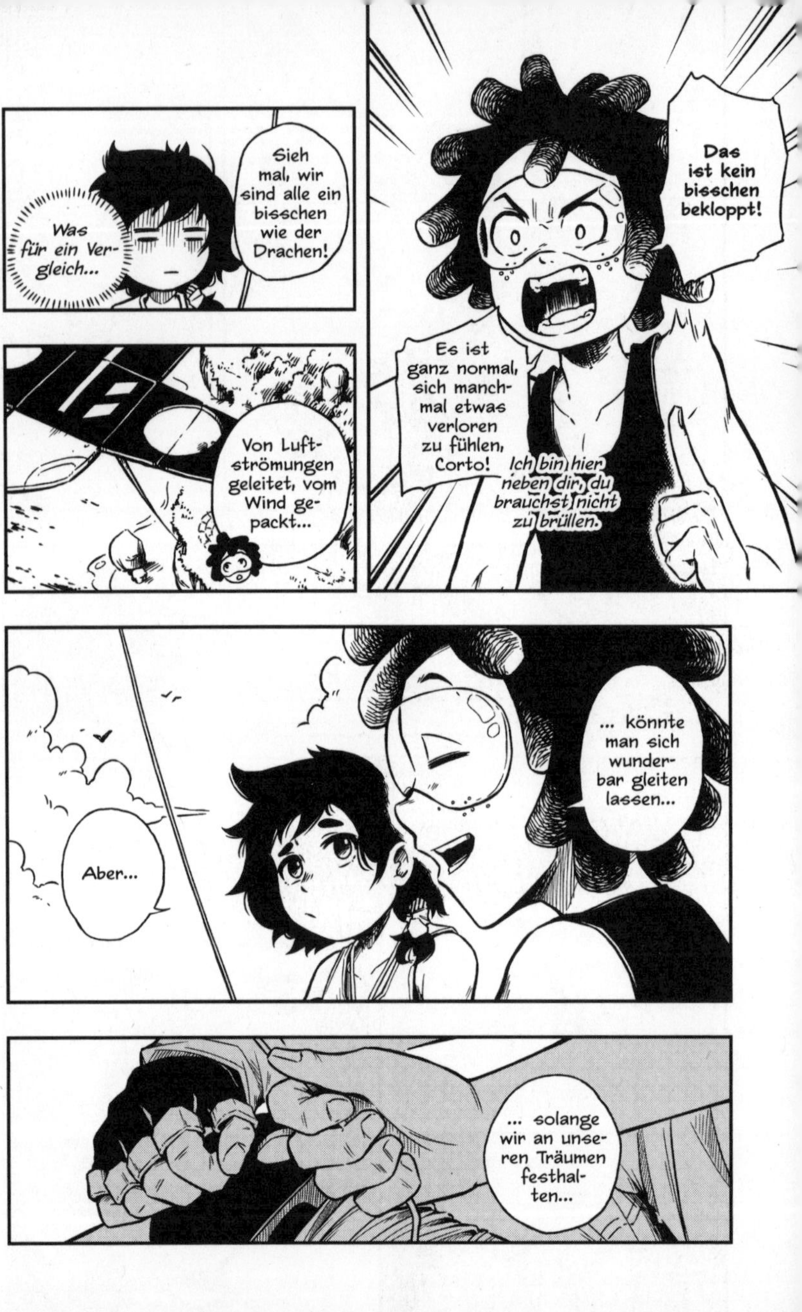
Sieh mal, wir sind alle ein bisschen wie der Drachen!
Was für ein Vergleich...
Von Luftströmungen geleitet, vom Wind gepackt...
Das ist kein bisschen bekloppt!
Es ist ganz normal, sich manchmal etwas verloren zu fühlen, Corto!
Ich bin hier neben dir, du brauchst nicht zu brüllen.
Aber...
... könnte man sich wunderbar gleiten lassen...
... solange wir an unseren Träumen festhalten...

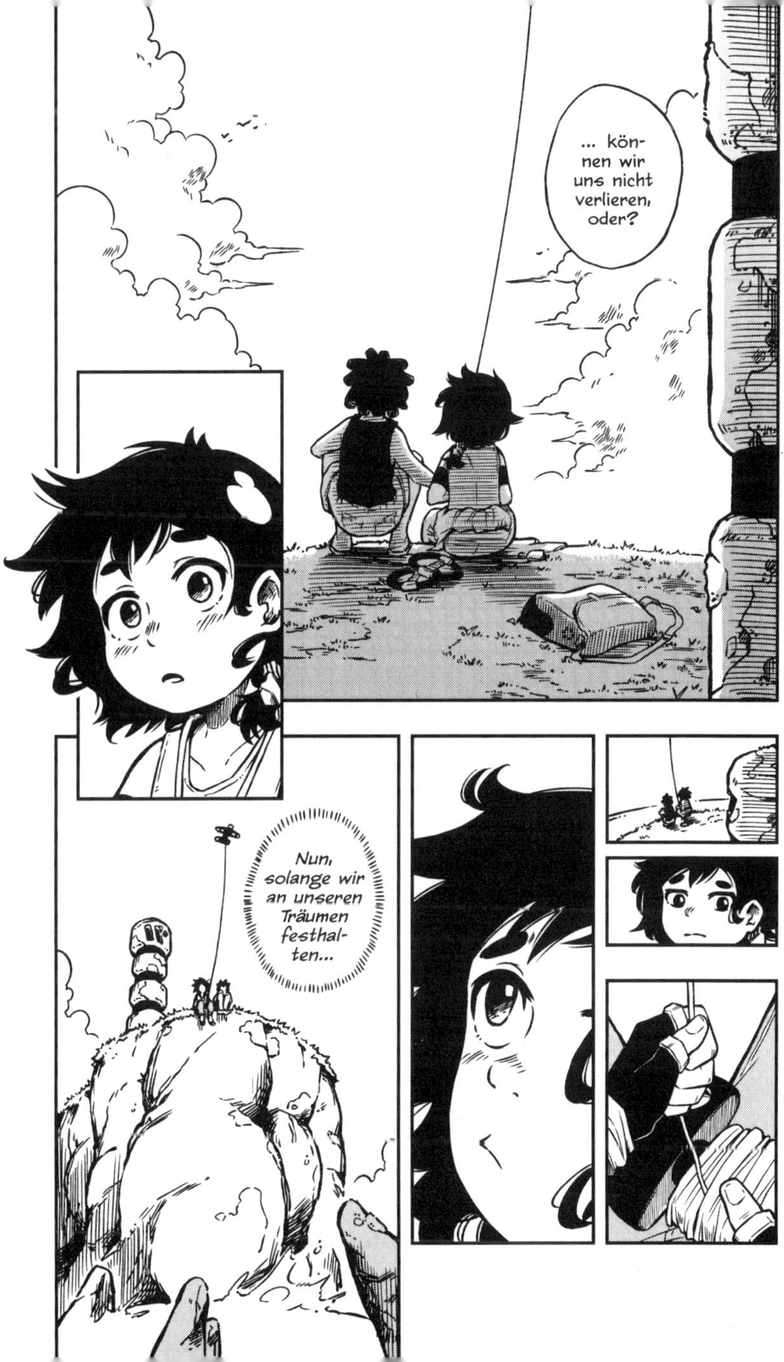
... kön-
nen wir
uns nicht
verlieren,
oder?
Nun,
solange wir
an unseren
Träumen
festhal-
ten...

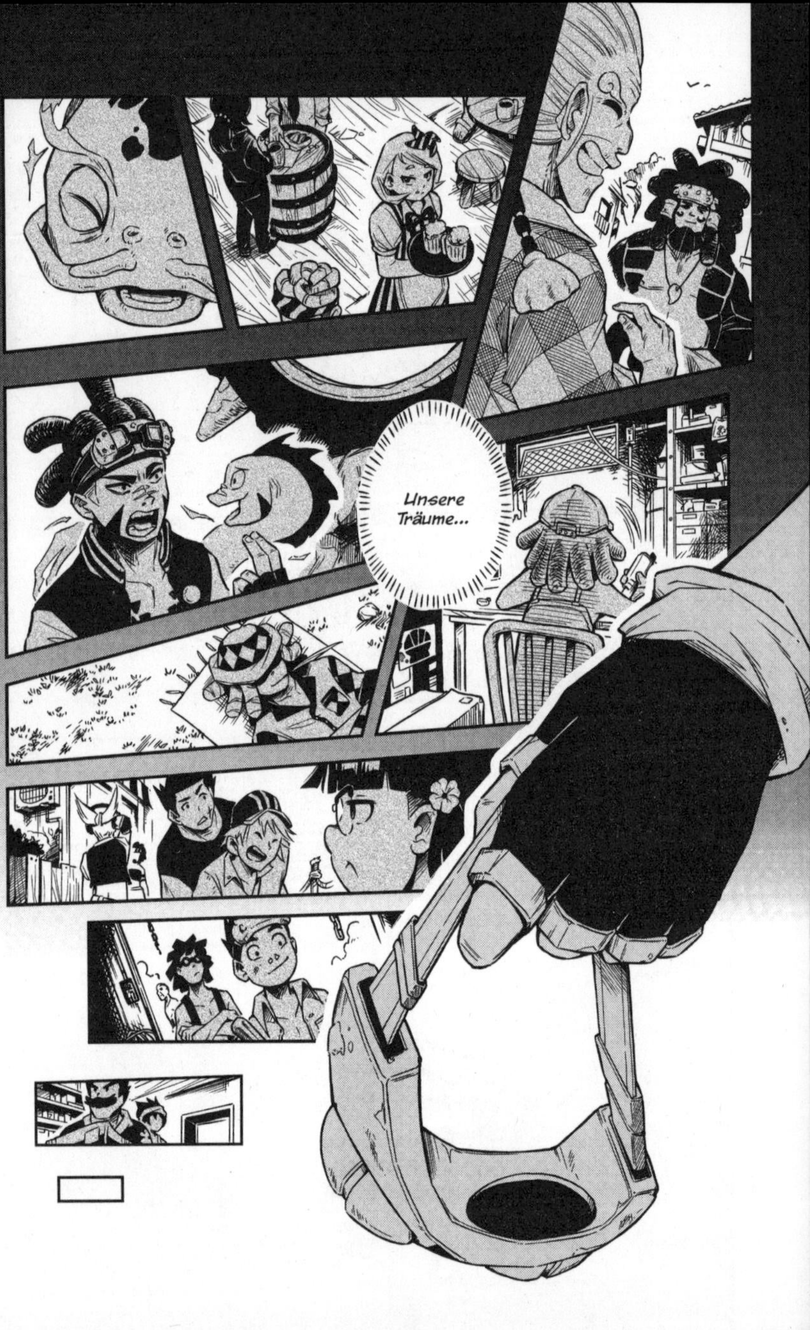
Unsere Träume...

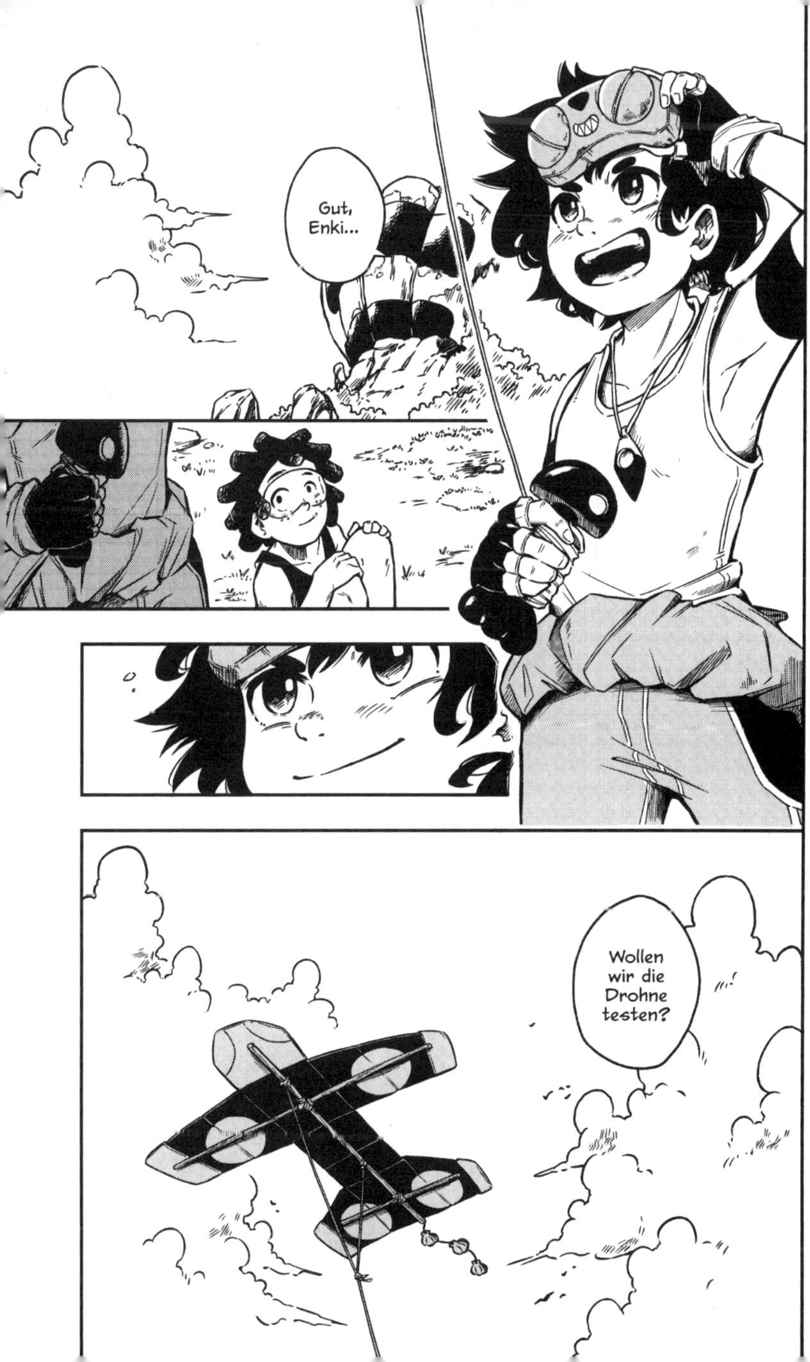
Gut, Enki...
Wollen wir die Drohne testen?

SKIZZEN

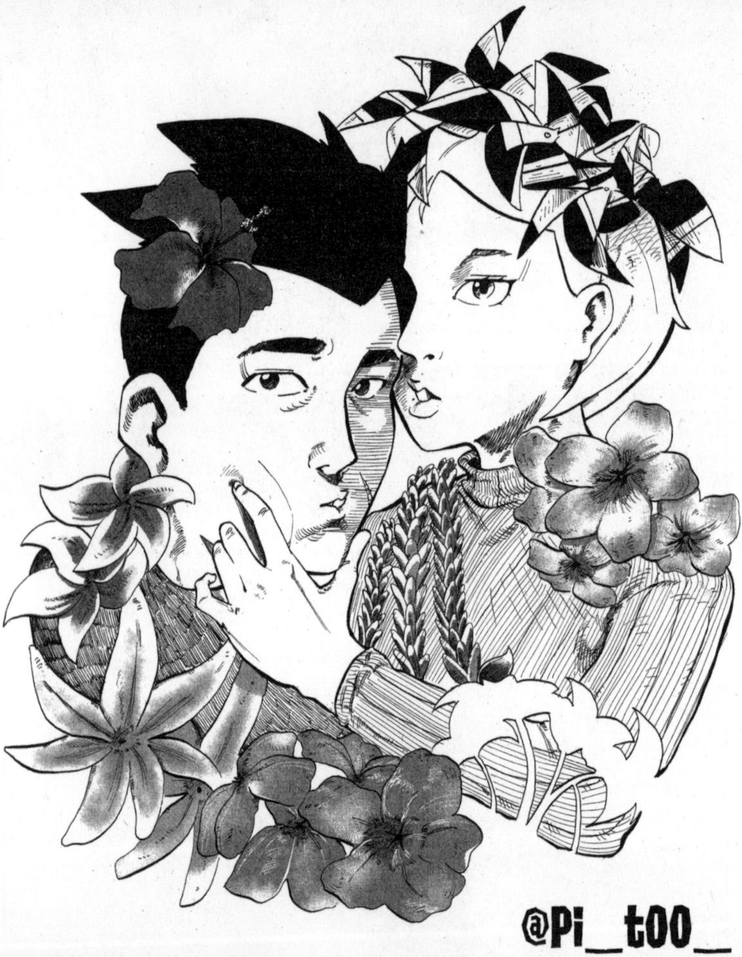

@Pi_t00_

Eine Illustration von David, einem jungen EIMA-Talent, der mir eine Woche lang geholfen hat. Er hat eine Menge Hintergründe gestaltet und auch seinen OC irgendwo in der Menge versteckt.

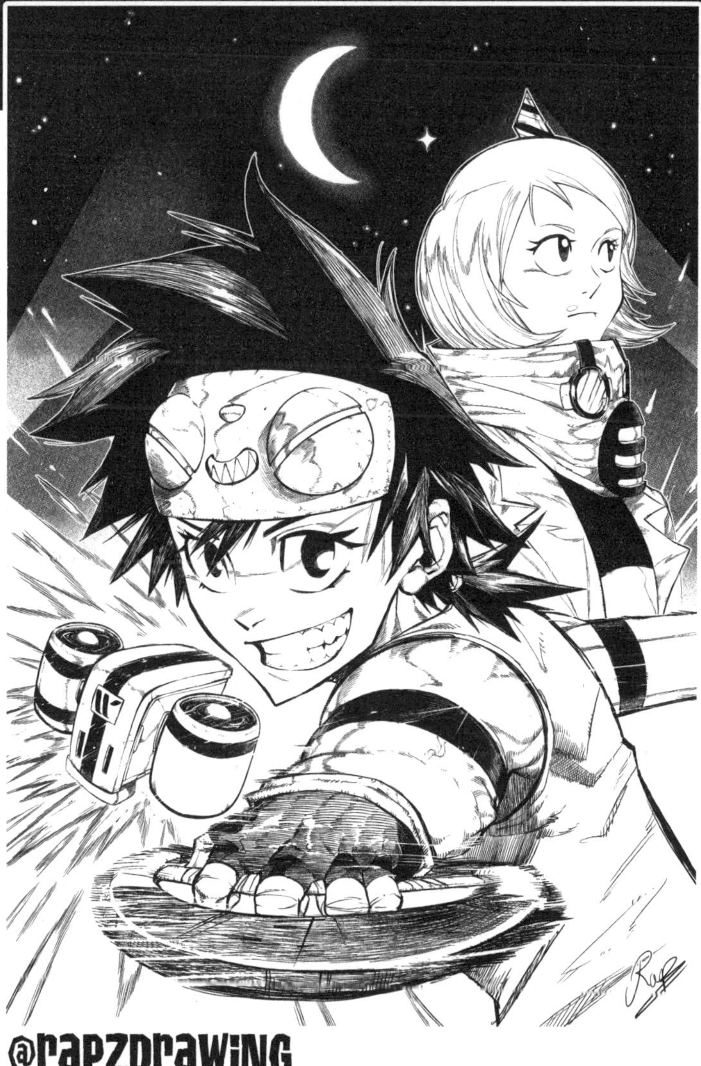

@rapzdrawing

Hier ist eine Illustration von Raph! Gleich nach seinem Praktikum gewann er den ersten Preis bei einem Jugendzeichenwettbewerb.

SPEZIAL-
STECKBRIEF

ZEICHNUNGEN VON LESERN

Diese Zeichnungen könnt ihr noch besser, da in Farbe, auf den Insta-Profilen dieser Künstler ansehen!

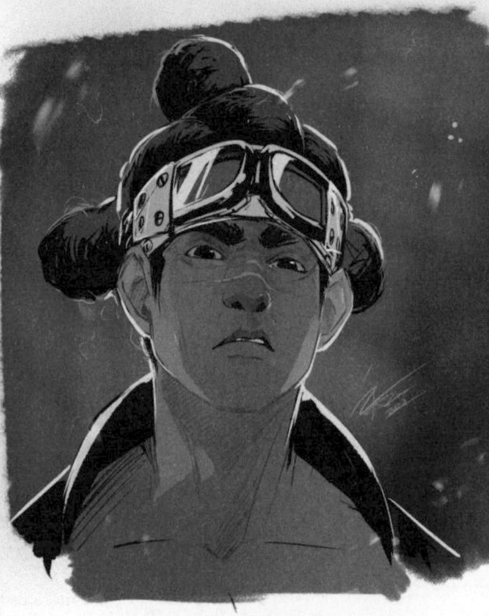

@JUSTOKAZU

@ZLEN_INOVART

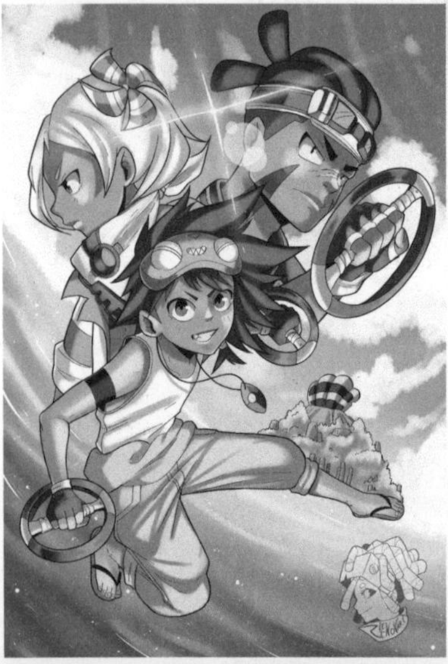

DRONERS UNVERZICHTBARES

Unverzichtbares Hilfsmittel bei
der Entstehung dieses 2. Bandes:
der Stiftehalter DRONERS von
@MOON_HANGIE!

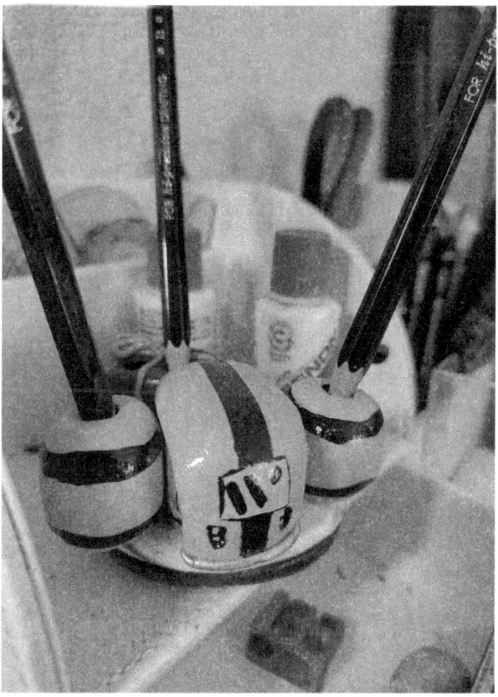

CAMEO

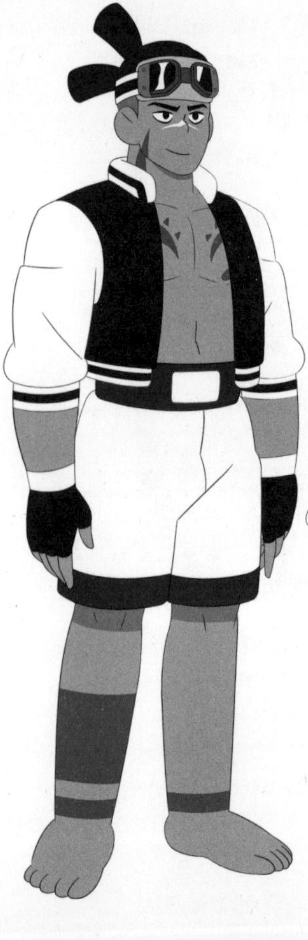

Und schließlich noch eine kleine Überraschung zum Abschluss von Band 2! Ein paar der Figuren, die im Manga vorkommen, werden auch in der zweiten Staffel des Anime auftauchen!

Hier einige Arbeiten von Bill Otomo und dem Team der Serie!

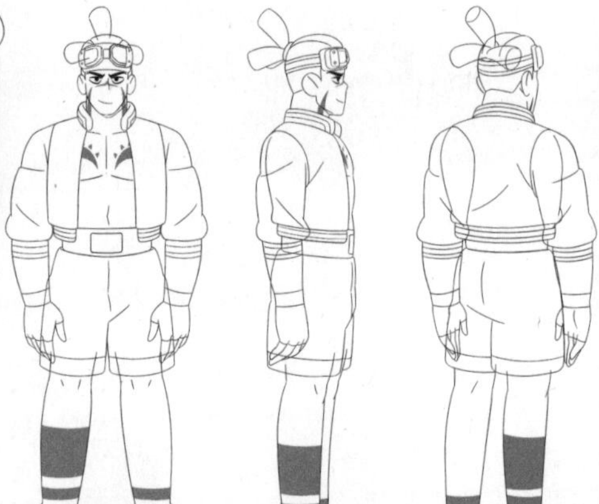

@BILL_OTOMO

DRONERS

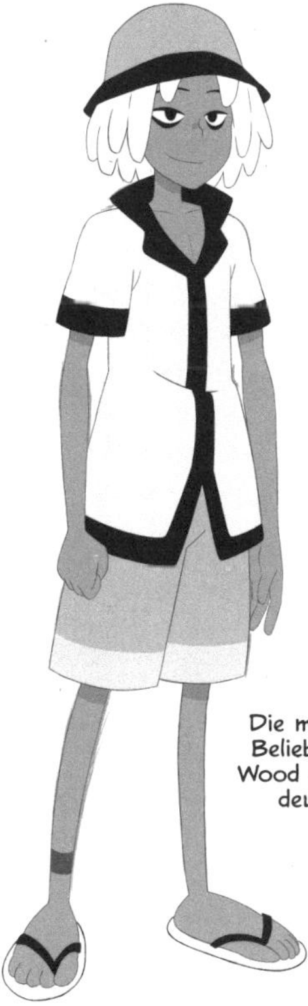

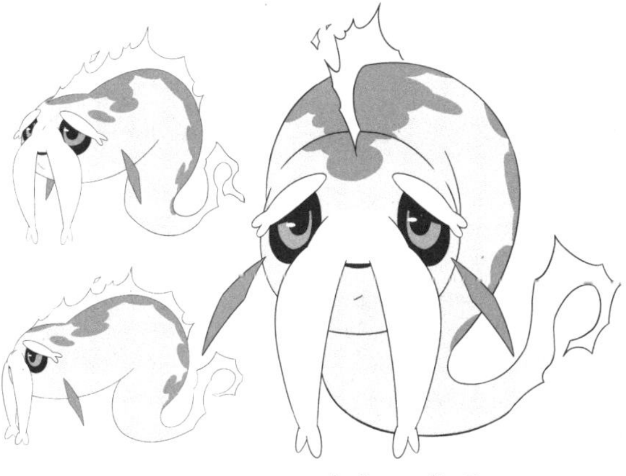

Auch dieser alte Taoraa wird mit von der Partie sein! Er hat endlich dieses Aussehen eines alten Weisen, das auch ich ihm geben wollte, allerdings ohne großen Erfolg.

Die mysteriöse Beliebtheit von Wood wird immer deutlicher.

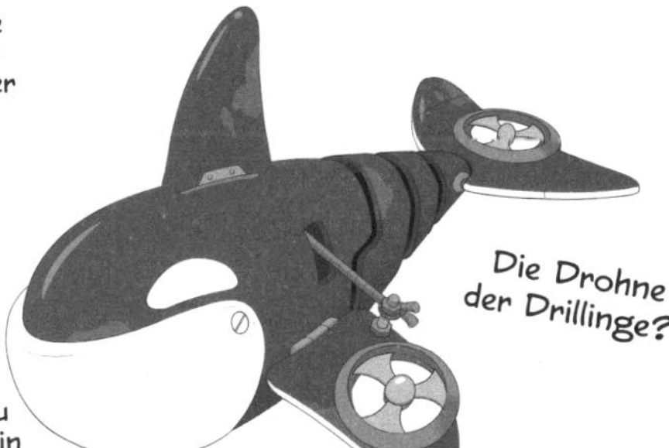

Die Drohne der Drillinge?!

Das macht mich wirklich glücklich, all diese Illustrationen zu sehen und zu wissen, dass ich sie in Bewegung erleben und sie hören werde. Und dann gibt es noch ein Gerücht, dass eine bestimmte Sponsorenpilotin in einer Spezialepisode auftauchen soll. Das macht mich auch sehr glücklich.

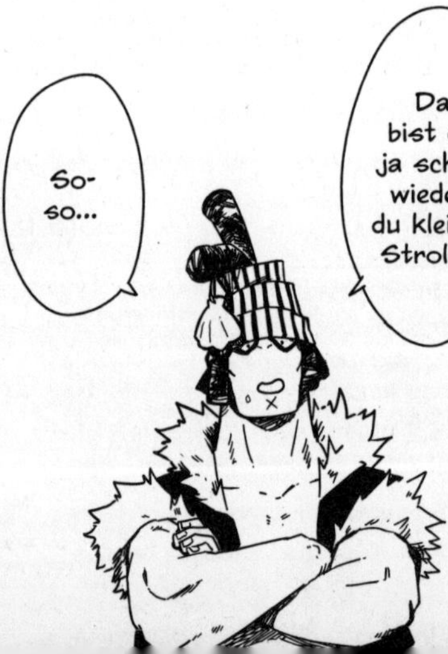
Da bist du ja schon wieder, du kleiner Strolch!
So-so...

Sylvain Dos Santos

Szenario

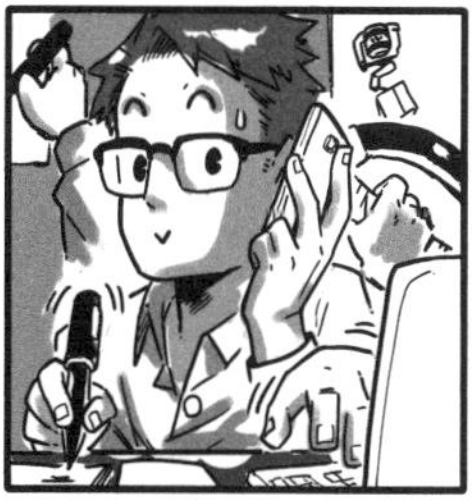

Ich war schon immer ein großer Fan von MECKAZ, und als Kana mir mitteilte, dass ich mit Nicolas David an dem Manga DRONERS zusammenarbeiten würde, war ich begeistert.
Aber ich hatte keine Ahnung, wie sehr ich dieses Abenteuer tatsächlich lieben würde. Corto, Mouse, Enki, Terraqua, die G.EN.I.E.s, die Uferkratzer...
Ich lebe seit fast vier Jahren jeden Tag mit ihnen zusammen und doch werde ich jedes Mal, wenn ich die Seiten des Mangas Kapitel für Kapitel entdecke, zum bloßen Beobachter. Ich fiebere mit, ich lache dabei... Ich liebe es einfach. Ich hoffe, dass das Lesen unseres Mangas bei euch genauso viele Emotionen auslöst wie bei mir.
Danke, Nicolas.

Nicolas David

Szenario und Zeichnung

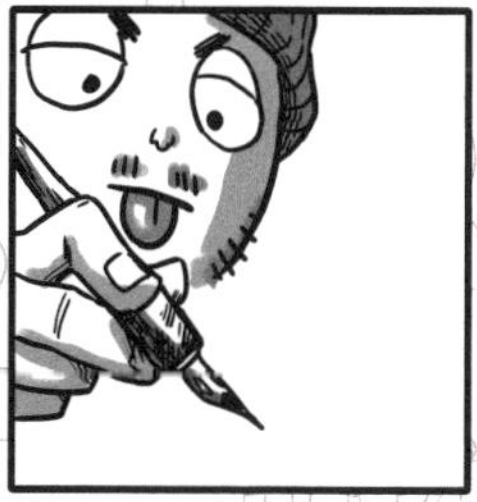

Immer wenn ich zeichne und mich dabei auf das fokussiere, was ich tue, strecke ich wie ein kleines Kind die Zungenspitze aus dem Mund. Ich dachte immer, dass das sicher so ist, weil ich mich dann einfach besser konzentriere.

Probiert es mal selber aus, im Unterricht oder bei der Arbeit, sicher wird es euch ähnlich gehen.

Hoffentlich habt ihr in Nuï eine schöne Zeit.
Vielen Dank an Sylvain und Kana, dass ihr mir dieses Projekt anvertraut habt!

CARLSEN MANGA • Deutsche Ausgabe/German Edition • © 2024 Carlsen Verlag GmbH, Völckersstraße 14-20, 22765 Hamburg
Aus dem Französischen von Monja Reichert • Droners - Tales of Nuï 2 • © 2022 CYBER GROUP STUDIOS – LA CHOUETTE CIE – SUPAMONKS • © Kana (DARGAUD-LOMBARD s.a.) 2022, by Dos Santos, David • http://www.kana.fr/ • Assistenz: Thibaud Coulomb
Grafische Gestaltung: Joachim Roussel • All rights reserved • Redaktion: Anne Berling • Textbearbeitung: Wiebke Lück • Produktionsmanagement: Björn Liebchen • Alle deutschen Rechte vorbehalten • ISBN: 978-3-551-80260-6
Wir behalten uns die Nutzung unserer Inhalte für Text- und Data-Mining im Sinne von § 44b UrhG ausdrücklich vor.

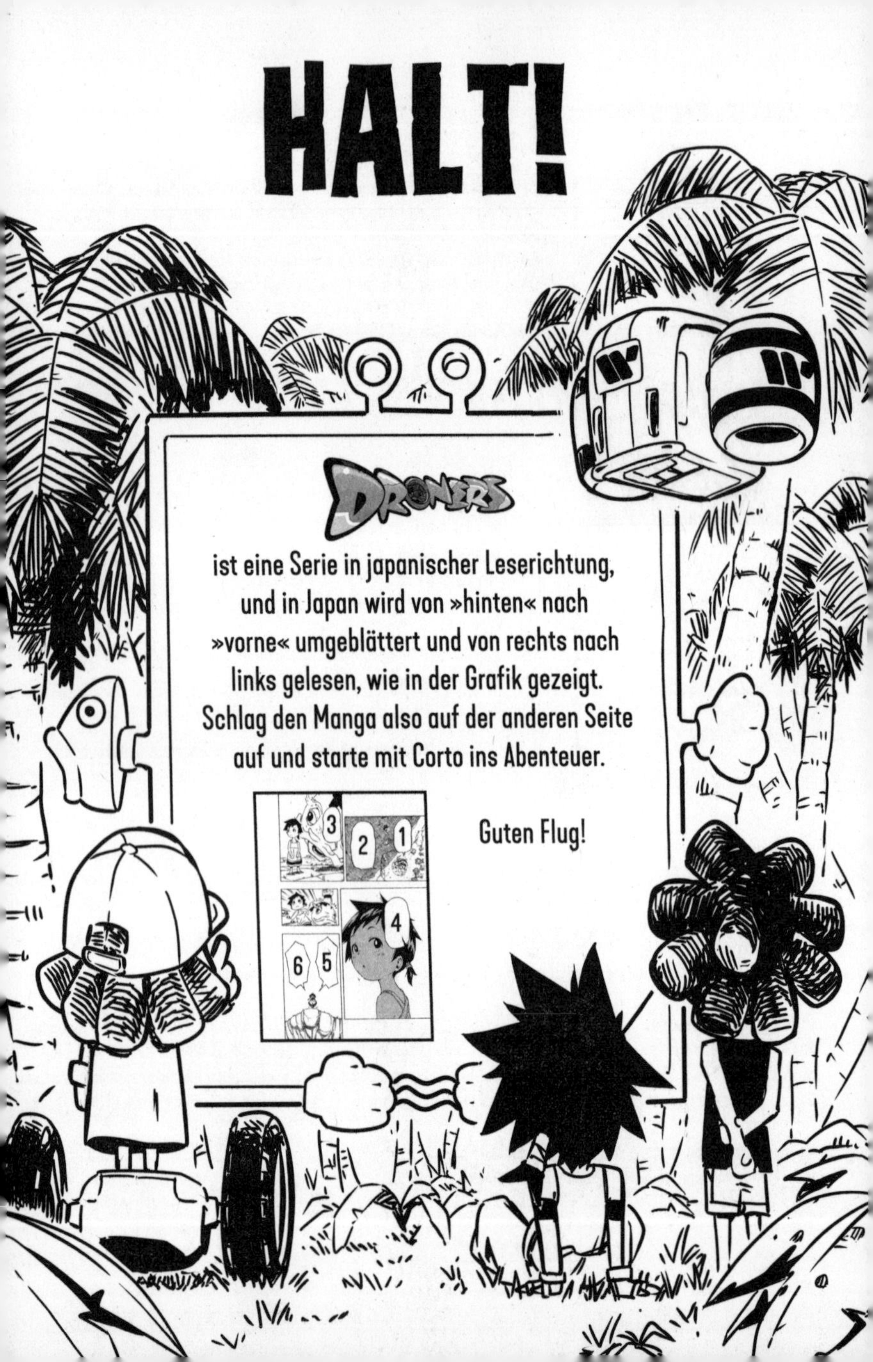
HALT!
DRONERS
ist eine Serie in japanischer Leserichtung,
und in Japan wird von »hinten« nach
»vorne« umgeblättert und von rechts nach
links gelesen, wie in der Grafik gezeigt.
Schlag den Manga also auf der anderen Seite
auf und starte mit Corto ins Abenteuer.
3
2
1
4
5
6
Guten Flug!